직업상담사
2급 실기

CONTENTS

직업상담사 2급 실기

PART 01 직업상담학

CHAPTER 01	직업상담의 의의	6
CHAPTER 02	상담이론	12
CHAPTER 03	상담기법	86
CHAPTER 04	직업상담의 문제유형 분류	96
CHAPTER 05	집단상담	99
CHAPTER 06	내담자 사정하기	106

PART 02 직업심리학

CHAPTER 01	직업심리 연구방법	120
CHAPTER 02	심리검사의 이해	142
CHAPTER 03	심리검사의 실시	166
CHAPTER 04	직업심리검사의 이해	177
CHAPTER 05	직업발달론의 이해	197
CHAPTER 06	직무의 이해	219
CHAPTER 07	직무와 스트레스	228

PART 03 노동시장론

CHAPTER 01 노동시장의 이해	236
CHAPTER 02 임금론	304
CHAPTER 03 실업론	329
CHAPTER 04 노사관계론	343

PART 04 직업정보론

CHAPTER 01 직업정보의 제공	360
CHAPTER 02 직업 및 산업분류의 활용	393
CHAPTER 03 직업관련 정보의 이해	430
CHAPTER 04 직업정보의 수집, 분석	433

PART 01
직업상담학

CHAPTER 01 직업상담의 의의
CHAPTER 02 상담이론
CHAPTER 03 상담기법
CHAPTER 04 직업상담의 문제유형분류
CHAPTER 05 집단상담
CHAPTER 06 내담자 사정하기

CHAPTER 01
직업상담의 의의

> 상담의 목표(Shertzer & Stone)
> (1) 행동의 변화
>   상담은 개인이 생산적이고 행복한 생활을 하는 데 방해가 되는 행동을 감소하거나 제거시키고, 개인의 만족 및 성공적인 생각을 하는 데 도움이 되는 행동의 변화를 가져오게 한다.
> (2) 정신건강의 증진
>   상담은 정신질환의 원인이 되는 여러 가지 병리적인 요소를 제거하거나 수정해야 할 문제에 대한 치료를 함으로써 적극적인 정신건강을 촉진하게 한다.
> (3) 문제 해결과 병적 증세 제거
>   내담자의 제반 문제와 시험 걱정, 불감증, 무기력 등과 같은 병적인 증세를 체계적이고 과학적인 방법으로 해결해 나가는 데 초점을 둔다.
> (4) 의사결정
>   상담은 내담자의 능력·흥미·기회를 이해하는 것뿐만 아니라 중요한 의사결정을 도와준다.
> (5) 개인적 효율성의 향상
>   생산적인 사고를 증진하고 적응적인 인간관계를 형성하며 다양한 문제 상황에 효과적으로 대처하는 능력을 길러준다.
>
> 직업상담의 기본원리
> ① 개인의 특성을 객관적으로 파악한 후, 직업상담자와 내담자 간의 신뢰관계를 형성한 뒤에 실시해야 한다.
> ② 직업상담 과정 속에는 의사결정에 대한 상담과정이 포함되어야 한다.
> ③ 진로발달이론에 근거하여야 한다.
> ④ 변화하는 직업세계에 대한 이해를 토대로 이루어져야 한다.
> ⑤ 각종 심리검사를 활용하여 그 결과를 토대로 합리적 결과를 이끌어내도록 해야 한다.
> ⑥ 상담윤리에 적합하여야 한다.

1 2 3 完

001　　기출 ★★★★

직업상담의 목적 5가지를 기술하시오.

필.수.이.론

① 내담자가 자기 자신과 직업세계에 대해 알지 못했던 사실을 발견하도록 도와주는 것이다.
② 개인의 직업목표를 명백히 해주는 과정이다.
③ 내담자가 이미 잠정적으로 선택한 진로결정을 확고하게 해주는 것이다.
④ 진로계획을 전체 인생계획의 일부로 간주하고 올바른 진로계획의 수립을 도와주는 것이다.
⑤ 내담자의 의사결정능력을 증진시키고 직업의식을 확립시키는 등 내담자의 성장과 능력 향상에 그 목적이 있다.

/002 기출 ★★

상담목표 설정 시 유의사항에 대하여 서술하시오.

필.수.이.론

① 목표는 구체적이어야 한다.
② 목표는 내담자가 원하고 바라는 것이어야 한다.
③ 목표는 실현 가능해야 한다.
④ 목표는 상담자의 기술과 양립 가능해야 한다.

/003 기출 ★

기즈버스(Gysbers)의 견해에 근거해서 직업상담의 목표를 쓰시오.

필.수.이.론

① 예언과 발달
 개인의 적성과 흥미를 탐색하여 발달할 수 있도록 촉구한다.
② 처치와 자극
 내담자의 진로발달이나 직업문제에 대한 처치와 진로발달이나 직업문제를 인식하고 해결하는 데 필요한 지식과 기능을 습득하도록 자극한다.

③ 결함과 유능

개인의 위기, 훈련기회 및 직업정보의 결여, 배우자·자녀·동료·상사와의 인간관계에서의 부조화 등의 결함에 대처하기 위해 자신의 결함보다 재능과 유능을 개발하는 것이 중요하다는 것을 깨닫게 한다.

1 2 3 完

/004　　　　　　　　　　　　　　　　　　　　　　　　　　기출 ★★

직업상담 단계를 6가지로 분류하여 쓰시오.

◀ 필.수.이.론

① 내담자의 목적, 문제확인, 문제명료화, 문제상세화 단계

들어가기-직업관련 맺기	① 내담자의 목표와 문제확인하기 ② 상담자와 내담자의 관계확립
내담자의 정보 수집하기	① 내담자가 타인과 자신의 세계를 보는 견해 탐색하기 ② 내담자의 생애역할, 주변상황 탐색하기 ③ 내담자의 개인적 가능성, 환경적 장벽 탐색하기
내담자 행동이해 및 가정하기	① 내담자의 현재 목표와 문제행동 이해 ② 내담자의 행동에의 대한 영향요인에 초점 맞추기 ③ 내담자의 저항에 반응하거나 듣기

② 내담자의 목적 또는 문제 해결 단계

행동 취하기	① 심리검사, 질적 및 양적 사정 ② 직업정보 및 노동시장정보 수집 ③ 직업상담기법을 이용한 개입
직업목표 및 행동 계획 발전시키기	① 내담자의 진로목표, 행동계획 세우기 ② 문제 해결, 편견 극복
사용된 개입의 영향 평가하기	① 상담관계 끝내기 ② 문제가 해결되지 않았으면 다시 한번 순환하기

| 1 | 2 | 3 | 完 |

005 기출 ★

직업상담 과정을 5단계로 설명하시오.

필.수.이.론

① 관계형성 및 구조화
　상호존중에 기초한 개방적이고 신뢰성 있는 관계 형성
② 측정
　공식적 측정, 임상적 측정(관찰을 통한 비공식적 측정)
③ 목표설정
　목표(문제)의 발견, 명료화, 구체화
④ 개입(중재)
　직업상담목표를 달성하는 데 도움이 되는 활동들(직업정보수집, 보유기술파악, 의사결정촉진, 시간관의 개선, 과제물 부여)
⑤ 평가
　중재가 얼마나 효과적으로 적용되었는지를 평가

`1` `2` `3` 完

/006 기출 ★★★

직업상담사가 갖추어야 할 자질을 4가지 (이상) 쓰시오.

◀ 필.수.이.론

① 자기 자신에 대한 이해
   자기능력의 한계, 단점 등에 대해 충분히 이해하는 태도
② 내담자에 대한 존경심
   전인격에 대한 높은 존경심을 가져야 하고 있는 그대로 내담자를 수용하고 내담자가 문제를 스스로 해결하도록 도움을 주는 태도
③ 심리학적 지식
   인간 행동과 신체적·사회적·심리학적 규정요인에 대한 깊이 있는 지식
④ 직업정보 분석능력
   노동시장, 미래 산업사회에서 나타나는 직업정보에 대한 분석능력
⑤ 객관성
   통일된 동일시, 건설적 냉철함, 지나치지 않은 동정심, 순수한 이해를 가진 신중한 태도, 도덕적 판단이나 두려움, 충격에 대해 이해하는 태도

> 직업상담자에게 요구되는 6가지 기술영역
> ① 일반상담능력
> ② 정보분석능력과 적응능력
> ③ 심리검사 실시능력
> ④ 관리능력
> ⑤ 실행능력
> ⑥ 조언능력
>   출처 : 미국의 국립직업지도협회(National Vocational Guidance Association)

1 2 3 完

/007　　　　　　　　　　　　　　　　　　　　　　　　　　　　　기출 ★

인지적 명확성의 범위 4가지를 쓰시오.

필.수.이.론

① 정보결핍
　왜곡된 정보에 집착하거나(자신과 직업에 대한 지식부족) 정보분석 능력이 보통 이하인 경우, 변별력이 낮은 경우
② 고정관념
　경험 부족에서 오는 관념, 편협된 가치관(종교문제 등), 낮은 자기효능감, 의무감에 의한 집착성
③ 경미한 정신건강 문제
　잘못된 결정 방법이 진지한 결정 방법을 방해하는 경우, 낮은 효능감, 비논리적 사고, 공포증, 말더듬 증상을 보이는 경우
④ 심각한 정신건강 문제
　심각하게 손상된 정신건강(만성정신분열증), 약물남용장애 등
③·④는 개인상담을 실시한 후에 직업상담을 제공한다.

+ 인지적 명확성
자기 자신의 강점과 약점을 객관적으로 평가하고, 그 평가를 환경상황에 연관시킬 수 있는 능력이다.

CHAPTER 02
상담이론

제1절 정신분석적 상담

정신분석 상담
지그문트 프로이트의 정신분석 이론을 바탕으로 발전했다. 정신분석 치료의 목표는 무의식을 의식화하고, 이드와 초자아, 외부 현실의 요구를 효과적으로 중재하도록 자아의 기능을 강화하는 것이다. 상담자는 내담자가 인지적인 통찰(intellectual insight)이 아닌 정서적인 통찰(emotional insight)을 하도록 하며 깊은 수준에서의 변화가 일어나도록 돕는다. 정신분석 치료는 우울, 불안, 공황, 신체화 장애, 섭식 장애, 물질 관련 장애, 성격 장애 등에 효과가 있다는 연구결과가 발표되었다.

Freud의 성격발달단계

발달단계	쾌감의 원천	주요 특징
구강기 (0~18개월) oral stage	구강, 입술 : 빨기, 물기, 삼키기	• 원자아(id)가 발달 • 구강 빨기 단계 : 소유욕, 신념 등의 원형, 낙천적 관대성 • 구강 깨물기 단계 : 야유, 논쟁, 공격성, 타인 이용의 원형 • 고착현상 : 음주, 흡연, 과식, 손톱 깨물기, 남을 비꼬는 행위
항문기 (18개월~3세) anal stage	항문 : 배변의 배설과 보유	• 자아(ego)가 발달 • 유아는 본능적 충동에 대한 외부적 통제를 처음 경험 • 고착현상 : 결벽증, 소극적 성격, 무절제, 반사회적 행동경향
남근기 (3~5세) phallic stage	생식기의 자극 : 환상의 쾌락	• 초자아(super-ego)가 발달 • 오이디푸스 콤플렉스, 엘렉트라 콤플렉스 • 동일시 현상 • 성격 형성에 가장 중요한 시기 • 고착현상 : 성불감증, 동성애
잠복기 (6~11세) latent stage	외계에서 지식· 호기심을 구함	• 성적 욕구의 침체기 • 사회성 발달과 일상생활에 적용 가능한 지식습득
생식기 (11세 이후) genital stage	남·녀 성기	• 이성에 대한 사랑의 욕구 발생 • 부모로부터 독립하려는 욕구 발생

1 2 3 完

/ 008 기출 ★

정신분석적 상담의 인간관을 쓰시오.

필.수.이.론

프로이트(Freud) 정신분석 이론에서의 인간관은 비관적이고 결정론적이다. 프로이트는 인간의 행동이 무의식적 동기와 생물학적 욕구 및 충동 그리고 생후 5년간의 생활경험에 의해 결정된다고 보았다.

1 2 3 完

/ 009 기출 ★

프로이트의 정신분석적 상담의 3가지 성격구조를 설명하시오.

필.수.이.론

① 원초아(id)
  심리적 에너지의 원천이자 본능이 자리 잡고 있는 곳이며 쾌락의 원칙에 따른다.
② 자아(ego)
  현실의 원칙에 따라서 현실적이고 논리적인 사고를 하며 환경에 적응한다. 자아는 원초아의 본능과 외부 현실세계를 중재 또는 통제하는 역할을 한다.
③ 초자아(super-ego)
  쾌락보다는 완전함을 추구하고 현실적인 것보다 이상적인 것을 추구한다. 도덕적·사회적 가치의 기초가 되며 도덕에 위배되는 충동을 억제하는 기능을 한다.

010 전이의 의미와 해결방안을 설명하시오.

필.수.이.론

① 전이의 의미
전이란 내담자가 과거의 중요한 인물에 대해 느꼈던 감정을 상담자에게 옮기는 것이다. 내담자는 감정적으로 퇴행하게 된다. 전이를 통해 유아기의 갈등을 재생시켜 재경험하며 상담자에게 귀착시킬 때 일어난다.

② 해결방안
내담자의 전이를 이해하되 전이의 감정을 상담자가 받아주면 안 되므로 객관성을 유지하기 위하여 분위기에 휘말리지 않도록 주의해야 하며 훈습 등의 방법으로 돕는다.

> **훈습(working-through)**
> - 전이감정을 이해하고 해결하기 위한 장기적인 과정(3 ~ 4년)이다.
> - 해석의 반복과 저항의 형태를 탐색하여 과거의 행동유형을 변화시키고 새로운 선택을 하게 한다.
> - 부모의 절대적인 사랑과 수용을 기대하던 유아기적 욕구에서 자유롭게 되어 보다 성숙해진다.

1 2 3 完

011 기출 ★★★
역전이의 의미와 해결책에 대하여 설명하시오.

필.수.이.론

(1) 역전이의 의미
역전이란 상담자가 자신의 무의식적인 갈등과 감정을 내담자에게 투사하는 것을 말한다.

(2) 해결책
① 자기탐색 : 자기를 탐색하고 점검한다.
② 지도감독 : 감독자의 눈을 통해 역전이를 알아차리고 도움을 받는 것이다.
③ 교육분석 : 교육분석가로부터 자신에 대한 분석도 받으면서 직접분석 경험도 쌓는다.

1 2 3 完

012 기출 ★
정신분석적 상담의 목표를 쓰시오.

필.수.이.론

① 본능이나 초자아의 기능을 조절하고 자아의 기능을 강화하여 성격구조의 조화로운 발달을 도모한다.
② 내담자가 현실에 적응하고 대처하는 방어기제의 올바른 이해를 통해 자신의 심리적 문제를 해결할 수 있도록 한다.
③ 무의식에 근거하고 있는 갈등을 의식 수준으로 끌어올려 내담자의 문제행동에 대한 각성과 통찰을 도와 건설적인 성격 형성에 조력한다.

1 2 3 完

/ 013　　　　　　　　　　　　　　　　　　　　　　　　　　　　　기출 ★★★

정신분석적 상담이론에서 불안의 유형을 설명하시오.

필.수.이.론

① 현실적 불안 : 외부세계에 객관적인 공포대상이 현존하고 있을 때 느끼는 불안이다.
② 신경증적 불안 : 원초아의 충동이 의식될지도 모른다는 위협으로, 정서적 반응이다.
③ 도덕적 불안 : 자아가 초자아로부터 처벌을 예감할 때 발생한다. 자신의 양심에 대한 두려움으로서 자신의 도덕률에 위배되는 일을 할 때 느끼는 죄의식이다.

1 2 3 完

/ 014　　　　　　　　　　　　　　　　　　　　　　　　　　　　　기출 ★★

프로이트(Freud)의 정신분석적 접근과 아들러(Adler)의 개인심리학적 접근의 인간관을 비교하여 설명하시오.

필.수.이.론

① 프로이트는 인간을 비합리적인 결정론적 존재로 본다. 즉, 인간의 행동은 기본적인 무의식적 동기와 생물학적 욕구 그리고 생후 5년간의 생활환경에 의해서 결정된다는 것이다. 반면에 아들러는 인간을 끊임없이 변화, 발전, 자기창조를 통해서 자기완성을 추구하는 존재로 본다.
② 프로이트는 인간을 생물학적 존재로 파악한다. 반면에 아들러는 인간을 사회적 존재로 보고 인간은 오직 대인관계를 통해서만 이해될 수 있다고 주장하였다.
③ 프로이트는 인간을 '원초아 - 자아 - 초자아', '의식 - 전의식 - 무의식', '생의 욕구 - 죽음의 욕구'와 같은 상반되는 부분으로 나누어 보았고 아들러는 인간을 더 이상 분해할 수 없는 완전한 전체(총체)적 존재로 볼 것을 강조하였다.

1 2 3 完

/ 015   기출 ★

정신분석 상담의 주요기법을 쓰시오.

필.수.이.론

① 자유연상법
내담자나 환자의 무의식 세계에 억압되어 있는 내용을 의식화하는 것으로 내담자나 환자에게 떠오르는 대로 이야기하게 하는 것이다. 내담자는 자유연상을 통해 과거를 회상하고 그 상황 속에서 느꼈던 여러 가지 감정들을 발산한다.

② 최면요법
성인의 부적응 행동의 원인은 아동기에 있으므로 최면술을 걸어 어린 시절의 기억을 되살리게 한다. 일반적으로 급성 환자는 최면술에 잘 걸리지만 만성 환자는 잘 걸리지 않으며 지능이 높은 사람은 지시에 잘 따르지 않는 경우가 많다.

③ 저항의 분석
자유연상을 할 때 유아기나 아동기의 경험이 대부분 망각되기 때문에 그때의 느낌을 말할 수 없게 되거나 저항하게 되는 경우가 있다. 과거의 중요한 경험을 기억하지 못하거나 심리적으로 불안을 유발할 수 있는 내용에 대해 말할 수 없는 것은 심리적 저항으로 인해 생기는 일이다. 저항의 분석 목적은 내담자가 저항의 원인을 지각하여 처리할 수 있도록 도와주는 일이다.

④ 꿈의 분석
정신분석에서는 꿈의 해석을 통해 무의식적 정신활동을 이해하게 된다. 내담자가 꾼 꿈을 보고하게 하는 것으로 꿈을 보고할 경우 꿈의 내용도 중요하지만 꿈과 관련된 상징적 의미 등에 더 관심을 둔다.

⑤ 감정전이의 분석
내담자가 아동기에 부모 또는 가족들의 경험에서 느꼈던 감정(애착, 애정, 증오, 질투, 수치 등)과 상념이 상담자에게로 옮겨지는 것을 말한다. 감정전이는 긍정적인 방향으로든 부정적인 방향으로든 이루어질 수 있기 때문에 상담자는 여러 가지 형태의 전이를 잘 다루고 분석함으로써 내담자의 적응기제를 이해하고 이를 치료적으로 활용할 수 있다.

⑥ 해석
정신분석에서는 모든 무의식적 자료에 대해서 자유연상을 통하여 무의식적인 동기와 갈등을 이해할 수 있는데, 사실상 자유연상만으로는 불충분하다. 상담자는 이 무의식적 자료와 정보들이 지니고 있는 상징적 의미를 내담자에게 해석해 줄 수 있다. 이러한 해석을 통해 내담자는 자신의 문제에 대하여 통찰이 가능하며 이는 심리적 문제를 해결하는 데 도움이 된다.

⑦ 간직하기

내담자가 느끼는 불안과 충동에 대하여 상담자가 즉각적으로 반응하는 대신, 이를 마음속에 간직하고 적절히 통제하여 내담자가 위협을 느끼지 않도록 한다.

⑧ 버텨주기

내담자가 막연하게 느끼지만 스스로 통제하거나 직면할 수 없는 불안과 두려움에 대해 상담자가 적절한 순간에 적합한 방법으로 이를 전달하여 내담자에게 의지가 되어주고 따뜻한 배려로 내담자의 마음을 녹여준다.

---

016 기출 ★★★★

정신분석적 상담은 내담자의 자각을 증가시키고 직접적인 방법으로 불안을 통제할 수 없을 때 무의식적 방어기제를 사용한다. 방어기제의 종류를 5가지 (이상) 쓰시오.

필.수.이.론

① 억압 : 의식하기에 너무나 고통스럽고 충격적인 기억을 무의식으로 밀어 넣는 것이다.
② 거부 : 위협적인 현실에 눈을 감아버리는 것이다.
③ 투사 : 자신의 받아들일 수 없는 심리적 속성을 타인에게 돌리는 것이다.
④ 퇴행 : 비교적 단순한 초기의 발달단계로 후퇴하는 것이다.
⑤ 고착 : 발달단계 중 어느 한 단계에 머물러 있는 것이다.
⑥ 합리화 : 실망을 주는 현실에서 도피하기 위해 그럴듯한 구실을 붙여서 이유를 대는 것이다.
⑦ 치환 : 자신이 원했던 원래의 목표나 인물 대신 덜 위협적인 대상으로 전환하는 것이다.
⑧ 반동형성 : 금지된 충동이 표출되는 것이 두려워 오히려 반대로 행동하는 것이다.
⑨ 승화 : 사회적으로 용납될 수 없는 충동을 용납된 생각이나 행동으로 전환하는 것이다.
⑩ 주지화 : 본능적 욕구를 지적 활동에 묶어 두는 심리적 작용으로 주로 청소년기에 많이 사용된다.

017

심리치료, 인간중심치료, 행동수정 및 인지적 접근은 모든 심리상담에 영향을 미치는 기초이론이라고 할 수 있다. 이 4가지 상담이론들의 공통적인 접근방법을 3가지 (이상) 적으시오.

필.수.이.론

① 상담과정의 노력은 자기이해의 촉진에 있다.
② 상담의 결과는 대인관계의 학습과 불안 및 긴장의 감소로 집약된다.
③ 상담자의 개입은 내담자의 수준 및 문제의 속성에 맞게 점진적으로 진행된다.
④ 내담자에게 치료를 위해 새로운 경험을 제공한다.
⑤ 바람직한 변화를 경험하도록 격려하며 피드백을 제시한다.
⑥ 바람직한 관계를 형성한다.

018

저항의 의미와 유형에 대하여 설명하시오.

필.수.이.론

(1) 저항의 의미

상담의 진전을 방해하고 상담자에게 협조하지 않으려는 내담자의 무의식적인 행동을 의미한다.

(2) 유형

① 상담 약속시간을 어긴다.
② 맥락에 맞지 않게 자꾸 웃거나 울기만 한다.
③ 자신의 진실한 감정과 경험을 이야기하지 않고 사소한 이야기만 한다.
④ 상담과정에서 아무 의미 없는 말만 되풀이한다.
⑤ 내담자가 침묵한다.

1 2 3 完

/019　　기출 ★★★
보딘(Bordin)의 정신역동적 직업상담 모형의 상담과정을 쓰시오.

◀ 필.수.이.론

① 탐색과 계약설정 단계
　내담자가 자신의 욕구 및 정신역동적 상태를 탐색할 수 있도록 돕는다.
② 중대한 결정단계
　자신의 성격에 맞게 직업을 선택하느냐 아니면 어떤 직업을 선택하기 위해 자신의 성격을 변화시키느냐를 결정하는 단계이다.
③ 변화를 위한 노력의 단계
　자신이 선택하고자 하는 직업과 관련지어 성격, 특히 욕구나 흥미 등을 변화시키려고 노력하는 단계이다.

1 2 3 完

/020　　기출 ★
정신역동적 직업상담 모형의 상담기법을 쓰시오.

◀ 필.수.이.론

① 명료화
　상담의 시작단계에서 내담자의 정신역동을 명료화하기 위해서 내담자의 생각과 감정을 구체화하는 것이다.
② 비교
　내담자의 정신역동적 현상 중에서 유사점과 차이점을 명확하게 구분하는 것이다.
③ 소망 - 방어체제 해석
　내담자의 내적 동기상태와 직업의사결정 과정 사이의 관계를 인식한다.

1 2 3 完

021 기출 ★

정신역동적 직업상담 모형에서 검사의 활용 방법에 대하여 쓰시오.

필.수.이.론

① 정신역동적 직업상담에서 진단은 중요하다.
② 내담자가 실증적인 근거에 토대를 두어 보다 현실적인 기대를 갖게 한다.
③ 내담자에게 평가자료를 제공해 주어 현실적 검증을 가능하게 한다.
④ 내담자는 보다 객관적으로 자신을 이해할 수 있게 된다.

1 2 3 完

022 기출 ★

정신역동적 직업상담에서의 직업정보 활용은 특성요인이론과 어떤 차이점이 있는지 설명하시오.

필.수.이.론

직업정보는 개인과 직업을 연결하는 데 도움이 된다.
직업정보는 정적인 개인의 특성과 직업의 관계가 아니라, 정신역동(욕구)과 만족스러운 작업조건을 짝짓는 데 필요한 것이다.
직업적 역할과 관련된 욕구충족 활동이 어떤 정신역동과 관련이 있는지에 대한 정보가 필요하다.

제2절 특성요인 상담

특성요인 상담의 의의
① Willamson은 정서적 접근을 강조하고 있는 기존 상담이론에서 탈피하여 이성적-지시적 접근을 시도하는 가운데 인간의 행동에 주안점을 두고 있다. 내담자는 자기 자신 안에 완전하며 적절한 자질을 모두 갖추고 있지는 못하기 때문에 외부로부터의 도움을 필요로 하고 내담자는 사회관계 속에서 상호의존적으로 존재하면서 개인의 특유성을 지니고 있으므로 상담은 내담자로 하여금 사회적으로 각성된 자아이해를 돕고 내담자가 충분한 잠재력을 성취하려는 열망을 갖도록 도와주는 것이다. 특성요인 상담에서 상담은 자발적 요청에 의해 이루어지는 것이 바람직하며 내담자가 스스로 문제를 해결할 수 없을 때만 상담이 필요하다고 여긴다. 또한 잠재력을 완전히 실현하는 것은 누구에게나 가능한 것이 아니기 때문에 청소년기에는 무조건적 수용으로만 잠재력을 완전히 발휘하게 할 수 있는 것이 아니므로 지시적 방법으로 문제해결력을 길러주는 것이 필요하며 정서는 인간의 합리성을 방해하기 때문에 상담은 정서 상태를 안정시키는 일을 우선으로 해야 한다.
② 특성요인 상담이론은 상담이론 중 유일하게 진로상담을 기초로 시작하여 직업적성과 능력평가의 관련성을 체계화하여 진로상담에 적용하고 있는 상담이론이라고 할 수 있다.
③ 특성요인 상담은 상담에 과학적 방법 적용하여 합리적 해결과정을 지도하는 데 공헌하였으나, 부적응 행동에 관한 성격이론이 부족하고, 상담과정에서 지시적이거나 설교적이 되어 인격적인 만남이 배제될 가능성이 있는 점을 단점으로 볼 수 있다.

특성요인 상담의 이론적 가정
① 상담자는 탁월한 식견, 경험과 정보를 가지고 있으므로 문제 해결에 대한 암시와 충고, 조언을 할 수 있다.
② 내담자는 자신의 문제를 객관적으로 볼 수 없고 독립적으로 해결하지 못한다.
③ 개인의 부적응 행동은 지적 과정에 의해 수정되어야 한다.
④ 상담의 목표는 상담과정보다는 문제 해결의 장면을 통해 결정된다.
⑤ 상담은 자기이해를 돕는 학습안내이며, 자기 생활에서 최적의 적응을 돕는 재학습, 재교육이다.

023　기출 ★★★★

윌리암슨(Williamson)의 특성-요인이론 중 인간 본성에 대한 기본가정을 기술하시오.

필.수.이.론

① 인간은 선과 악의 잠재력을 모두 지니고 있는 존재이다.
② 인간은 선을 실현하는 과정에서 타인의 도움을 필요로 하는 존재이다.
③ 인간의 선한 생활을 결정하는 것은 자기 자신이다.
④ 선의 본질은 자아의 완전한 실현이다.
⑤ 인간은 누구나 독특한 세계관을 갖고 있다.

024　기출 ★★★★

이성적-지시적(특성요인) 상담의 기본 원리에 대해서 기술하시오.

필.수.이.론

① 인간은 신뢰성 있고 타당하며 측정할 수 있는 독특한 특성을 지녔고 각기 독특한 심리학적 특성으로 인해 근로자는 특수한 작업유행에 잘 적응한다.
② 내담자는 스스로의 문제를 독립적으로 해결하지 못한다.
③ 직업은 그 직업에서의 성공을 위해 매우 구체적인 특징을 지닐 것을 요구하며 각기 다른 직업에 종사하는 근로자들은 다른 심리학적 특성을 가지고 있다.
④ 상담자는 훈련과 경험, 다양한 정보를 가지고 있기 때문에 문제 해결 암시와 조언이 가능하다.
⑤ 직업적응은 직접적으로 근로자의 특성과 직업에서 요구하는 것들 사이의 조화의 정도에 따라 달라지며 밀접할수록 성공 가능성이 커진다.

| 1 | 2 | 3 | 完 |

/ 025　　　　　　　　　　　　　　　　　　　　　　　　　　　　기출 ★

특성요인 상담이론에서 상담자와 내담자의 관계를 설명하시오.

필.수.이.론

① 특성요인 상담이론은 1939년에 윌리암슨(E. G. Williamson)의 '학생상담의 방법(How to Counsel Students)'이라는 저서를 시작으로 체계화되었다.
② 이 접근에서 상담과정의 본질은 '교사 역할의 상담자'와 '학생 역할의 내담자' 간의 교육과정이라고 볼 수 있다.
③ 상담자와 내담자의 관계는 개별화된 '교수-학습' 과정이다.

| 1 | 2 | 3 | 完 |

/ 026　　　　　　　　　　　　　　　　　　　　　　　　　　　　기출 ★

특성요인 상담이론의 6단계 상담과정을 쓰시오.

필.수.이.론

윌리암슨(Williamson)과 다알리(Darley)의 6단계 상담과정은 다음과 같다.

① 분석 : 개인의 특성에 관한 자료수집 및 표준화검사를 실시한다.
② 종합 : 개인의 장·단점, 욕구, 문제를 분류하기 위한 정보를 수집하고 조정한다.
③ 진단 : 진로문제의 객관적인 원인을 파악한다.
④ 예후(처방) : 가능한 대안을 탐색하고 각 대안의 성공가능성을 평가하며 예측한다.
⑤ 상담 : 개인 특성에 관한 자료를 중심으로 상담한다.
⑥ 추수지도 : 내담자가 행동계획을 잘 실현하도록 돕고 필요한 부분의 보충을 위해 추수지도한다.

/027 기출 ★

특성요인 직업상담의 과정을 쓰시오.

필.수.이.론

① 제1단계 : 래포(Rapport) 형성
 상담자는 경청을 통해 내담자의 문제를 확인하며, 질문을 통해 내담자가 실시해야 할 검사를 할당한다.
② 제2단계 : 검사 실시
 상담자는 적성이나 흥미 등의 검사를 실시하고 그 점수를 해석한다.
③ 제3단계 : 직업정보 제공
 상담자는 내담자의 특성에 맞는 직업에 대하여 직접 알려주거나 직업전망서, 팸플릿 등을 제공한다.

1 2 3 完

/ 028　　　　　　　　　　　　　　　　　　　　　　　　　　　　　　기출 ★

특성요인 직업상담의 기법을 쓰시오.

필.수.이.론

① 관계 형성 : 상담자는 문제 해결을 촉진할 수 있는 관계를 형성한다.
② 자기이해 신장 : 상담자는 내담자가 자신의 장점과 특징에 대해 통찰력을 얻도록 격려한다.
③ 실행계획과 충고 : 상담자는 내담자가 선택한 직업에 대해 언어로 정리해 준다.
④ 계획의 실행 : 상담자는 직접적인 도움을 제공하여 내담자가 계획을 실행하도록 돕는다(직업훈련정보 등).
⑤ 의뢰 : 상담자가 직접 해결하지 못하는 문제가 생길 경우 상담자는 내담자에게 다른 상담자를 만날 수 있도록 의뢰한다.

1 2 3 完

/ 029　　　　　　　　　　　　　　　　　　　　　　　　　　기출 ★★★★★

윌리암슨(Williamson)의 특성-요인 직업상담에서 해석단계에 이용할 수 있는 상담기법 3가지를 설명하시오.

필.수.이.론

① 직접충고
　내담자가 가장 만족할 만한 선택이나 행동 또는 실행계획에 대해 상담자가 자신의 견해를 솔직히 표명하는 것으로 내담자가 상담자의 솔직한 견해를 요구하거나 내담자가 심각한 좌절이나 실패를 가져올 행동을 고집할 때에 사용한다.
② 설득
　내담자가 여러 가지 대안을 생각할 수 있도록 합리적이고 논리적인 방법으로 자료를 정리한 후에 내담자가 이해할 수 있는 방법으로 설득한다.
③ 설명
　상담자는 내담자가 현명한 선택을 하도록 하기 위해 각종 검사자료에 대한 결과를 자세히 설명해 준다.

1 2 3 完

030　　　　　　　　　　　　　　　　　　　　　　　　　　　기출 ★

다알리(Darley)가 제시한 특성요인 직업상담에서 상담자가 지켜야 할 4가지 상담원칙을 쓰시오.

필.수.이.론

① 내담자에게 강의하려 하거나 거만한 자세로 말하지 않는다.
② 상담 초기에는 내담자에게 제공하는 정보를 비교적 적은 범위로 한정시킨다.
③ 어떤 정보를 제공하기 전에 내담자가 정말로 그것을 알고 싶어 하는지 확인한다.
④ 상담자는 내담자의 여러 가지 태도를 제대로 파악하고 있는지 확인한다.

1 2 3 完

031　　　　　　　　　　　　　　　　　　　　　　　　　　　기출 ★★★★★

Brayfield가 제시한 직업정보의 정보적 기능, 재조정 기능, 동기화 기능에 대하여 설명하시오.

필.수.이.론

① 정보적 기능 : 상담자가 내담자에게 직업정보를 제공해 주는 목적은 이미 선택한 바를 확인 또는 두 가지 선택이 똑같이 매력적일 때 망설임을 해결해 주거나 내담자의 진로선택에 관한 지식을 증가시키도록 조력하기 위한 것이다.
② 재조정 기능 : 직업정보의 또 다른 기능은 내담자가 현실에 비추어 부적당한 선택을 했는지 재조명해 보는 기초를 제공하는 것이다.
③ 동기화 기능 : 내담자가 의사결정 과정에 적극 참여하도록 동기화시키는 것이다. 상담자는 의존적인 내담자가 스스로 한 선택에 대해 책임감을 갖게 될 때까지 내담자를 조력하며 진로선택을 위한 동기를 강화시키기 위해 정보를 제공해 준다.

제3절 인간중심 상담

인간중심 상담
인간중심 접근은 심리학자 칼 로저스(Carl Rogers)에 의해 개발되었다.
① 『문제아의 임상 치료(The Clinical Treatment of the Problem Children)』(1939)
　뉴욕 로체스터에 위치한 아동발달센터에서 대부분의 시간 동안 불량하고 불우한 아이들의 치료와 실습, 진단에 집중하면서 '비지시적이며 내담자 중심 접근법'을 제시
② 『상담과 심리 치료(Counseling and Psychotherapy)』(1942)
③ 『내담자 중심 치료(Client-Centered Therapy)』(1951)
　인간관계를 이해하기 위한 이론적 접근법으로 제시되었다.
④ 『사람으로 되어 가기(On Becoming a Person)』(1961)
　인간중심 접근(person-centered therapy)의 체계를 완성하였다.

인간중심 상담의 이론적 가정
① 상담의 주목적은 내담자의 자발적인 문제 해결이다.
② 내담자는 자신의 문제를 선정할 권리가 있다.
③ 내담자는 기회가 주어지면 자신의 진정한 행복을 약속하는 최적의 인생목표를 선택할 수 있다.
④ 상담활동은 내담자로 하여금 자신의 문제를 독립적으로 다룰 수 있는 능력을 길러 주는 데 중점을 둔다.
⑤ 모든 개인이 지니는 성장가능성은 개인의 당면한 문제를 자력으로 해결하는 데 결정적인 역할을 한다.
⑥ 인간은 근본적으로 선하고 협조적이며 건설적이고 진실하다.
⑦ 인간의 행동을 단편적으로 이해해서는 안 되며 조직된 전체로서 이해해야 한다.
⑧ 치료 그 자체가 성장의 경험을 의미한다.
⑨ 개인의 과거 장면보다 현재의 직접 장면을 더 중시한다.

인간중심 상담의 특징
① 내담자가 자신의 문제를 대부분 말로 표현하는 내담자 중심의 상담이다.
② 자아개념의 변화 과정, 즉 성장의 원리에 기초하고 있다.
③ 상담과정에서 진단의 단계를 배제한다.
④ 개인이 스스로 문제를 찾아 해결하도록 한다.
⑤ 내담자가 상담의 성공과 실패에 대한 책임을 진다.
⑥ 상담자의 임무는 래포의 형성에 있다.
⑦ 정의적 영역의 상담으로 인성지도에 중점을 둔다.
⑧ 성공적인 상담의 결과는 자아개념의 변화이다.
⑨ '감정의 방출 → 통찰 → 긍정적 행동 → 통합적 행동'순의 성장단계를 기대한다.

032

인간중심 상담이론의 인간관을 4가지 이상 제시하시오.

필.수.이.론

① 인간은 합목적적이고 건설적이며 긍정적인 존재이다.
② 인간은 독립적이고 신뢰할 만하며 선한 존재이다.
③ 인간은 결정론적 존재가 아니고 자유로운 존재이다.
④ 인간은 미래지향적이고 자기실현의 의지를 지닌 존재이다.

033

로저스(Rogers)의 인간중심 상담의 철학적 가정을 5가지 쓰시오.

필.수.이.론

① 인간은 가치를 지닌 독특하고 유일한 존재이다.
② 인간은 자기확충을 향한 적극적인 성장력을 지니고 있다.
③ 인간은 근본적으로 선하며, 이성적이고 믿을 수 있는 존재이다.
④ 개인을 알려면 개인의 주관적 생활에 초점을 두어야 한다.
⑤ 인간은 자신이 의사결정을 내릴 권리와 장래에 대해 선택할 권리를 가지고 있다.

034
로저스(Rogers)의 내담자중심 상담에서 직업상담사가 갖추어야 할 3가지 기본태도(촉진관계의 바람직한 기본태도 3가지)를 설명하시오.

필.수.이.론

① 일치성(진실성)
상담자가 내담자와의 관계에서 느낀 자신의 감정이나 태도를 있는 그대로 솔직하게 인정하고 표현하는 것이다.
② 무조건적인 수용
내담자의 감정이나 행동 특성들을 평가하거나 판단하지 않고 있는 그대로 수용하고 존중하는 상담자의 태도이다.
③ 공감적 이해
상담자가 내담자의 입장이 되어 내담자를 깊게 이해하면서도 결코 자기 본연의 자세를 버리지 않는 것이다.

035
촉진관계에서의 바람직한 태도를 3가지 (이상) 쓰고 간단히 설명하시오.

필.수.이.론

촉진관계란 솔직하고 신뢰성 있는 관계 형성을 의미한다.
① 상담자의 성실한 자세
상담자가 자신의 감정이나 태도를 솔직하게 인정하고 표현하는 것이다.
② 공감적 이해
상담자가 내담자의 겉으로 드러나는 행동이나 말만 피상적으로 이해하는 것이 아니라, 이면의 감정을 마치 자신의 감정인 것처럼 느끼면서 내담자의 내면세계를 이해하는 것이다.
③ 수용적 존중
내담자의 감정, 경험 등에 대하여 긍정적인 존중과 관심을 전달하는 것이다.
④ 적극적 경청
내담자의 입장에 서서 그 말의 의미와 배경에 있는 감정을 읽어 내고자 열심히 듣는 상담자의 태도를 말한다.

036

인간중심치료에서 '완전히 기능하는 사람'의 특성 3가지 이상 쓰시오.

필.수.이.론

① 경험에 개방적이다.
방어적이지 않은 사람을 의미하며 자신의 감정(두려움, 낙담, 고통, 온유, 용기, 경외감)에 대해 열려 있다. 그들은 자신의 경험을 덮어 두기보다는 충분히 알아차리고 수용할 줄 안다.

② 실존적인 삶을 살아간다.
자신의 경험이 현재 일어나는 듯 살아가는 사람을 의미하며 그 경험에 대해 선입견을 갖지 않는다. 그들은 열려 있으며 융통적이다. 또한 경험을 있는 그대로 받아들이며 자신을 위한 경험의 의미를 발견한다.

③ 자신의 유기체를 신뢰한다.
자신이 느끼기에 합당한 일을 하는 사람을 의미하며 이것은 자신의 선택이 막무가내로 옳다는 의미보다는 자신의 선택권을 행사하고, 결과를 경험하며 만약 만족하지 못하면 수정한다는 뜻이다.

④ 창의적이다.
독창적인 사고력과 창조적인 삶을 스스로 표현할 줄 안다. 개인이 새로운 경험에 대해 열려 있고 자신의 판단을 믿으며 새로운 모험에 대해 긍정적으로 위험을 각오한다면 창의적 산출물과 창의적인 삶이 실현될 것이다.

⑤ 자유롭다.
자신의 생각과 행동을 자유롭게 선택할 수 있다.

> **완전히 기능하는 사람**
> 완전히 기능하는 사람이란 자기가 타고난 경향성을 실현하는 사람을 의미한다.
> 로저스에 의하면 우리 개개인 안에는 자아실현경향성(self-actualizing tendency)이라는 타고난 동기가 있다. 이것은 우리 자신을 유지하고 향상시킴으로써 잠재력을 충분히 발휘하는 방향으로 나가는 적극적이고 통제적인 추진력이다. 인간은 자극이 부족한 환경을 피하고 새로운 경험을 추구한다. 로저스는 이처럼 우리 각자의 내면은 늘 성장하고 싶고 늘 새롭고 싶고 항상 다양한 경험들을 추구하고 싶은 성향이 있다고 말했다.

1 2 3 完

037　　　　　　　　　　　　　　　　　　　　　　　　　　　기출 ★★
내담자중심 직업상담에서 직업정보 활용의 원리는 검사해석의 원리와 같다. 이를 패터슨(Patterson)은 어떻게 설명하고 있는지에 대하여 4가지 이상 기술하시오.

필.수.이.론

① 직업정보는 내담자의 입장에서 필요하다고 인정할 때에만 제공한다(상담자가 자진해서 직업정보를 제공하지 않는다).
② 직업정보는 내담자에게 영향을 주기 위해 혹은 조작하기 위해 사용하지 않는다.
③ 평가적 방법으로 직업정보를 활용하지 않는다.
④ 내담자의 자발성과 책임감에 입각한 스스로의 획득을 지지하고 격려하는 것이 가장 좋다.
⑤ 직업정보 제공 후 직업과 일에 대한 내담자의 태도와 감정을 자유롭게 표현할 수 있도록 하며 그것이 상담에 효과적으로 이용될 수 있도록 해야 한다.

1 2 3 完

038　　　　　　　　　　　　　　　　　　　　　　　　　　　기출 ★
인간중심 상담에서 상담의 한계를 쓰시오.

필.수.이.론

① 책임의 한계
　내담자는 자신의 문제와 행위에 대해 책임을 져야 한다.
② 시간의 한계
　상담 시 시간의 한계를 설정하여 내담자가 잘 적응하도록 해야 한다.
③ 행위의 한계
　내담자의 공격적 행위는 한계를 설정해야 한다.
④ 애정의 한계
　상담 시 상담자가 내담자에게 보이는 애정에는 한계가 있음을 표현한다.

| 1 | 2 | 3 | 完 |

039.
기출 ★★★

내담자중심 직업상담과 특성-요인 직업상담의 차이점을 쓰시오.

필.수.이.론

내담자중심 직업상담	특성-요인 직업상담
비지시적 상담	지시적 상담
내담자중심 상담	상담자중심 상담
인간은 신뢰할 수 있으며 스스로 문제 해결을 할 수 있는 존재	인간은 스스로 문제 해결을 할 수 없는 나약한 존재
문제보다는 개인 그 자체를 중시	문제를 중시
진단을 배제	진단을 중시
래포 형성은 필수조건	래포 형성을 중요하게 생각하나 반드시 그런 것은 아님

제4절 인지행동적 상담

엘리스의 REBT 이론
- **인지적-정서적 상담**
  ① 엘리스(Albert Ellis)에 의하여 창시되고 발전된 상담이론이다. 1950년대 중반 벡(A. Beck)보다 조금 앞서 엘리스가 훗날 합리적 정서행동 치료(REBT)로 발전한 합리적 치료(RT)의 개념을 제시하였다.
  ② 내담자의 비합리적인 생각을 최소화시키거나 합리적인 생각으로 대치시켜 내담자가 합리적이고 융통성 있는 인간관을 가지도록 돕는다. 심리적 장애를 치료하는 데 내담자의 인지과정 또는 사고방식에 초점을 두고 있다. 인지적-정서적 상담에서는 인지과정을 통해 정서에 접근하는 것이 보다 정확하며 행동의 변화도 인지의 변화에 의존한다고 본다.
- **REBT 개요**
  ① 엘리스(Ellis)가 주장한 이론으로, 인간의 사고과정, 특히 신념이 인간행동을 유발하는 가장 큰 원동력이 된다는 점에 중점을 두었다.
  ② 인간의 심리적 고통은 대부분 사고, 신념, 상념과 같은 인지적인 특성과 관련된다고 본다.
  ③ 따라서 상담자는 내담자가 가진 비합리적이고 비현실적인 사고, 신념, 상념을 합리적이고 현실적인 사고, 신념, 상념으로 재조직할 수 있도록 도와야 한다는 상담이론이다.
- **이론적 가정**
  ① 인간은 합리적일 수도 비합리적일 수도 있다.
  ② 인간은 인지적이고 동시에 정의적이며 행동적이다.
  ③ 인간의 사고와 정서는 밀접하게 연결되어 있다.
- **심리적 문제의 발생**
  ① Ellis는 인간의 비합리적 사고가 부분적으로는 생물학적인 것에서 비롯되지만, 대부분은 양육자로부터 유래된다고 보았다.
  ② 학습된 비합리적 신념은 자기암시와 자기반복의 과정을 통해 자기패배적 신념으로 확고해져 간다.

040

인지행동적 상담에서 보는 인간에 대한 기본 관점을 쓰시오.

필.수.이.론

① 인지행동적 접근에서는 인간의 여러 측면 중 인지(사고, 생각)가 가장 우선적인 것이다.
② 감정이나 행동은 사람들이 어떻게 생각하느냐에 따라 영향을 받는다.
③ 즉, 사람들의 감정이나 행동은 모두 인지에서부터 나온다. 예컨대 사람들이 특정한 생각(예 나는 무가치하다는 생각)을 하기 때문에 특정한 감정(예 우울감)과 행동(예 자포자기 행동)이 뒤따라 나온다.
④ 심리적 부적응을 겪는 사람들을 변화시키기 위해서는 그들의 생각을 변화시켜야 한다.

041

인지·정서·행동적(REBT) 상담의 기본원리를 5가지 (이상) 설명하시오.

필.수.이.론

① 인간의 세 가지 심리구조인 인지·정서·행동은 상호작용하며 그중 인지는 가장 중요한 핵심적 요소이다.
② 과거나 현재의 외적인 사건보다 인간의 내적인 사건이 인간의 정서적 반응에 더욱 직접적인 영향을 준다.
③ 비합리적(역기능적) 사고는 정서 및 행동장애의 중요한 결정요인이다.
④ 정서적인 문제의 해결은 사고를 분석하는 데서 시작해야 한다.
⑤ 인간은 유전적이고 환경적인 영향에 의해 비합리적 사고를 할 수도 있다.
⑥ REBT는 행동에 대한 과거의 영향보다 현재에 초점을 둔다.
⑦ 불합리한 신념은 계속적인 노력에 의해 변화될 수 있다.

1 2 3 完

> **042-1** 기출 ★★
> 인지·정서·행동적(REBT) 상담에서 A-B-C-D-E-F모델의 의미를 설명하시오.
>
> **042-2** 기출 ★★★
> '근거 없는 신념확인하기'를 엘리스(Ellis)의 ABCDE모델로 예를 들어 설명하시오.

필.수.이.론

① A(Activation event, 선행사상)
  인간의 정서를 유발하는 어떤 사상(사건이나 현상)을 말한다. 선행사상 또는 촉발사상이라고 할 수 있다.
② B(Belief, 신념)
  선행사상에 대하여 각 사람이 지닌 신념을 의미한다.
③ C(Consequence, 결과)
  선행사상과 관련된 신념으로 인해 생긴 정서적 결과이다. 만일 합리적 신념을 가지고 있다면 그 상황에 적절한 정서적 반응을 할 수 있게 되며 비합리적 신념을 가지고 있다면 부적절한 정서, 즉 죄책감·불안·분노 등을 보일 것이다.
④ D(Dispute, 논박)
  비합리적 신념·사고·상념에 대하여 도전하고 다시 생각하도록 하면서 재교육하기 위해 적용하는 논박을 의미한다. 비합리적 신념을 철저히 논박하는 것은 부정적 감정을 긍정적 감정으로 바꾸는 데 목적이 있는 것이 아니라 감정적인 균형을 이루는 데 그 목적이 있다.
⑤ E(Effect, 효과)
  논박의 인지적 효과를 의미한다.
⑥ F(Feeling, 감정)
  합리적인 신념에서 비롯된 새로운 감정이나 행동을 말한다.

| 1 | 2 | 3 | 完 |

043 기출 ★★★★

비합리적 신념의 뿌리 당위성 3가지를 설명하시오.

필.수.이.론

① 자신에 대한 당위성
  나는 반드시 훌륭한 일을 수행해야만 하며 타인의 인정을 받아야만 한다.
② 타인에 대한 당위성
  타인은 반드시 나를 공정하게 대우하며 가족들은 나를 사랑해야만 한다.
③ 조건(세상)에 대한 당위성
  세상의 조건들은 내가 원하는 방향으로 가야만 한다.

| 1 | 2 | 3 | 完 |

044 기출 ★

엘리스가 말하는 '비합리적 신념'의 예를 5가지 이상 구분하여 쓰시오.

필.수.이.론

① 모든 사람에게 사랑이나 인정을 받는 것은 개인에게 절대적으로 필요한 일이다.
② 가치 있는 사람이 되려면 매사에 유능하고 완벽해야 한다.
③ 어떤 사람은 나쁘고 사악하고 악랄하여 이런 사람은 마땅히 비난과 처벌을 받아야 한다.
④ 세상일이 원하는 대로 되지 않을 때 절망한다.
⑤ 불행은 외적 환경 때문이므로 개인의 힘으로 어찌할 수 없다.
⑥ 내가 두려워하는 일이 실제로 일어날 가능성이 있음을 늘 걱정해야 한다.
⑦ 역경이나 책임은 직면하는 것보다 피하는 것이 좋다.
⑧ 인간은 타인에게 의지해야 하며, 의지할 만한 그 누군가가 필요하다.
⑨ 인간의 과거는 현재의 행동을 결정하며 과거의 영향에서 벗어날 수 없다.
⑩ 인간은 타인의 문제와 혼란으로 인해 늘 괴로워하고 속상해한다.
⑪ 모든 문제에는 항상 정답이 있기 마련이다. 만약 그런 정답을 찾지 못한다면 매우 비극적이다.

045

REBT에서 사용하는 상담기법 3가지를 쓰고 설명하시오.

필.수.이.론

① 인지적 기법
   논리적 논박, 경험적 논박, 실용적 논박, 구조화된 논박, REBT를 다른 사람에게 적용해 보기, 독서 및 시청각 요법, 자신의 상담내용을 담은 녹음테이프 듣기 등이 있다.
② 정서적 기법
   합리적·정서적 심상법, 청담자의 무조건적 수용, 치료자의 자기 개방, 유머의 사용, 합리적 자기진술문의 사용, 정서와 관련된 용어의 사용 등이 있다.
③ 행동적 기법
   강화기법, 과제부과, 자극통제 등이 있다.

046

김 대리는 업무능력이 높고 남보다 승진이 빠르다. 그러나 사소한 실수를 했다. 상사나 다른 동료들은 아무렇지 않다고 말했지만 김 대리는 아니었다. 김 대리는 "실수하면 안 된다. 실수하면 회사생활은 끝이다."라는 생각을 했고 심리적 혼란을 겪었다. 그래서 전직을 위해 직업상담사를 찾았다. 상담사는 RET기법으로 김 대리를 상담하면 될 것 같아 그렇게 하기로 했다.

(1) 이 내담자를 상담할 때의 목표는 어떤 것인가?
(2) 이 내담자가 전직하려고 하고, 심리적 혼란을 겪는 원인은 무엇인가?

필.수.이.론

(1) 이 내담자를 상담할 때의 목표는 어떤 것인가?
   내담자가 가지고 있는 인생에 대한 자기패배적인 신념들을 제거하고, 좀 더 관용적이고 합리적이며 현실적인 인생관을 갖게 한다.

(2) 이 내담자가 전직하려고 하고, 심리적 혼란을 겪는 원인은 무엇인가?
비합리적 신념, 즉 '실수하면 회사생활은 끝이다.'라는 자기패배적인 신념 때문이다.

> **비합리적 사고의 특징**
> - 파괴적이고 자기패배적인 행동을 야기한다.
> - 타인이나 자신에게 비현실적이고 비생산적인 고통과 괴로움을 지속시키게 한다.
> - 개인의 성숙이나 발전을 저해하며 정체나 퇴보를 가져온다.

---

047 기출 ★★

김 씨는 정리해고로 인해 자신이 무가치적인 존재라 여기고 자살을 시도하려고 한다. 김 씨에 대해 엘리스의 ABCDE모델로 설명하시오.

① A(선행 사건) : 김 씨의 선행 사건은 '정리해고를 당했다'이다. 김 씨는 이로 인해 직장을 잃게 되었고, 이 사건이 이후의 감정과 행동에 영향을 미치게 되었다.
② B(신념) : 김 씨는 정리해고를 당한 후 "내가 무가치한 존재다"라는 부정적인 신념을 가지게 되었다. 이는 김 씨의 자존감에 큰 타격을 주었고, 자신이 쓸모없다고 느끼게 만들었다.
③ C(결과) : 이 신념은 김 씨에게 심각한 감정적 고통을 초래했다. 김 씨는 깊은 우울감과 절망감을 느꼈으며, 결국 자살 시도라는 극단적인 행동을 고려하게 되었다.
④ D(논박) : 이 단계에서 김 씨의 비합리적인 신념에 도전하고 논박하는 과정을 거친다. 김 씨가 "내가 무가치한 존재다"라는 생각을 가지고 있다면, 이는 과연 사실인지, 증거를 통해 반박해야 한다. 예를 들어, "정리해고가 김 씨의 가치와 무슨 관련이 있는가?" 등과 같은 질문을 통해 논박할 수 있다.
⑤ E(효과) : 논박의 결과, 김 씨는 자신의 비합리적인 신념이 잘못되었음을 깨닫고, 더 합리적이고 긍정적인 새로운 신념을 가지게 된다.
⑥ F(새로운 감정) : 실직으로 출발했지만 심한 불안이나 우울을 느끼지 않고 자신의 새로운 인생을 탐색해 볼 수 있는 긍정적인 부분도 있을 것이므로 새로운 감정을 가진다.

048

다음 내용은 내담자의 짧은 호소문이다. 이 호소문 내용을 참고하여 아래의 각 물음에 답하시오.

> 저는 어렸을 때부터 모범생이었으며, 항상 부모님을 실망시키지 않았습니다. 대학교도 우수한 성적으로 졸업하였습니다. 부모님이나 친척들이 저에게 많은 기대를 하고 있지요. 좋은 직업을 갖고 내로라하는 직장에 취업할 수 있다고 믿고 있습니다. 사실 제 형제들은 저보다 공부도 잘 하지 못했고 좋은 대학도 나오지 못했습니다. 그래서 항상 부모님은 제가 기쁘게 해드릴 수 있다고 생각합니다. 대학의 학과 선택도 부모님의 의견을 존중했었습니다. 전 부모님을 실망시켜 드리고 싶지 않아 열심히 취업준비를 하였습니다. 그런데 어쩐 일인지 아무리 노력해도 취업하기가 힘듭니다. 이번에 Y회사에 이력서를 냈는데 그르칠까봐 걱정입니다. 더군다나 이번이 그럴듯한 회사의 채용공고로서 거의 마지막 기회이기 때문에 실패할 경우를 생각하니 숨이 막힐 것 같습니다. 어떻게 해서라도 좋은 회사에 취업을 해야된다는 생각에 하루하루가 힘듭니다.

(가) 이 내담자를 진단하고, 어떤 기법을 사용해야 하는지를 쓰시오.
(나) 직업상담을 실시한다면 각 치료단계(5단계)마다 어떤 내용으로 상담을 진행해야 하는지 간략하게 가상적인 상담내용을 기록하시오.
(다) 호소문에 제시되지는 않았으나 이 내담자가 갖고 있는 예측될 수 있는 문제가 무엇인지 6가지를 쓰시오.

(가)
이 내담자는 좋은 직장에 취업하지 못하면 인생이 실패하는 것이라는 비합리적 사고에 빠져 있다. 따라서 엘리스의 합리적 정서적 상담기법을 사용하는 것이 바람직하다.

(나)
1단계, A(선행사건) : Y회사에 이력서를 냈다(입사지원).
2단계, B(신념체계) : 나는 좋은 회사에 취직해야 하고 이번이 마지막 기회이다.
3단계, C(결과) : 취업에 실패할까봐 걱정이 되어 숨이 막힌다(극심한 우울과 불안, 긴장감).
4단계, D(논박) : 중소기업에서 성공한 사람들의 사례를 찾아보게 하고 논리적 원리를 제시하여 그럴듯한 좋은 회사에 취업을 하는 것만이 인생의 성공이 아님을 논박한다(자기중심적인 논리를 현실성과 추후대안을 통해 반박).
5단계, E(효과) : 논박의 결과로 좋은 회사만이 아니라 다른 대안도 있음을 인지하여 정서적인 안정을 찾고 새로운 바람직한 동기를 갖는다.

(다)
① 우울증에 시달린다.
② 무기력감에 빠진다.
③ 스트레스를 심하게 받는다.
④ 불안하다.
⑤ 초조하다.
⑥ 좌절감을 갖는다.

049 기출 ★★

Liptak이 제시한 비자발적 실직을 경험한 내담자들에게 나타나는 5가지 비합리적 신념을 쓰시오.

필.수.이.론

① 직업을 구하기 위하여 완전한 직업탐구가 이루어져야 한다는 신념
② 직업탐구가 더 이상 필요하지 않을 것이기 때문에 직업탐색 기법을 습득할 필요가 없다는 신념
③ 진로상담자는 전문가이기 때문에 내담자에게 직업을 찾아줄 것이라는 신념
④ 면접 후 거절당하는 것은 재앙과도 같다는 신념
⑤ 직업탐색과정에 대하여 신경을 써야만 하고 몰두해야 한다는 신념

제5절 벡(A. Beck)의 인지치료

인지치료

벡(Beck)이 인지치료를 개발할 당시는 무의식과 추동을 강조하는 정신분석학파 이후 자극과 반응에 의해 모든 것이 결정된다고 보는 행동주의가 주류를 이룰 때였다. 이러한 배경 속에서 벡은 1960년대 우울증 치료에 대한 연구를 통해 자신과 환경에 대한 개인의 해석과 신념, 즉 '인지'가 결정적인 역할을 한다고 보았다. 그에 따르면 우울증은 자신과 세상, 미래에 대한 부정적이고 비관적 인식에 의해 발달되는데, 이를 '인지 삼제'라고 일컬었다. 이러한 관점은 인지치료의 기반이 되었고 보다 광범위한 정신장애의 치료에 적용되었다.

인지치료의 핵심개념으로는 자동적 사고, 역기능적 인지 도식, 비합리적 신념, 인지적 오류 등을 들 수 있다. 자동적 사고란 어떠한 상황이나 자극에 대해 의식하지 못하는 사이에 짧게 스쳐지나가는 생각들로, 부정적인 방향으로 흘러가는 자동적 사고는 다양한 심리적 문제의 원인이 될 수 있다. 역기능적 인지 도식과 비합리적 신념 역시 비슷한 개념으로, 스트레스 상황에 대하여 부정적인 결과를 예측하거나 사실과 다른 비합리적이고 비관적인 생각을 가지는 것을 뜻한다. 또한 일어나지 않은 일에 대하여 최악의 결과를 예상하는 파국화, 하나의 사건을 다른 일에도 지나치게 일반화시키는 과잉 일반화와 같은 인지적 오류 역시 심리적 문제를 촉발하거나 악화시킬 수 있다. 인지치료에서는 이와 같은 자동적이고 부정적인 생각들을 내담자가 스스로 찾아보고 객관적으로 평가하도록 한다. 그리고 이를 보다 현실적이고 합리적인 생각들로 바꾸어 나가는 과정을 통하여 변화를 이끌어낸다.

인지치료의 이론적 개요

① 벡(Beck)의 이론으로, 인지치료는 합리적 정서치료와 더불어 인지행동적 상담이론 중 가장 널리 알려지고 보편화된 상담이론이다.
② Ellis와 마찬가지로 원래 정신분석적 훈련을 받았던 벡은 특히 우울증 치료에 관심이 있었다. 그는 기존의 정신분석적 이론이 우울증을 치료하는 데 한계가 있음을 발견하고 대안적인 이론을 구축하였는데 그 결과가 인지치료 이론이다.
③ 인지치료라는 용어는 크게 두 가지 의미로 쓰인다. 하나는 인지를 변화시킴으로써 심리적 문제를 해결하려는 상담 접근들을 포괄하여 지칭하는 것이고, 다른 하나는 벡에 의해 개발된 우울증에 대한 인지치료를 나타내는 것이다.
④ 원래 인지치료 이론은 우울증을 치료하는 이론으로서 출발하였으나 점차 불안과 공포증 등을 포함한 정서적 문제 전반, 그리고 사람들의 성격적 문제를 치료하는 이론으로까지 확장되었다.

1 2 3 完

050
기출 ★

벡(A. Beck)의 인지치료에서 자동적 사고의 의미를 쓰시오.

필.수.이.론

① 자동적 사고란 자신의 의지와는 상관없이 부지불식간에 떠오르는 생각들을 말한다.
② 사람들이 경험하는 환경적 자극들과 심리적 문제 사이에는 '자동적 사고'라는 인지적 요소가 개입되어 있다.
③ 환경적 자극으로부터 어떤 내용의 자동적 사고를 떠올리는가 하는 것이 문제가 된다.
  예 사랑하는 여성이 헤어지자는 말을 했을 때 청년의 자동적 사고분류
  ㉠ 긍정적 자동사고 : "나는 아픈 만큼 더 성숙해질 수 있어."
  ㉡ 중립적 자동사고 : "그녀는 나와 인연이 아닌가봐."
  ㉢ 부정적 자동사고 : "그녀 없이 나는 인생의 의미를 찾을 수 없다."
④ 심리적 문제는 스트레스 사건을 경험했을 때 부정적 자동사고로부터 발생한다.

➕ 인지 삼제(Cognitive Triad) : 우울증을 경험하는 사람들의 자동적 사고
- 자신에 대한 비관적 생각 - "나는 무가치한 사람이다."
- 앞날에 대한 염세적 생각 - "나의 앞날은 희망이 없다."
- 세상에 대한 부정적 생각 - "세상은 살기가 매우 힘든 곳이다."

051

인지치료에서의 인지적 오류의 유형 4가지를 설명하시오.

필.수.이.론

인지적 오류란 현실을 제대로 지각하지 못하거나 사실을 왜곡하여 받아들이는 것을 말한다.

① 흑백논리(이분법적 사고)
  사건의 의미를 이분법적인 범주의 둘 중 하나로 해석하는 오류이다.
② 선택적 추상(정신적 여과)
  상황이나 사건의 주된 내용은 무시하고 특정한 일부의 정보에만 주의를 기울여 전체의 의미를 해석하는 오류이다.
③ 의미 확대 및 의미 축소
  사건의 중요성이나 의미를 지나치게 과장하거나 축소하는 오류이다.
④ 과잉일반화
  한 번의 부정적 사건을 마치 계속적으로 반복되고 있는 실패로 생각하는 것을 말한다.

인지오류

기능적 인지도식에 의해 현실을 제대로 지각하지 못하거나 사실, 의미를 왜곡하여 받아들이는 것이다.

흑백논리 (이분법적 사고)	사건의 의미를 이분법적인 범주의 둘 중 하나로 해석하는 오류이다. 예 어떤 일의 성과를 성공이냐 실패냐 이분법적으로 평가하거나 타인이 나를 사랑하는가 미워하는가의 둘 중의 하나로만 생각할 뿐 회색지대를 인정하지 않는 경우 예 완벽한 성공이 아니면 실패다. 예 일등이 아니면 바보다. 예 죽으면 죽었지 그렇게는 못한다.
선택적 추상 (정신적 여과)	상황이나 사건의 주된 내용은 무시하고 특정한 일부의 정보에만 주의를 기울여 전체의 의미를 해석하는 오류이다. 예 발표 시 많은 사람이 긍정적인 반응을 했음에도 불구하고 한두 명의 부정적 반응에만 선택적으로 주의를 기울여 실패했다고 단정짓는 경우 예 몇 녀석들 때문에 살기가 싫어.

의미 확대 및 의미 축소	사건의 중요성이나 의미를 지나치게 과장하거나 축소하는 오류를 말한다. 예 시험에 낙제 한 번 하면 인생이 끝장이다. 예 수석을 하고도 운이 좋아서 그랬다고 하는 것 예 한두 번 지각한 학생을 보고 게으르다고 판단하는 것	
과잉일반화	한 번의 부정적 사건을 마치 계속적으로 반복되고 있는 실패로 생각하는 것을 말한다. 예 한두 번의 실연으로 '언제나', '누구에게나' 실연당할 것이라고 생각하는 것 예 새똥은 언제나 내 차에만 떨어져. 예 직장을 잃어버렸으니 모든 것을 잃었어. 예 아침부터 이러니 하루가 뻔하다.	
장점 무시 (긍정격하)	자신의 긍정적인 면은 무시, 부정적인 면은 부각한다. 예 아니오, 운이 좋았어요. 예 잘못 보셨어요, 못했어요. 예 놀리지 마세요.	
재앙화 (파국적 예상)	사소한 문제도 크게 부풀려 걱정하며 현실적인 고려 없이 부정적으로만 예상한다. 예 이걸 들켰으니 이제 나는 큰일 났다. 예 가슴 아래가 이상해. 유방암이 아닐까? 예 한 명, 두 명 학생이 줄어들다 문 닫는 거 아닌가?	
이름 붙이기	고정적이고 전반적인 이름을 붙인다. 예 저 사람은 위선자야. 상종을 말아야 해. 예 나는 인생의 패배자야. 예 그 사람은 악질이야.	

052

벡(Beak)의 인지적 오류에 대한 치료절차를 설명하시오.

필.수.이.론

(1) 1단계
내담자가 느끼는 감정의 속성을 확인하고 구체적 상황과 함께 묶는다.

(2) 2단계
감정과 연합된 사고, 신념, 태도를 확인한다.

(3) 3단계
① 내담자의 사고를 1~2개 문장으로 요약 및 정리한다.
② 상담자가 믿는 신념이나 행동의 핵심을 분석하여 내담자와 함께 정확하게 파악하였는지 검토한다.

(4) 4단계
① 내담자의 현실과 이성적 사고를 조사하도록 개입한다.
② 의문문의 형태로 개입(객관적, 증거 및 사례 위주)한다.
- 신념은 실제로 진실인가? 객관적 자료는?
- 증거가 없다면 신념을 설명할 수 있는 설명이 또 있는가?
- 최악의 사태의 관점에서, 실제로도 그렇게 나쁠까?
- 최악으로 생각하는 결과가 벌어질 가능성이 얼마나 되나?
- 수행판단에 대한 기대, 기준은 얼마나 합리적인가? 스스로에게 높고 어려운 기준을 적용한다면 다른 사람보다 당신이 더 잘해야 하는 이유는?

(5) 5단계 : 과제를 부여하고 새로운 사고, 신념의 적절성을 검증한다.

053

> 실직하고 나서 "나는 무능하다"라는 부정적 자동적 사고가 떠올라 우울감에 빠진 내담자에게 벡(Beck)의 인지행동적 상담을 하고자 한다. 이 내담자의 부정적인 사고를 반박하고 긍정적인 대안적 사고를 찾게 하기 위해 사용할 수 있는 방법을 3가지 (이상) 설명하시오.

① 특별한 의미 이해하기 : 어떤 단어들은 자동적 사고와 인지 도식에 의존해서 개인에게 다른 의미를 갖는다.
② 절대성에 도전하기 : '모든, 언제나, 결코, 항상' 등 극단적 진술을 통해 자신의 고통을 나타낸다. 이런 진술에 질문하고 도전하여 생각의 오류를 발견한다.
③ 재귀인하기 : 내담자가 자신의 상황이나 사건에 대한 책임이 거의 없는 경우에도 책임을 자신에게 귀인하여 자신을 비난하고 죄의식과 우울을 경험할 때, 재귀인 기법을 사용하여 사건의 책임을 정당하게 돌리게 조력함으로써 귀인오류로 인한 고통에서 탈피한다.
④ 인지왜곡 명명하기(흑백논리, 과일반화, 선택적 추상 등) : 내담자가 사용하는 인지왜곡에 이름을 붙여주고 자신의 추론을 방해하는 자동적 사고를 범주화한다.
⑤ 흑백논리 도전하기 : "측정하기" - 이분법적 범주화를 연속선상의 측정으로 변환시킨다. 내담자는 연속선상에서 자신의 위치를 확인하여 이분법적 사고에서 벗어난다.
⑥ 파국에서 벗어나기(만약 ~하면, 어떤 일이 일어날까? What will happen, if~) : 일어나지 않을 것 같은 어떤 결과를 매우 두려워할 때, 가능한 결과에 과잉반응할 때 효과적이다.
⑦ 장점과 단점 연결하기 : 특정 신념에 대한 장점과 단점을 나열함으로써 흑백논리에서 벗어난다.
⑧ 인지예행연습 : 다가올 시간을 다루는 데 있어 상상의 사용이 도움이 된다. 인지예행연습을 통해 발생 가능한 일에 적절한 방식으로 대처하도록 돕는다.
⑨ 긍정적 자기진술 기록 : 내담자가 그날 한 긍정적인 일이나 자랑할 만한 일을 매일 적는 목록이다.

제6절 행동주의 상담

행동주의

① 행동주의는 J. B. Watson이 제창한 심리학의 한 분파로 인간의 내면적 행동보다는 외현적 행동만을 탐구대상으로 한다. 외현적 행동을 심리학의 연구 주제로 하는 초기의 행동주의 심리학은 반사적 행동과 조건반사를 연구의 기본단위로 간주했다. 왓슨의 행동주의 심리학은 1913년에 발표된 「행동주의자가 본 심리학」이라는 논문에서 비롯된다. 이 논문에서 왓슨은 심리학이 자연과학의 객관적·실험적 분과이며, 그 목적은 행동의 예언과 통제에 있다고 주장하고 유기체가 유전적 습관 기제로서 환경에 적응하는 관찰 가능한 사실을 대상으로 연구하며, 유기체는 자극에 따라 반응한다는 점을 주장하였다. 즉, 본능이나 유전보다는 후천적 학습의 중요성을 강조한다.

② 행동주의 심리학의 주요가정은 인간의 이해방법도 다른 유기체의 이해방법과 달라야 할 필요가 없으며 객관적으로 관찰 가능한 행동을 관찰함으로써 인간행동을 이해할 수 있고, 복잡한 행동은 단순한 자극-반응 연합들의 복합체이며 행동은 환경에 의하여 결정되고 유전이나 뇌는 결정적으로 중요한 기능을 하지 않는다는 것 등이다.

③ 파블로프(Pavlov)의 고전적 조건이론인 자극-반응이론과 스키너(B. F. Skinner)의 조작적 조건이론이 행동주의의 대표적 이론이라 할 수 있다.

행동주의 학습이론의 기본가정

① 행동은 살아 있는 유기체의 기본적 특성이다.
② 행동은 수정될 수 있으며, 이러한 수정은 학습을 통하여 이루어질 수 있다.
③ 대부분 인간 행동은 학습된 것이다(Skinner(1953), Wolpe(1958)).
④ 행동의 형성, 유지, 제거는 환경자극에 따라 좌우되며, 환경의 변화는 행동의 변화를 일으킨다. 환경적 변화란 반응에 앞서 주어지는 선행자극과 반응 다음에 수반되는 후속자극의 형태로 나타날 수 있다. 어떤 경우이든 유기체가 환경조건에 적응하는 방식으로 행동은 변화된다.
⑤ 행동과 환경자극 간에는 기능적 관계가 있다.

054
행동주의 상담이론의 기본가정을 3가지 이상 제시하시오.

필.수.이.론

① 인간은 옳지도 나쁘지도 않은 상태로 이 세상에 태어났다.
② 인간은 환경의 자극에 대해 반응하는 유기체이다.
③ 인간의 행동은 유전과 환경의 상호작용에 의해 형성된다.
④ 인간의 행동은 학습된 부정적 혹은 긍정적 습관으로 구성된다.
⑤ 인간의 행동은 생활환경이 제공하는 강화의 형태와 그 빈도에 의해 결정된다.
⑥ 인간의 행동은 어떤 선행조건에 의해 결정되고 예측이 가능하다.
⑦ 인간의 의식은 믿을 수 없으며 관찰 가능한 표출된 행동만이 과학적 자료가 된다.
⑧ 인간의 행동은 학습된 것이며 학습조건의 변화에 따라 수정이 가능하다.
⑨ 내담자의 행동을 변화시키는 것은 학습이나 재학습의 경험이다.

055
행동주의 상담에서 의사결정을 내리지 못하는 내담자 상담의 목적에 대하여 설명하시오.

필.수.이.론

행동주의 상담은 불안으로 인해 의사결정을 내리지 못할 때 불안을 제거하거나 줄여서 올바른 의사결정 방법을 습득하는 데 그 목적이 있다.

(1) 우유부단형
정보의 부족, 학습적응의 기회부족으로 인해 적절한 의사결정을 하지 못하는 것이다. 불안에 대한 처방보다 정보제공으로 해결하는 것이 유용하다.

(2) 무결단성
① 정보부족이 아닌 심리적 불안이 원인이므로 이를 상담의 목표로 하고 직업상담이 끝난 후에도 결정을 내리지 못한다면 무결단성의 문제로 파악한다.
② 의사결정에 있어 주위 환경의 변화를 고려해서 불안을 느끼며, 학습한 정보를 제대로 이용하지 못하여 적절한 의사결정을 할 수 없는 입장으로서 사회적 압력과의 갈등으로 인해 불안을 느낀다.

056
기출 ★★

행동수정 이론의 중요개념 중 강화에 대하여 설명하시오.

필.수.이.론

(1) 강화의 의의
강화란 원하는 반응을 하게 할 확률을 더 높이고자 하는 것으로 정적 강화와 부적 강화가 있다.

(2) 종류
① 정적 강화 : 유쾌한 것을 제공하여 바람직한 행동의 강도를 증가시키는 것이다.
  예 칭찬, 별표, 사탕 등
② 부적 강화 : 불쾌한 것, 혐오적인 것을 제거하여 바람직한 행동의 강도를 증가시키는 것이다. 예 꾸중, 벌, 전기충격 등

> **강화의 계획**
> ① **고정간격계획**
>   유기체의 반응비율과 관계없이 특정한 시간 간격을 정해놓고 그 기간이 경과한 후에 강화가 주어지는 것
>   예 열심히 일을 하든 하지 않든 간에 정해진 날짜가 되면 받게 되는 월급(고정급)
>   예 학업성취의 정도와 관계없이 정기적으로 보는 중간고사와 기말고사
> ② **변동간격계획**
>   강화가 일정한 시간 간격에 따라 일어나다가 강화 사이의 간격이 불규칙해져서 예측할 수 없는 것
>   예 낚시
> ③ **고정비율계획**
>   미리 정해 놓은 또는 고정된 횟수의 반응을 수행한 후에 강화를 제공하는 것으로, 특정한 횟수의 행동이 일어난 후에 강화가 주어지는 것
>   예 상품의 생산량이나 판매량에 따라 보상이 주어지는 근로자의 성과급
> ④ **변동비율계획**
>   강화를 받는 데 필요한 반응의 수가 어떤 정해진 평균의 범위 안에서 무작위로 변하는 것
>   예 일정한 횟수 안에서 거액이 나오도록 설계되어 있지만 언제 나올 것인가를 알 수 없는 슬롯머신과 경마(도박행위에서 획득할 수 있는 확률)

057

행동수정기법 중 체계적 둔감화 3단계(4단계)를 설명하시오.

필.수.이.론

불안·공포를 제거하기 위해 불안과 양립할 수 없는 이완 반응을 끌어낸 다음, 불안을 유발시키는 경험을 상상하게 하여 불안을 제거하는 방법이다. 3단계로 작성할 경우 근육이완, 불안위계도 작성, 단계적 둔감화로 설명하면 된다.

① 1단계(근육이완)
   심층적인 근육이완 훈련을 받는데 근육이완 훈련은 먼저 손과 팔 근육의 긴장을 이완하는 것으로 시작하여 머리, 어깨, 목, 가슴, 몸통, 다리의 순으로 진행된다.
② 2단계(불안위계도 작성)
   내담자의 가장 편안한 상태를 0, 가장 불안한 상태를 100이라는 수치로 생각하여 불안위계도를 작성한다.
③ 3단계(불안자극 제시)
   근육이 이완된 상태에서 작성된 불안위계도에 따라 가장 불안을 적게 유발하는 자극에서부터 차례대로 자극을 제시한다. 불안을 유발하는 자극은 실물이나 실제적인 상황을 통해서 이루어질 수 있으나 상상을 통한 자극의 제시를 많이 사용한다.
④ 4단계(불안해소)
   불안을 가장 많이 유발하는 자극이나 장면을 상상해도 근육이 이완되어 있으며 불안이 해소되었다고 본다.

058
행동주의 상담이론에서 주장적 훈련의 의미와 기법을 쓰시오.

필.수.이.론

(1) 의미

대인관계에서 오는 불안과 공포를 치료하는 데 효과적인 것으로 내담자로 하여금 불안 외의 감정을 표현하도록 하여 불안을 제지하는 상담기법이다.

(2) 주장적 훈련기법

① 소극적 행동과 주장적 행동 그리고 공격적 행동을 구분한다.
② 비주장적 행동, 즉 소극적 행동과 공격적 행동의 이유를 확인한다.
③ 비주장적 행동에 관련된 비합리적 사고를 합리적 사고로 대처한다.
④ 불안을 극복하기 위해 근육이완 훈련을 한다.
⑤ 주장적으로 행동한다.

(3) 절차

① 자기주장훈련의 요소 설명 : 불안 심리 등에 대하여 어떻게 하겠다고 설명한다.
② 자기주장훈련의 시범 보기 : 지도자나 상담자가 형식과 반복에 대하여 시범을 보인다.
③ 자기주장훈련의 역할 연습 : 갈등문제 정의를 활용하여 자신의 행동을 구별하며, 모든 집단원들이 불안장면에 대하여 대역을 맡아 역할 연습을 실시한다.
④ 자신의 모습 돌아보기 : 자기 주장에 대한 내용 및 역할에 대하여 되돌아본다.
⑤ 토의 및 느낌 발표 : 다 하지 못한 부분에 대하여 토의하고 느낌을 공유한다.

059

공황장애에 대하여 설명하고 인지행동적 치료기법으로 치료하는 방법에 대해서 기술하시오.

필.수.이.론

① 공황장애 : 공포의 생리적 증후(숨이 참, 근육경련, 어지러움 등)가 수반되면서 공포와 불안을 느끼는 불안장애의 일종이다.
② 치료법 : 체계적 둔감법

> **공황장애(panic disorder)**
>
> 공황을 뜻하는 panic은 그리스 신화에 나오는 목신(木神)의 이름 판(Pan)에서 유래했다. 판은 무서운 신으로 올림포스를 건립할 때 거인족을 공포에 떨게 한 장본인이다. 신화에서는 이를 가리켜 '거인족이 공황(panic)상태에 빠졌다'라고 기록하고 있다. 중세 악마의 이미지는 판의 외모와 성격을 토대로 만들어질 정도였으며, 패닉(공황)은 극심한 공포를 가리키게 되었다.
>
> 공황장애는 불안장애 중에서도 가장 격렬하고도 극심한 장애라고 할 수 있다. 갑작스럽게 밀려드는 극심한 공포, 곧 죽지 않을까 하는 강렬한 불안인 공황발작이 반복적으로 경험된다. 공황발작은 교육 정도나 성격 특성과 관계없이 누구에게나 일어날 수 있으며 종족이나 문화를 가리지 않는 보편적인 장애이다. 현대인에게 공황장애는 점차 늘어나는 추세이지만 정확한 원인은 아직까지 밝혀지지 않았다. 생물학적 요인과 심리적 요인이 복합적으로 작용한다고 보고 있다.

1 2 3 完

/ 060   기출 ★★

행동과학적 상담기법에서 내담자의 부정적 자기패배적 사고를 긍정적이면서 자기발전적 사고로 치료하는 기법에 대해 설명하시오.

필.수.이.론

행동주의 상담이론 중 스키너의 조작적 조건화학습 이론에서의 강화를 이용한다. 긍정적 강화와 행동조형을 이용하여 내담자가 잘 하는 부분을 칭찬하고 격려함으로써, 내담자가 스스로 잘 할 수 있다는 마음을 갖게 하고 긍정적 사고로 전환하도록 한다.

1 2 3 完

/ 061   기출 ★★★

행동주의적 상담에서 내적·외적인 행동변화를 촉진시키는 방법을 각각 (3가지씩) 쓰시오.

필.수.이.론

① 내적인 행동변화를 촉진시키는 방법
    체계적 둔감법, 근육이완법, 인지적 모델링, 사고정지
② 외적인 행동변화를 촉진시키는 방법
    토큰법, 모델링, 역할연기, 주장훈련, 자기관리프로그램, 행동계약, 혐오치료

062 기출 ★★★

행동주의 직업상담의 상담기법은 크게 불안감소기법과 학습촉진기법의 유형으로 구분할 수 있다. 각 유형별 대표적 방법을 각각 (3가지씩) 쓰시오.

필.수.이.론

① 불안감소기법 : 주장적 훈련, 체계적 둔감법, 홍수법
② 학습촉진기법 : 강화, 변별학습, 대리학습, 사회적 모델링

063 기출 ★★

행동주의 상담의 노출치료법을 3가지 (이상) 쓰고 설명하시오.

필.수.이.론

① 실제적 노출법 : 실제로 불안자극에 노출하는 기법이다.
② 심상적 노출법 : 불안자극을 상상하게 하여 노출하는 기법이다.
③ 점진적 노출법 : 불안자극의 수위를 낮은 것에서부터 높은 쪽으로 점차 강도를 높여가는 방법이다.
④ 홍수법 : 단번에 강한 공포자극에 직면시키는 기법이다.

> **노출치료(Exposure Therapy)**
> 내담자가 무서워하거나 위협을 느끼는 상년에 실세로 노출시켜보는 방법으로서, 내담자가 상상 속에서 생각했던 만큼 실제로 두렵지 않음을 직접 경험하게 하여 내담자의 잘못된 점을 교정하도록 하는 치료방법이다.
> 예 실제적 노출, 심상적 노출, 점진적 노출, 홍수법

1 2 3 完

/064 기출 ★

행동주의 직업상담의 목적이 갖추어야 할 3가지 준거를 쓰시오.

◀ 필.수.이.론

① 상담 목적은 내담자에 따라 다르게 진술되어야 한다.
② 상담 목적은 상담자의 가치에 위배되지 않아야 한다.
③ 상담 목적은 관찰 가능해야 한다(행동적 용어로 진술).

1 2 3 完

/065 기출 ★

행동주의 직업상담의 구체적 상담목표를 쓰시오.

◀ 필.수.이.론

① 선행요인으로서의 불안의 감소 및 제거
② 새로운 적응행동 학습
③ 직업결정기술 습득

1　2　3　完

/066　기출 ★

행동주의 직업상담의 검사활용 방법에 대하여 쓰시오.

🏷️ 필.수.이.론

① 대부분의 검사는 개인의 특성과 관계없이 표준화되어 있다.
② 표준화 검사들 중 적성검사보다 흥미검사에 특히 많은 관심을 갖는다.
③ 흥미검사가 직업상담에 기여할 수 있는 2가지 특성은 다음과 같다.
　㉠ 내담자가 흥미검사 문항에 많은 반응을 보일 때, 여러 직업적 대안에 대한 토의를 자극할 수 있다.
　㉡ 흥미검사의 득점이 내담자가 전혀 생각하지 못했던 직업적 흥미를 유발할 수 있다.

1　2　3　完

/067　기출 ★★

Lazarus가 개발한 다중양식치료의 핵심개념인 BASIC ID를 설명하시오.

🏷️ 필.수.이.론

① 행동(Behavior) : 소거, 역조건 형성, 긍정적 강화, 부정적 강화, 처벌
② 감정적 반응(Affect) : 소산, 소유하고 있는 감정
③ 감각(Sensation) : 긴장 이완, 감각적 쾌감
④ 심상(Imagery) : 자기 이미지의 변화, 대처심상
⑤ 인지(Cognition) : 인지적 재구성, 자각
⑥ 내인관계(Interpersonal) : 모델링, 불건전한 공포 분산시키기, 역설적인 책략, 비판적인 수용
⑦ 약물/생물학적 기능(Drugs/Diet) : 의학적 치료, 운동의 이행, 영양섭취, 물질남용 중지, 향정신성 약물의 남용

중다양식치료[multimodal therapy]

중다양식치료는 임상심리학자인 아놀드 라자러스(Arnold Lazarus)가 개발한 체계적이고 포괄적인 심리치료 접근이다. 이 접근은 이론적 원리의 타당성에 상관없이 다른 많은 심리학적 이론과 체계들로부터 가져온 기법들을 사용하기 때문에 기술상 통합적이라고 부른다. 내담자의 특성, 상담자의 임상적 기술, 구체적 기법 등에 대한 객관적인 정보에 근거하여 기법과 중재가 체계적으로 적용되고 이 접근은 인간 성격의 일곱 가지 양식에 대한 독특한 진단 과정을 활용한다. 각 내담자의 특성을 고려하여 상담하며, 상담자 또한 자신의 대인 관계 및 상호작용 패턴을 각 내담자의 개인적 욕구에 맞춤으로써 상담효과를 최대화하고자 노력한다.

중다양식치료의 기본전제는 내담자들이 보통 여러 가지 특수한 문제들로 고통받고 있으므로 그 문제들을 다룰 때에도 여러 가지 특수한 치료법을 동원해야 한다는 것이다. 즉, 중다양식치료는 한 개인이 지니고 있는 7가지 기본적인 특성 중 가장 우선적인 문제가 무엇인가를 파악하여 그에게 알맞은 최상의 치료법을 찾아낸다.

인간의 경험은 대부분 움직이기, 느끼기, 감지하기, 상상하기, 생각하기 및 서로 관계하기로 이루어져 있다. 궁극적으로 인간은 생화학적이고 신경생리학적인 존재이다. 인간 생활과 행동은 진행 중인 행동, 감정적 과정, 감각, 심상, 인지, 대인관계 및 생물학적 기능들의 산물이다. 이 양식들 각각의 첫 번째 문자를 따오면 BASIC I. B.가 되지만, 생물학적 양식을 '약물/생물학'으로 보면, BASIC I. D.가 된다. D는 약물, 약물 투여 혹은 약리학적 개입뿐 아니라, 영양학, 위생학, 운동 그리고 모든 기본적인 생물학적 투입물 및 병리적 투입물을 포함한다는 점을 기억하는 것이 중요하다.

BASIC I. D.는 인간이 기질과 성격으로 이루어져 있다고 가정하며 분노, 실망, 혐오, 탐욕, 두려움, 비탄, 경외, 모욕, 권태에서부터 사랑하는 것, 바라는 것, 믿음, 황홀경, 낙천주의 및 기쁨에 이르는 모든 것이 개인의 BASIC I. D. 내의 요소들과 그것의 상호작용을 조사함으로써 설명될 수 있다고 가정한다. 또한 사회문화적, 정치적 및 그 밖의 거시적인 환경적 사건 같은 BASIC I. D. 밖에 있는 요인들을 이식해서 포함시킬 필요가 있다. 그러나 개인의 배경을 고려하지 않아도 두드러진 행동, 정서적 반응, 감각 반응, 심상, 인지, 대인관계 및 생물학적 성향을 상세히 기술하면, 그 사람의 심리적 사물의 주요 성분을 알 수 있을 것이다. 더 나아가 다양한 양식들 간의 상호작용을 파악하면 사람들과 그들의 사회적 조직망에 대해 상당히 많은 것을 알 수 있다.

제7절 실존주의 상담

1 2 3 完

/068 기출 ★★

실존주의 상담에서 말하는 인간 본성에 대한 기본가정을 4가지 이상 쓰시오.

필.수.이.론

① 인간은 '지금-여기'에 내던져진 존재이다.
② 인간은 시간 안에 있다. 인간은 시간 속에서 죽음을 만나며 그래서 늘 불안하다.
③ 인간은 시간 안에서 미래를 선취한다.
④ 인간은 자유의지를 가지고 있으며 자신의 삶을 선택하고 만들어 간다(자유).
⑤ 인간의 삶은 결정되어 있는 것이 아니라 스스로 만들어가는 형성적 존재이다(형성).
⑥ 인간은 자신의 삶을 스스로 책임져야 하는 존재이다(책임).

실존주의 상담

실존주의 상담은 다른 상담이론에 비해 철학적인 면이 강조되며 상담기술보다는 인간관에 더 많은 관심을 가지는 상담이다. 상담자는 내담자를 유일하고 고유한 인간으로 생각하며, 내담자를 변화시키려는 기법보다는 내담자의 세계를 있는 그대로 드러날 수 있게 하는 기획에 관심을 보인다. 실존주의 상담에서 바라보는 개인은 선택의 주체이다. 내담자는 자신의 실존에 근거하여 자유에 대한 책임을 지며, 이처럼 자신이 이미 자신의 삶에 대해 어떤 방식으로든 책임지고 있다는 것을 자각하도록 돕는 것이 실존주의 상담의 과정이다. 실존주의 상담은 정신의학의 임상적 관점에 대해 가장 반대편에 위치한 접근이며, 순진하고 낙관주의적인 인간관을 거부한다는 점에서 인본주의 상담, 환원적 구조와 생애 초기에 귀속된 내러티브를 거부한다는 점에서 정신분석, 기계론적 세계관을 거부한다는 점에서 행동주의, 프로그래밍된 주체 개념과 합리적 가치의 강조를 거부한다는 점에서 인지치료와 변별된다.

실존주의 상담의 이론적 가정

① 인간 존재의 가장 중요한 문제는 불안의 문제이다.
② 인간 존재의 불안의 원인은 본질적인 시간의 유한성과 죽음 또는 부존재의 불안에 기인한다.
③ 문제의 해결방법은 인간의 타고난 가능성을 포함한 인간 존재의 가치와 삶의 참된 의미를 발견하여 자아실현하는 것이다.
④ 인간의 자기책임, 자기존재의 의미, 삶의 결정은 오직 자신만이 할 수 있다는 가정에서 출발한다.

⑤ 정서적 장애는 삶에서 보람을 찾는 능력이 없는 실존적 신경증에서 기인된다.
⑥ 상담관계는 상담자와 내담자의 만남의 관계이며 만남의 과정에서 내담자는 향상적인 급진적 변화를 가져오게 되어 치료의 효과를 거둔다.

---

069 기출 ★
실존주의적 상담의 주요 개념에 대하여 설명하시오.

필.수.이.론

① 실존적 신경증 : 정서적 장애는 억압된 충동이나 외상(Trauma), 약한 자아 등에서 나타나는 것이 아니라, 삶의 의미를 찾을 능력이 없기 때문에 나타난다.
② 이상심리의 원인 : 수축된 현존(내던져짐), 자율성과 독립성의 결핍(실존적 병약) 등이 있다.
③ 새로운 치료상의 관계 : 치료자와 환자의 관계를 '만남(인격적 관계)'으로 규정한다.
④ 행운 : 치료과정에 있는 환자의 급진적 변화와 향상이 가능한 시기를 말한다.

---

070 기출 ★★★★★
실존주의 상담에서 궁극적 관심사와 관련하여 중요하게 생각하는 주제 4가지를 설명하시오.

필.수.이.론

① 자유와 책임 : 자유는 책임을 가정하며 인간은 선택할 수 있는 자유를 가진 자기결정적 존재이기 때문에 책임을 져야 한다.
② 잠재력과 죄의식 : 자신의 잠재력을 충분히 발휘하지 못한다고 느낄 때, 죄의식을 느끼고 그 과정에서 불안을 경험한다.
③ 존재와 비존재 : 미존재에 대한 불안감을 말한다.
④ 시간 : 시간의 유한성은 인간을 불안하게 한다.

071　기출 ★★★★★

실존주의 상담에서 내담자의 자기인식능력 증진을 위한 상담자의 치료원리 4가지를 쓰시오.

필.수.이.론

① 죽음의 실존적 상황에 직면하도록 격려한다.
② 삶에 대한 자유와 책임을 자각하도록 촉진한다.
③ 자신의 인간관계 양식을 점검하도록 돕는다.
④ 삶의 의미를 발견하고 창조하도록 돕는다.

072　기출 ★★

실존주의 상담에서 상담관계의 원리를 3가지 이상 설명하시오.

필.수.이.론

① 비도구성의 원리 : 상담은 수단이나 도구가 아니며 기술적·지시적·고정적 방식이어서도 안 된다. 또한 상담자의 경우 경직되고 틀에 박힌 방식으로 행동해서는 안 된다.
② 자아중심성의 원리 : 자아중심성은 개인의 자아세계와 내면의 실체를 의미한다. 자아는 주관적이고 내면화된 것으로 실존주의에서는 내담자의 자아에 초점을 맞춘다.
③ 만남의 원리 : 실존주의에서는 상담자와 내담자의 인격적 만남을 중시한다. 만남이란 내담자가 지금까지 알지 못했던 것을 알게 되는 것을 말한다.
④ 치료할 수 없는 위기의 원리 : 적응, 치료 또는 위기의 극복이 아닌 인간의 진정성을 회복하는 것이 상담의 핵심이다.

1 2 3 完

/073   기출 ★★

실존주의 상담의 양식 세계를 3가지 이상 쓰고 설명하시오.

필.수.이.론

① 고유세계(내면세계) : 자신의 세계로서 개인이 자신에게 가지는 관계를 의미한다.
② 공조세계(사회세계) : 사회적 존재로서 인간만이 지니고 있는 대인관계를 의미한다.
③ 영적세계 : 인간 각자가 가지고 있는 믿음이나 신념세계로서 종교적 가치와 관계를 의미한다.
④ 주변세계(물리적 세계) : 인간이 접하며 살아가는 환경 또는 생물학적 세계를 의미한다.

제8절 현실치료 상담

현실치료 상담
① 글레서(William Glasser)가 개발한 상담기법으로, 인간의 모든 행동(혹은 생각, 감정)은 자신이 스스로 선택한 결과이기 때문에 내담자가 건전한 가치관에 따라 스스로 문제를 해결하도록 하여 성공적 자아정체감(자신을 긍정적으로 인정하는)을 발전시키는 데 도움을 주는 상담방법이다. '현실치료'라는 용어가 공식적으로 사용된 것은 1964년 4월 「Reality Therapy : A Realistic Approach to the Young Offender」라는 논문을 통해서였다.
② 현실치료 상담자들은 내담자의 감정보다는 행동에, 과거보다는 현재와 미래에 초점을 둔다. 이들은 문제에 대해 책임 있는 행동과 대안적 해결책을 강구하도록 격려한다. 이들은 내담자의 변명(excuses)을 용납하지 않으며, 동정도 하지 않고 '왜'라는 질문도 거의 하지 않는다.
③ 현실치료는 특히 수용시설에서 사용될 때 긍정적 결과를 낳는다고 보고되었으며, 만성 조현병(정신분열증) 환자나 비행자로 낙인이 찍힌 사람들의 치료, 개별 진단, 사회사업에서 광범위하게 사용되어 왔다.

현실치료의 이론적 가정
① 무의식적 갈등이나 원인들에 관심을 두지 않고 의식적인 면을 강조한다.
② 과거보다는 현재, 시간감정보다는 내담자의 현재 행동에 초점을 둔다.
③ 내담자의 생활 실패 원인을 파악하기 위하여 자기 행동의 질을 판단하는 내담자의 가치관과 역할에 중점을 둔다.
④ 상담자는 내담자와 전이 인물이 아닌, 있는 그대로의 자신으로 냉철하게 직시하도록 하는 것이다.
⑤ 내담자로 하여금 책임 있는 행동을 계획하도록 도와준다.
⑥ 내담자로 하여금 의사결정을 하도록 도와주고 책임 있는 행동단계에 따라 수행하겠다고 다짐한다.
⑦ 내담자가 계획을 실천 내지 실현하지 않았을 때 변명을 받아들이지 않는다.
⑧ 내담자가 실패했을 때 처벌하지 않고 합리적인 결과가 나타나기를 바란다.

현실치료에서의 욕구

구분	내용
소속과 사랑의 욕구	사람들에게 소속되고 싶은 욕구이며, 다른 사람에게 사랑받고자 하는 욕구이다.
통제력(power)에 대한 욕구	성취와 완수에 대한 욕구이며, 자신의 인생을 변화시키는 데 있어서의 자신감에 대한 욕구이다.
자유의 욕구	선택하는 것에 대한 욕구이다.
재미(fun)의 욕구	인생을 즐기고, 웃고, 유머를 가지려는 욕구이다.
생존(survival)에 대한 욕구	자신의 삶과 건강을 유지하려는 것에 관한 욕구이다.

1 2 3 完

/074 기출 ★

현실치료 상담의 특징을 쓰시오.

◀ 필.수.이.론

① 내담자의 책임감에 중점을 두고 있다.
② 내담자가 구체적인 계획을 세우고 행동계약을 설정한다.
③ 내담자의 실패에 대한 변명을 용납하지 않으며 처벌과 비난도 배제한다.
④ 내담자가 자신을 움직이는 유일한 존재이다.

1 2 3 完

/075 기출 ★

웁볼딩(Wubbolding)의 WDEP체제에 근거하여 현실치료 상담의 절차와 기법을 쓰시오.

◀ 필.수.이.론

(1) W : 바람(wants)
    ① 상담자는 '당신은 무엇을 원하는가?'라는 질문을 한다.
    ② 내담자는 그가 원하는 것, 가지고 있는 것, 얻지 못하고 있는 것을 탐색한다.

(2) D : 지시와 행동(direction and doing)
    ① 상담자는 내담자가 그의 현재 행동에 초점을 두도록 한다.
    ② 내담자가 원하는 것을 가질 수 있는지 관찰하도록 요구한다.

(3) E : 평가(evaluation)
    ① 상담자는 내담자가 자신의 행동의 질을 판단하도록 한다.
    ② 상담자는 '실패에 작용하는 것은 무엇인가?', '성공하기 위해 어떤 변화가 있어야 하는가?' 등을 내담자가 스스로 결정하도록 돕는다.

(4) P : 계획(planning)
    ① 계획은 상담과정의 핵심이며 일종의 교수 단계이다.
    ② 상담자는 내담자가 자신의 실패 행동을 성공적인 것으로 바꾸는 구체적인 방법을 확립하도록 돕는다.

제9절 형태요법 상담

형태주의 치료
게슈탈트(Gestalt) 치료는 1940년대 형태주의 심리학 이론을 기반으로 프리츠 펄스(Fritz S. Perls, 1893~1970)와 그의 아내 로라 펄스(Laura P. Perls)에 의해 창시된 후 여러 사람들이 발전시킨 현상학적-실존적 치료 형태이다.

설명과 해석보다는 내담자와 치료자 두 사람 모두의 즉각적인 경험을 더 신뢰하고 중요하게 취급하며, 자각을 증진시키는 데 초점을 둔다. 또한 상담 내용(무엇이 논의되고 있는가)보다는 과정(무엇이 일어나고 있는가)이 중시되며 지금-여기서의 자각에 초점을 맞춰 치료자와 내담자의 상호작용이 '나-너' 관계라는 존재 방식 안에서 다루어진다. 상담자는 내담자를 고귀한 존재인 근원자(Thou, 당신)로 지각하고, 이때 내담자는 존중받는 느낌을 받으며 치유된다. 또한 내담자는 자신이 현재 하고 있는 행위와 작업에 책임을 지도록 격려를 받는다.

형태주의 상담의 이론적 가정
① 인간은 본질적으로 선하지도 악하지도 않다.
② 인간은 전체적·현재중심적이며, 선택의 자유에 의해 잠재력을 작성할 수 있는 존재이다.
③ 인간은 그가 속한 환경을 떠나서는 이해될 수 없으며, 내·외적 자극에 대해 능동적으로 반응하고 그에 대한 책임을 질 수 있다.
④ 인간생활을 지각과 운동 형태의 형성과 소멸의 과정으로 본다. 즉, 적응이 잘 된 사람은 형태의 생성과 소멸이 잘 진행된 사람이고, 적응이 잘 안 된 사람은 외적 세계와 자신의 지각적 접촉이 이루어지지 않았거나 욕구와 행동을 억압하여 형태의 생성과 소멸과정이 방해를 받는 경우라고 본다.
⑤ 상담자는 내담자의 언어와 행동, 현재의 느낌 등에 주의를 기울여 각성함으로써 형태의 생성과 소멸을 방해하는 요인을 제거해야 한다.
⑥ 지금(now)을 중시하여 현재를 제외하고는 아무것도 존재하지 않는다고 본다.

076

형태요법 상담의 원리를 쓰시오.

필.수.이.론

① 총체론
  인간은 어느 한쪽 측면으로 보지 말고 통일된 전체로 보아야 한다.
② 장이론
  모든 것은 상호 관련되어 있으며, 유동적이고 변화하는 진행형에 있다.
③ 이미지 형성
  인간은 순간마다 환경을 조직해 독특한 이미지를 만든다. 이때 미분화된 이미지를 배경, 부각된 이미지를 전경이라 한다. 상담의 목표는 바람직한 전경을 형성케하는 데 있다.
④ 자기조절
  인간은 불균형상태를 복원하거나 성장해 나가도록 계속 자기조절을 한다.

077

형태주의 상담의 주요 목표 4가지를 쓰시오.

필.수.이.론

① 통합인식
  장애 상태의 개인은 자신의 전체를 통합적으로 자각하지 못하고 일부분만 자신의 것으로 인정한다. 즉, 소외되고 분리된 성격의 부분을 접촉, 체험하게 함으로써 자기 성격의 일부로 통합시키도록 한다. 통합은 자기와 새로운 세계에 대한 새로운 인식을 준다.
② 체험확장
  장애를 겪고 있는 사람은 자신의 감정이나 욕구를 억압하고 있는 것이기 때문에 이를 해제하고 억압했던 부분들을 다시 접촉하게 해 준다.
③ 책임자각
  내담자가 타인에게 책임을 전가 또는 죄책감을 유발하거나 자학하거나 하는 모든 것은 개인의 선택으로 보고 의존하려는 자세를 버리고 자립함으로써 스스로 책임을 질 수 있도록 한다.
④ 새로운 성장
  형태주의 상담의 목표는 내담자의 병적인 부분을 제거하거나 교정하는 것이 아니라 자생력을 격려하여 스스로 혼란을 극복하고 새로운 성장을 향해 나아가도록 돕는 것이다.

078 형태주의 상담기법을 쓰고 설명하시오.

필.수.이.론

① 자기 각성 기법
'지금-여기'에서 체험되는 것들을 자각하는 것으로, 욕구와 감정자각, 신체자각, 환경자각, 언어자각, 책임자각 등이 있다.

② 빈 의자 기법
가장 많이 쓰이는 기법 중 하나로서 내담자로 하여금 갈등상태에 있는 어떤 감정문제를 해결하는 데 도움이 되는 기법이다. 내담자는 그가 지니고 있는 감정들을 빈 의자에 투사함으로써 그 감정을 확실히 체험하고 각성할 수 있다.

③ 뜨거운 자리
내담자로 하여금 자기를 괴롭히는 어떤 구체적인 문제를 이야기하게 하고, 그 후 상담자는 그것에 대하여 직접적이고 공격적으로 직면시켜 줌으로써 미해결의 과제를 해결하게 하는 기법이다.

④ 꿈 작업
표현되지 못한 감정, 충족되지 못한 욕구, 미완성된 상황이 꿈에 나타난다고 본다. 즉 '지금-여기'에서 미해결 과제가 꿈에 나타난다는 것이다. 꿈속에 숨겨진 메시지를 찾아 생활상의 문제를 발견하고 내담자가 자신에 대한 자각을 발전시킬 수 있다.

⑤ 환상게임
환상은 고통스럽고 지겨운 현실에서 일시적 해방을 즐기게 하며 환상을 통한 학습은 현실에의 적응을 돕는다. 또 환상을 통해 자신의 미완성된 것, 바라는 것이 드러남으로써 자신을 알게 해주며 창조와 관련되기도 한다.

1 2 3 完

079　기출 ★★

Perls의 게슈탈트 상담이론에서 인간의 인격은 양파 껍질을 까는 것과 같다고 했다. 인간이 심리적 성숙을 얻기 위해 다섯 단계의 신경증의 층을 벗겨야 한다고 가정할 때 버려야 할 신경증의 층 5가지를 쓰고 설명하시오.

필.수.이.론

Perls는 상담을 통해 성격이 변화되는 과정을 양파 껍질을 벗기는 것에 비유했다. 인간은 심리적 성숙을 얻기 위해 다섯 단계의 신경증의 층을 벗겨야 한다고 한다.
다섯 가지 층을 가장 바깥에 있는 층부터 순서대로 살펴보면 다음과 같다.

① 피상층(허위층, 가짜층, 진부층)
　다른 사람들과 진정으로 소통하지 않고, 형식적이며, 의례적인 규범에 따라 피상적으로 접촉하는 수준을 말한다.
② 공포층(역할연기층)
　자기 고유의 모습을 드러내면 중요한 타인들로부터 거부당하게 될 것이라는 두려움 때문에 자기 고유의 모습으로 살기보다는 부모나 주위 환경의 기대에 따라 행동하는 단계이다.
③ 교착층(난국층, 곤경층)
　역할연기의 무의미함을 깨닫고 역할연기를 그만두지만, 스스로 자립할 수 있는 능력이 미비한 상태여서 무기력과 두려움을 느끼는 단계이다. 이 단계에 속하는 사람들은 흔히 방향감각을 잃고, 환경을 헤치고 나갈 수 있는 방법을 찾지 못해 오도 가도 못하는 실존적 딜레마에 빠지게 된다.
④ 내파층(내적 파열층)
　억압하고 차단해 왔던 욕구와 감정을 인식하게 되지만 여전히 환경을 의식하게 되면서 파괴력을 지닌 에너지를 자신의 내부로 발산하는 단계이다. 내담자의 내부에서 폭발한 에너지는 내담자의 내면세계를 파괴하고 피폐하게 만든다.
⑤ 외파층(폭발층, 외적파열층)
　자신의 감정이나 욕구를 더 이상 억압하거나 차단하지 않고 직접 외부 대상에게 표현하게 되는 단계이다. 이 단계에 도달한 내담자는 과거에 억압하고 차단했던 욕구와 감정을 분명히 인식하고 강한 게슈탈트를 형성하여 환경과의 접촉을 통해 미결과제를 완결짓는다.

제10절 교류분석상담

교류분석상담
① 번(Berne)에 의해 창시된 상담이론으로 인간의 교류나 행동에 관한 이론체계이다.
② 어떠한 자아상태에서 인간관계가 교류되고 있는가를 분석하여 자기 통제를 돕는 심리요법의 하나이다. 부모, 어른, 아동의 자아상태에서 이루어지는 인격의 구조분석과 기능이론에 근거하지만 관찰 가능한 현실의 수준으로 분석하는 것이 다르다. 심리게임인 교류의 성립, 아동기의 부모자녀 관계를 통해 정해지는 행동유형 등을 주요한 개념으로 한다.

이론적 가정
① 인간의 모든 것은 어릴 때 결정되나 변화될 수 있다. 즉, 인간은 스스로 결정하고 자신을 변화시켜 가며 자신의 생활을 돌볼 수 있다.
② 인간은 자신의 목표나 행동양식을 선택할 수 있는 능력을 지니고 있으므로 개인은 자신이 내린 과거 결정을 이해할 수 있고 이에 대하여 다시 결정을 내릴 수 있는 능력을 지니고 있다.
③ 모든 사람은 부모(Parent ego), 어른(Adult ego), 어린이(Child ego) 등 세 가지 자아상태(PAC)를 가지고 있고 이 중 어느 하나가 상황에 따라 한 개인의 행동을 지배한다.
④ 모든 인간은 세 개의 자아상태로 인격을 이루고 있는데, 이것은 각각 분리되어 있으며 특이한 행동의 원칙이 된다.
⑤ 가장 먼저 발달하는 것은 어린이 자아상태이고 그 다음이 부모 자아상태, 마지막이 어른 자아상태이다.

080

의사교류분석(TA)상담에서 주장하는 자아형태 3가지를 쓰고 설명하시오.

필.수.이.론

① 부모 자아(P/Parent)
어릴 때 부모로부터 받은 영향을 그대로 재현시키는 상태로서 개인의 가치관, 도덕, 신념을 나타낸다.
② 어른 자아(A/Adult)
자신에 대한 자각과 독창적인 사고를 통하여 상황을 객관적인 정보를 근거로 판단하는 자아 상태이다.
③ 어린이 자아(C/Child)
5세 이전의 경험과 감정에 대한 반응양식을 내면화한 것으로 어린아이처럼 행동하거나 감정을 그대로 표현한다.

081

교류분석상담에서 개인의 생활각본을 구성하는 주요 요소인 기본적인 생활자세 4가지를 쓰고 각각 설명하시오.

필.수.이.론

① 자기긍정 타인긍정(I'm OK, You're OK) : 생산적 인간관계, 애정적 경향
② 자기긍정 타인부정(I'm OK, You're not OK) : 공격적 인간관계, 사디즘적 경향
③ 자기부정 타인긍정(I'm not OK, You're OK) : 피해적 인간관계, 마조히즘적 경향
④ 자기부정 타인부정(I'm not OK, You're not OK) : 파괴적 인간관계, 종말적 경향

1 2 3 完

082

기출 ★★

교류분석 시 상담자가 내담자의 생활을 분석할 때 사용할 수 있는 분석유형을 3가지 이상 쓰시오.

필.수.이.론

(1) 계약분석
① 상담자와 내담자가 상담목표에 대한 합의 및 전반적인 상담의 구조화를 형성하는 것이다.
② 계약에는 성취해야 할 목표, 상담자와 내담자의 역할, 목표달성의 방법이 포함된다.

(2) 구조분석
① 내담자의 자아상태에 관한 분석으로 과거의 경험 때문에 어른 자아가 기능하지 못하는 원인을 분석한다.
② 내담자로 하여금 자신의 자아상태를 발견해서 이것이 어떻게 작용하고 있는가를 인식시킨다.

(3) 상호교류분석
① 상호교류란 두 사람의 자아상태에서 이루어지는 자극과 반응으로, 내담자가 실제 타인과 맺고 있는 상호교류작용 상태를 이해하고자 하는 것이다.
② 내담자의 의사소통이나 대인관계상의 문제점을 분석하고 확인하는 것이다.
　㉠ 상보교류
　　• 자극이 지향하는 자아상태로부터 반응이 나오며 자극을 보냈던 그 자아상태로 반응이 다시 돌아온다.
　　• 평행적 교류이며 갈등이 없는 교류로서 대화가 중단되지 않고 계속될 수 있다.
　㉡ 교차교류
　　• 의사소통 방향이 평행이 아니고 서로 교차될 때 이루어지는 교류이다.
　　• 갈등적인 교류로서 대화가 오래 지속되지 못하고 중단되며 대화의 단절을 가져온다.
　㉢ 이면교류
　　• 의사교류에 관계된 자아 중 겉으로 드러나는 사회적 자아와 실제로 기능하는 심리적 자아가 서로 다른 의사교류를 말한다.
　　• 겉으로는 합리적인 대화이나 이면에 다른 동기나 저의를 감추고 있는 교류이다.
　　• 진솔한 대화가 잘 되지 않고 서로 불신하고 경계하는 사이에서 자주 발생하는 교류이다.

(4) 게임분석
① 게임이란 일련의 연속적 교류가 이루어진 결과로 두 사람이 모두 나쁜 감정으로 끝나는 심리적 교류이다.

② 게임분석에서 중요한 것은 어루만짐(stroke)으로, 이는 타인으로부터의 인정을 말하는 것이다. 어루만짐에는 긍정적 어루만짐과 부정적 어루만짐, 두 가지가 있다.
③ 어루만짐
  ㉠ 인간이 사회적 상호작용을 하는 기본적인 동기는 타인으로부터 인정에 대한 욕구이다.
  ㉡ 인간은 어루만짐을 받기 위해 게임을 하게 된다.
  ㉢ 어루만짐을 주고받는 방식은 학습되는 것이며 방식에 따라 개인의 성격 형성이 달라진다.
  ㉣ 어릴 때는 신체적 접촉에 의한 어루만짐이 대부분이다. 2~4세부터는 언어를 통한 어루만짐이 일어나고 그 후에는 점차 언어적 어루만짐의 비중이 커진다.

(5) 생활각본분석
① 생활각본은 생의 초기에 개인이 경험하는 외적 사태들에 대한 자신의 해석을 바탕으로 하여 형성되고 결정된 환경에 대한 반응행동 양식이다.
② 생활각본분석은 자신의 생활양식을 이해하여 현재 자신의 생활에 대하여 새롭게 재결단할 수 있는 기회를 제공하는 데 그 목적이 있다.

---

1 2 3 完

/083   기출 ★★

의사교류분석(TA)상담의 제한점을 쓰시오.

필.수.이.론

① 주요개념이 인지적 요인을 다루고 있기 때문에 지적 능력이 낮은 내담자에게 부적절할 수 있다.
② 이론과 개념들의 타당성을 검증하거나 지지하기 위해 수행된 경험적 연구가 부족하다.
③ 주요 개념들이 추상적이고 그 의미가 모호하여 실제로 적용하는 데 어려움이 많다.
④ 창의적인 면도 있지만 새로운 개념같이 보이는 것도 실제로는 다른 이론가들이 이미 사용한 개념들과 유사점이 많아 독특성이 부족하다.

제11절 개인심리상담

개인심리상담
① 아들러(Adler)에 의해 주창된 접근법으로 개인을 이해하는 데 있어 사회적 맥락과 그의 생활방식, 열등감의 역할을 강조하는 심리학이다. 아들러는 개인의 독자적 전체성을 강조하면서 인간을 움직이는 최대의 동기로 '우월(優越)에 대한 욕구'를 꼽았다.
② 프로이트가 인간의 기본적인 동기를 생물학적 성적 본능으로 간주하고 결정론적인 관점으로 설명한 반면, 그는 인간이 사회심리학적이며 목적론적인 동기에 의해 움직인다고 보았다. 이렇게 볼 때 인간은 이드, 자아, 초자아라는 분리된 내적 요인들의 갈등에 의해 구성되는 것이 아니라, 기억과 정서, 행동의 총체적인 합으로서 구성되는 것이다. 이렇듯 그는 인간을 개인의 통합성, 총체성, 분리불가능성 등의 개념으로 설명하였다.
③ 개인심리학의 주된 주장은 인간의 모든 행동이 목적성을 지니고 있고, 미래의 목표를 향해 창조적으로 삶을 개척해나간다는 것이다. 이때 목적은 관념에 불과하지만 실제 삶에 큰 영향을 미치기 때문에 중요하며, 이렇게 누구나 가지고 있는 궁극적인 목표를 '가상적인 최종목표'(fictional finalism)라 부른다. 또한 인간은 선천적으로 열등감을 극복하려 하는데, 이때 개인의 열등감은 그것을 극복한 우월성, 안정성, 숙련을 통한 유능감 등을 통해 보상된다. 인간은 이를 통해 더욱 발전되고 확장된 자기 모습을 경험할 수 있다.

이론적 가정
① 인간은 의미의 세계 속에 살고 있으며, 현실 자체보다 현실에 부여하는 의미가 중요하다.
② 인간의 행동은 열등감의 보상이며, 열등감의 보상은 모든 인간이 본질적으로 추구하는 경향성이다.
③ 인간의 열등감은 하나의 동기가 되어 각 개인은 열등감을 극복하려는 노력을 하게 되며 그 결과 진보·성장·발달하는 것이다.
④ 가족관계나 개인의 발달에 관심을 갖고 있다.
⑤ 상담은 내담자가 가진 자신의 열등감과 생활양식의 발달과정을 이해하고 이것이 현재 그의 생활과제의 해결에 어떻게 영향을 미치고 있는가를 이해하도록 하여 그의 생활목표와 생활양식을 재구성하도록 도와준다.
⑥ 개인의 목표, 생활양식, 태도, 동기 등에 상담의 초점을 두고 있다.

1 2 3 完

/ 084 기출 ★

아들러(Adler)의 개인심리학 인간관을 쓰시오.

◀ 필.수.이.론

① 인간은 사회적 존재이다.
② 인간은 목적지향적 존재이다.
③ 인간은 총체적(전인적) 존재이다.
④ 인간은 자기결정적 존재이다.

1 2 3 完

/ 085 기출 ★★

Adler의 개인주의 상담 과정의 목표 6가지를 쓰시오.

◀ 필.수.이.론

① 사회적 관심을 갖도록 돕는다.
② 패배감을 극복하고 열등감을 감소시킬 수 있도록 돕는다.
③ 내담자의 잘못된 가치와 목표를 수정하도록 돕는다.
④ 잘못된 동기를 바꾸도록 돕는다.
⑤ 내담자가 타인과의 동질감을 갖도록 돕는다.
⑥ 사회 구성원으로서 기여하도록 돕는다.

1 2 3 完

/086   기출 ★★
아들러의 개인주의 상담이론에서 열등감 콤플렉스의 원인 3가지를 쓰시오.

필.수.이.론

① 기관 열등감 : 개인의 신체, 외모, 건강과 관련된 열등감 등을 말한다.
② 과잉보호 : 부모가 모든 것을 다 해주기 때문에 스스로가 무능하다고 생각하고 다른 사람들이 자신을 돌봐야 하며 부모가 없을 때 안 좋은 일이 일어날 수도 있다고 생각한다. 또한 삶의 어려운 고비에 부딪혔을 경우 해결 능력이 없다고 믿고 열등감에 젖게 된다.
③ 양육 태만 : 아이들에게 사랑을 베풀기를 거부하거나 무관심한 부모 밑에서 자란 아이들은 자신의 가치에 대해 회의감을 가지거나 자신이 세상에서 필요 없는 존재라는 생각에 빠지게 된다. 따라서 문제를 직면하고 해결하기보다는 회피하고 저항적인 태도를 보인다.

1 2 3 完

/087   기출 ★
아들러가 제시한 생활양식을 4가지 유형으로 구분하여 설명하시오.

필.수.이.론

① 지배형 : 독단적·공격적·활동적이지만 사회적 인식이나 관심이 거의 없는 사람
② 기생형 : 타인으로부터 많은 것을 얻어내려는 기생적인 방법으로 자신만의 욕구를 충족하려는 사람
③ 도피형 : 사회적 관심이 없고 인생에 참여하려는 활동을 하지 않는 사람
④ 사회적 유용형 : 자신과 타인의 욕구를 동시에 충족시키려 노력하고, 인생 과업을 위해 기꺼이 타인과 협동하는 사람

088 기출 ★★

아들러의 개인주의 상담의 4단계 치료과정을 순서대로 쓰시오.

필.수.이.론

① 상담관계의 설정
  내담자와 상담자 사이에 따뜻하고 배려하는 공감적 관계를 형성한다.
② 내담자의 역동성 분석과 이해
  내담자의 목표, 생활양식, 중요한 경험에 부여한 해석 등을 탐색한다.
③ 통찰을 위한 해석
  내담자의 과오를 해석한다.
④ 재교육
  개인의 목표, 생활양식, 인생의 의미를 재구성할 수 있도록 재교육한다.

089

생애진로사정(LCA)의 의미, 구조, 생애진로사정으로 얻을 수 있는 3가지 정보를 설명하시오.

필.수.이.론

(1) 의미
아들러(Adler)의 개인심리학에 기반을 두고 있으며 내담자에 관한 기초적인 직업상담 정보를 얻는 질적 평가절차이다. 내담자가 자신의 경험에 초점을 맞춤으로써 자신에 대해 살펴보고 이야기할 수 있도록 해주는 구조화된 면접법이다.

(2) 구조
① 진로사정
  ㉠ 일의 경험 : 수행한 직무와 가장 좋았던 일과 싫었던 일을 알아본다.
  ㉡ 교육 또는 훈련과정 및 관심사 : 경력, 학교와 학습에서 가장 좋은 것과 싫은 것을 알아본다.
  ㉢ 오락 : 여가시간의 활용, 가장 좋았던 일과 싫었던 일을 알아본다.
② 전형적인 하루 : 내담자가 일상생활을 어떻게 조직하는지 알아본다.
③ 강점 및 장애 : 장점과 단점, 잘하는 일과 못하는 일을 알아본다.
④ 요약 : 면접 동안 수집된 정보를 강조한다.

(3) 얻을 수 있는 정보
① 내담자의 직업경험과 교육수준을 나타내는 객관적인 사실
② 내담자 자신의 기술과 능력에 대한 자기평가
③ 내담자 자신의 가치와 자기인식

090

생애진로사정의 구조 중 진로사정 3가지를 각각 설명하시오.

필.수.이.론

① 일의 경험 : 수행한 직무와 가장 좋았던 일과 싫었던 일을 알아본다.
② 교육 또는 훈련과정 및 관심사 : 경력, 학교와 학습에서 가장 좋은 것과 싫은 것을 알아본다.
③ 오락 : 여가시간의 활용, 가장 좋았던 일과 싫었던 일을 알아본다.

091

생애진로사정 시 사용되는 직업가계도(Genogram)의 의미와 활용에 대해 설명하시오.

필.수.이.론

(1) 의미

직업상담 초기에 사용하는 것으로 내담자의 가계력을 분석하여 내담자의 3세대 이상 가족성원의 직업들을 도표로 표시하는 것이다.

(2) 활용

① 내담자의 정보를 이해하는 데 활용한다.
② 내담자의 가족에 대해 더 잘 알 수 있고 이해하게 된다.
③ 직업가계도를 생애진로사정에 도입하게 되면 내담자를 다루는 방법과 생애진로사정의 초점이 변할 수 있다.

제12절 발달적 직업상담

발달적 직업상담
수퍼(Super)의 발달이론에 근거를 둔 발달적 직업상담은 내담자의 진로발달을 중시하는 상담이론이다. 상담 전에 내담자의 문제 발생을 예방하는 동시에, 대다수의 내담자로 하여금 스스로의 힘으로 보다 나은 성장과 발달을 촉진할 수 있도록 돕는 데 중점을 둔다.

발달적 직업상담의 특징
① 상담자는 내담자의 발단단계에서 직업성숙도를 측정한 후 안내와 탐색에 집중해야 한다.
② 안내와 탐색은 의사결정과 진로발달의 전체범위 내에서 현실 검사를 우선해야 한다.
③ 상담의 직접적인 목표는 내담자의 진로발달을 촉진하는 것에 있다.
④ 발달적 직업상담은 진로발달뿐만 아니라 개인적 발달을 돕는다.

092

수퍼(Super)의 발달적 직업상담 과정을 쓰시오.

기출 ★

필.수.이.론

① 내담자의 진로발달단계를 결정하고 진로의식 성숙도를 측정한다.
② 내담자의 진로행동이 미성숙한 경우에는 오리엔테이션과 탐색에 초점을 둔다.
③ 내담자가 진로성숙이 이루어진 경우에는 곧바로 직업상담의 일반적 과정을 적용한다(직업 정보수집, 현실적 검증을 위한 활동).

/ 093　　　　　　　　　　　　　　　　　　　　　　　　기출 ★★★★★

수퍼(Super)의 발달적 직업상담 6단계를 순서대로 쓰시오.

필.수.이.론

① 문제탐색 : 비지시적인 방법에 의한 문제탐색과 자아 개념 표출
② 심층적 탐색 : 심층적 탐색을 위한 지시적인 방법으로 직업탐색문제 설정
③ 자아수용 : 자아수용과 통찰을 위한 비지시적인 숙고와 느낌 명료화
④ 현실검증 : 현실검증을 위해 검사, 직업정보 분석
⑤ 태도와 감정 탐색과 처리 : 현실검증으로 발생한 태도와 느낌을 통하여 면밀하게 비지시적으로 탐색
⑥ 의사결정 : 의사결정을 돕기 위해 가능한 행동의 윤곽에 대해 비지시적으로 고찰

/ 094　　　　　　　　　　　　　　　　　　　　　　　　기출 ★★

수퍼의 발달적 직업상담에서 검사활용 방법에 대하여 쓰시오.

필.수.이.론

① 발달적 직업상담에서도 검사를 많이 활용한다.
② 검사는 예비면접 바로 직후와 상담 중에 실시한다.
③ 예비면접 직후에 실시하는 검사는 집중검사로서 내담자에게 종합진단을 실시한다.
④ 직업상담 중에 실시하는 검사는 정밀검사로서 검사결과를 내담자에게 언어적으로 제시하여 직업선택을 위한 사고과정에 통합시키기 위한 것이다.

> **095** 기출 ★★
>
> 수퍼(Super)의 발달적 직업상담에서 진단을 위한 3가지 평가유형을 설명하시오.
>
> **096** 기출 ★★
>
> 발달적 직업상담에서 Super는 '진단'이라는 말 대신에 '평가'라는 말을 사용했다. Super가 제시한 3가지 평가를 쓰고 설명하시오.

필.수.이.론

① 문제평가
  내담자가 경험하고 있는 어려움과 직업상담에 대한 내담자의 기대를 평가
② 개인적 평가
  심리검사, 임상적 방법, 사례연구 등을 통해 내담자 개인에 대해 평가
③ 예언적 평가
  문제의 평가와 개인의 평가를 바탕으로 내담자가 성공 가능한 직업을 예측

097

발달적 직업상담(Super)에서 직업상담사가 할 수 있는 기법으로 진로자서전과 의사결정일기가 있다. 각각에 대해 설명하시오.

필.수.이.론

(1) 진로자서전
① 대학 및 학과 선택, 아르바이트를 통한 경험 등을 자유롭게 기술한다.
② 내담자가 과거에 어떻게 진로 의사결정을 해 왔으며, 그것에 영향을 미치는 중요한 타인이 누구인지 알아보기 위한 것이다.

(2) 의사결정일기
① 내담자가 일상생활 속에서 매일 어떻게 결정을 내리고 있는지를 알아보기 위한 것이다.
② 진로자서전이 과거에 초점을 두는 반면 의사결정일기는 '지금-현재'에 초점을 두고 있다.

제13절 포괄적 직업상담

> 포괄적 직업상담은 진로상담 이론들과 일반상담 이론들이 갖는 장점들을 절충하고 단점들을 보완하여 크라이티스(Crites, 1981)가 제시한 상담으로서 발달적 상담, 인간중심 상담, 정신분석적 상담, 행동주의 상담이론 등이 적용되고 있다.
>
> 포괄적 직업상담의 목적
> ① 포괄적 직업상담에서는 삶의 기능과 발달의 모든 측면들이 상호연관성이 있다고 전제한다.
> ② 포괄적 직업상담의 목적은 내담자를 독립적이고 현명한 의사결정자로 만드는 데 있다.
> ③ 직업상담을 통해 직업과 관련된 의사결정을 가능하게 하고, 직업의사결정에서 요구하는 적절한 태도와 능력을 학습하는 것이다.

1 2 3 完

/098 기출 ★★★★

포괄적 직업상담 모형에서 내담자에 대한 진단과정을 쓰시오.

필.수.이.론

① 진단
  내담자의 적성, 성격, 흥미, 가치관 등에 대한 다양한 검사자료를 수집한다.
② 명료화와 해석
  내담자의 의사결정 과정을 방해하는 태도와 행동을 명료화하고 해석한다.
③ 문제 해결
  내담자가 의사결정의 문제를 해결하기 위해 취해야 할 행동을 결정한다.

099

포괄적 직업상담의 과정과 기법을 쓰시오.

필.수.이.론

① 상담의 초기단계
  진단과 탐색, 발달적 접근법과 인간중심적 접근법 활용
② 상담의 중간단계
  내담자의 문제의 원인을 명료하게 밝혀서 제거, 정신분석적 접근법 활용
③ 상담의 종결단계
  능동적이고 지시적인 태도로 내담자의 문제 해결에 개입, 특성요인 및 행동주의 상담 접근법 활용

100

포괄적 직업상담의 검사와 해석 방법을 설명하시오.

필.수.이.론

① 변별적 진단(검사)
  내담자가 지닌 진로의 문제를 가려내기 위한 것으로 진로성숙검사, 적성검사, 흥미검사 등 사용
② 역동적 진단(해석)
  내담자와의 상호작용을 통해 직업상담자의 주관적 오류를 보완하고 심리측정 자료가 지닐 수 있는 통계적 오류를 보완
③ 결정적 진단
  직업선택과 의사결정에서 나타나는 내담자의 문제를 체계적으로 분석

CHAPTER 03
상담기법

1. 구조화
① 상담 시작 초기단계에서 상담에 필요한 제반 규정과 상담에서의 한계에 관하여 설명해 주는 것이다.
② 상담과정의 본질 및 제한조건, 목적에 대하여 상담자가 정의를 내려 주고 상담에 대한 방향설정을 돕는다.

> 내담자 : 상담실에 매일 와야 해요?
> 상담자 : 상담은 보통 1주일에 한 번 하는데, 필요하다면 더 자주 할 수도 있단다.
> 내담자 : 그런데 제가 선생님한테 말씀드리는 거, 우리 엄마한테 말씀하실 건가요?
> 상담자 : 아니란다. 네가 여기서 말하는 것은 선생님만 알고 있을 거야. 하지만 네가 너 자신이나 다른 사람에게 해가 되는 일을 한다고 생각이 들면 부모님께 말씀드릴 수도 있어.

2. 수용
① 내담자의 말에 대하여 상담자가 긍정적이고 수용적인 답변을 간결하게 하는 것을 의미한다.
② 상담자가 내담자의 이야기에 주의집중하며 듣고 있다는 것을 나타내는 기법이다.
③ 내담자의 말에 대하여 가치판단이나 평가를 하는 것은 금물이다.

3. 명료화
① 내담자의 대화내용을 분명히 하고 내담자가 표현하고자 하는 바를 정확히 지각하였는지를 확인하는 기법이다.
② 막연하고 모호한 것을 분명하게 정리해 보는 것이다.
③ 내담자의 말 속에 내포하고 있는 뜻을 파악하여 내담자에게 명확하게 말해 주는 것이다.

> 내담자 : 나는 태어나지 말았어야 했나 봐요.
> 상담자 : 난 이해가 잘 안 되는데 무슨 뜻인지 자세히 설명해 줄래?

4. 재진술(내용 되돌려주기)
내담자의 진술에 표현된 핵심적인 인지내용을 다시 진술하는 기법으로 내담자가 표현한 바를 상담자의 언어로 바꾸어서 표현하는 것이다.

> 내담자 : 친구들이 저만 따돌리고, 선생님들도 저에게 관심이 없어요.
> 상담자 : 친구들이 너만 따돌리고, 선생님들도 너에게 관심이 없다는 말이구나.

5. 반영(정서 되돌려주기)
① 내담자의 말과 행동에서 표현된 기본적인 감정·생각·태도를 상담자가 다른 말로 진술해 보는 기법이다.
② 내담자의 말을 그대로 되풀이하는 것이 아니라 그 내용의 밑바탕에 흐르고 있는 감정을 파악하는 것이 중요하다.

> 내담자 : 우리 엄마 아빠는 제가 의과대학에 진학해서 의사가 되기를 바라세요. 하지만 어려서부터 제 꿈은 좋은 선생님이 되는 것이었거든요. 저는 사범대학에 진학해서 학생들을 잘 가르치고 지도하는 정말 좋은 선생님이 되고 싶어요.
> 상담자 : 네가 장차 의사가 되었으면 하는 부모님의 기대와 교사가 되려는 너의 꿈이 일치하지 않아서 많이 혼란스러운가 보구나. 너는 네 꿈을 이루기 위해 의과대학보다는 사범대학에 진학하고 싶은가 본데······.

6. 요약
① 반복해서 강하게 표현하는 주제들을 확인하여 드러내는 대화의 기법이다.
② 단순하게 앞에서 진술된 내용을 간추려 정리하는 수준이 아니라, 여러 상황과 장면들 속에 흩어져 표현된 이야기 주제들을 찾아내어 묶고 이를 내담자에게 돌려주는 것이다.

7. 인도
① 내담자가 이야기를 하고 있을 때 이를 촉진하거나, 더 계속하거나, 화제를 바꾸고 싶을 때 사용하는 기법이다.
② 요약의 수준을 넘어 새로운 화제로 전환을 유도하여 탐색하려는 주제와 관련 있는 대화로 초점을 좁혀 갈 수 있다.

8. 직면
① 내담자가 미처 깨닫지 못하거나 인정하기를 거부하는 생각과 느낌에 대해 주목하도록 하는 것으로서, 언어적 행동과 비언어적 행동이 불일치되는 점을 깨닫게 하기 위한 방법이다.
② 내담자가 가지고 있는 불일치·모순·생략 등을 상담자가 내담자에게 기술해 주는 것이다.
③ 내담자가 자신의 경험의 일부로 지각하기를 두려워하거나 거부하는 어떤 측면에 주의를 돌리도록 요청하는 것이다.
④ 주의할 점
  ㉠ 내담자의 변화와 성장을 증진시킬 수도 있지만 내담자에게 심리적인 위협과 상처를 줄 수도 있다.
  ㉡ 상담자는 내담자가 그것을 받아들일 수 있는 준비가 되어 있는지를 면밀히 고려하여 사용하여야 한다
  ㉢ 내담자를 배려하는 상호 신뢰의 맥락에서 행해져야 하며, 결코 내담자에 대한 좌절과 분노를 표현하는 수단으로 사용해서는 안 된다.

> 내담자 : 지난 밤 꿈에 저는 아버지와 사냥을 갔어요. 제가 글쎄 사슴인 줄 알고 총을 쏘았는데, 나중에 가까이 가보니 아버지가 죽어 있었어요. 그래서 깜짝 놀라 잠을 깼어요. 제가 얼마 전에 '디어헌터'라는 영화를 보아서 그런 꿈을 꾸었는지도 모르겠어요.
> 상담자 : 혹시 아버지가 일찍 사고로 세상을 떠났으면 하는 생각이 마음 한 구석에 있었던 것 아닌가요?

9. 즉시성

① 현재 내담자와 대화를 하며 상담자가 내적으로 경험하는 것을 현재 이루어지고 있는 상호작용에 바로 활용하는 것이다.

② 현재 내담자와 상담자가 맺는 관계에서 부적응적 특성이 반복되어 나타날 때 그 점에 초점을 맞추어 개입하는 것이다.

③ 일상생활에서 의존적인 사람이 상담실에서도 상담자에게 지나치게 의존하는 경우 내담자가 상담자와 맺는 관계에 대해 언급하면서 내담자의 의존성을 지적하고 직면하게 하는 등의 기법이다.

> [참고] 즉시성이 유용한 경우
> • 방향감이 없는 관계의 경우
> • 긴장이 감돌고 있을 경우
> • 신뢰성에 의문이 제기될 경우
> • 상담자와 내담자 간에 상당한 정도의 사회적 거리가 있을 경우
> • 내담자 의존성이 있을 경우
> • 역의존성이 있을 경우
> • 상담자와 내담자 간에 친화력이 있을 경우

10. 해석(재구조화)

① 내담자로 하여금 자기의 문제를 새로운 각도에서 이해하도록 그의 생활경험과 행동의 의미를 설명하는 것이다.

② 내담자가 과거의 생각과는 다른 참조체제를 바탕으로 자신의 문제를 바라볼 수 있도록 돕는 것이다.

③ 내담자가 인식하지 못하는 의미까지도 설명해 준다는 면에서 해석은 가장 어려우면서 '무의식 세계에 대한 전문적 분석능력'을 요한다.

1 2 3 完

/ 101　　　　　　　　　　　　　　　　　　　　기출 ★★★★★

상담자가 갖추어야 할 기본기술인 적극적 경청, 공감, 명료화, 직면을 설명하시오.

필.수.이.론

① 적극적 경청
내담자의 말이나 표면적인 감정뿐만 아니라 내면적인 감정까지도 상담자가 이해했음을 보여주는 반응이다.
② 공감
상담사의 자세를 유지하면서 내담자의 세계를 마치 자신의 세계처럼 지각하는 것이다.
③ 명료화
내담자의 말 중에서 모호한 점이나 모순된 점을 내담자가 확실히 알도록 분명하게 하는 작업이다.
④ 직면
상담자가 내담자가 모르거나 인정하기를 거부하는 생각과 감정에 주목하도록 유도하는 것이다.

102

상담 초기 상담진행방식에 대한 교육(구조화)에서 이루어져야 할 내용을 설명하시오.

필.수.이.론

① 비밀보장의 한계
   내담자와의 상담내용은 비밀이 유지되나 불가피할 경우 타인에게 알릴 수 있음을 설명한다.
② 상담자와 내담자의 역할
   상담관계에서 상담자와 내담자가 각기 해야 할 일에 대해서 설명한다.
③ 내담자가 지켜야 할 규칙
   상담 시 내담자가 해서는 안 될 일, 지켜줘야 할 일 등을 설명한다.
④ 상담의 시간과 장소 등
   상담의 시간과 장소, 회기, 유료인 경우 그 비용에 대해서 설명한다.
⑤ 상담의 목표와 과정 등
   상담진행 절차와 과정, 목표 등에 대해 정한다.

103

상담자가 자신의 관심을 충족시키기 위해 하는 질문이 아니라 내담자 스스로 자신과 자신의 문제를 자유로이 탐색하도록 허용함으로써 내담자 자신의 이해를 증진시키는 탐색적 질문을 하는 과정에서 상담자가 유의해야 할 사항 3가지를 쓰시오.

필.수.이.론

① 폐쇄형 질문보다는 개방형 질문을 사용한다.
② 내담자의 감정을 이끌어낼 수 있는 질문을 한다.
③ 내담자가 자신 및 자신의 문제를 명료화할 수 있도록 돕는 질문을 한다.

104

상담에서 상담자와 내담자의 대화를 가로막을 수 있는 상담자의 반응을 3가지만 쓰고, 각각에 대해 설명하시오.

필.수.이.론

① 너무 이른 조언
  상담 초기에 상담자는 내담자의 특성과 내담자가 가진 문제의 배경에 대해 충분히 알지 못하기 때문에 너무 이른 조언은 적합하지 않다.
② 지나친 질문
  상담자의 질문은 내담자를 탐색하기 위해 반드시 필요하지만, 가능하면 지나친 질문은 삼가는 것이 좋다.
③ 가르치기
  상담자가 가르치기 시작하면 내담자는 자신에 대해 더 이상 진취적이지 않거나, 상담자에게 지나치게 의존하는 경향을 보일 수 있다.

1 2 3 完

105 기출 ★★

상담을 위한 면접에서 기본적으로 활용하는 방법인 '해석'을 할 때 중요한 제한점을 2가지 이상 기술하시오.

필.수.이.론

① 해석에 대한 내담자의 저항으로 자기탐색이 감소할 수 있다.
② 내담자가 소화할 수 있는 정도의 깊이까지만 해석해야 한다.
③ 내담자가 자신의 문제와 갈등원인에 대해 이해하고 직면할 준비가 되어 있을 때 사용한다.
④ 내담자가 방어적으로 나올 수 있어서, 주지화시키는 상황을 초래할 수 있다.

1 2 3 完

106　　　　　　　　　　　　　　　　　　　　　　　기출 ★★
개방형 질문과 폐쇄형 질문의 차이를 설명하시오.

필.수.이.론

(1) 개방형 질문
　　① 질문의 범위가 포괄적이다.
　　② 내담자에게 모든 반응의 길을 터놓는다.
　　③ 내담자로 하여금 보다 시야를 넓히도록 유도한다.
　　④ 바람직한 촉진관계를 열어놓는다.

(2) 폐쇄형 질문
　　① 질문의 범위가 좁고 한정되어 있다.
　　② 내담자에게 특정한 답변을 요구한다.
　　③ 내담자의 시야를 좁게 만든다.
　　④ 바람직한 촉진관계를 닫아놓는다.

1 2 3 完

107　　　　　　　　　　　　　　　　　　　　　　　기출 ★★★
내담자의 침묵이 발생하는 원인 3가지를 설명하시오.

필.수.이.론

① 내담자가 자기자신을 음미해 보거니 생각을 간추리는 과정에서 침묵이 발생하는데, 이때 상담자는 침묵을 깨뜨리지 말고 인내심을 가지고 기다려야 한다.
② 상담자에 대한 저항으로서 침묵이 발생하는데 이때 상담자는 그 침묵의 원인이 되는 내담자의 숨은 감정을 언급하고 다루어 나가야 한다.
③ 내담자의 말에 대하여 상담자가 확인해 주거나 해석해 주기를 기대함으로써 침묵이 발생하기도 한다.

108

초기면담의 단계에 대하여 쓰시오.

필.수.이.론

① 면담준비
② 내담자와의 만남 및 관계형성을 위한 준비
③ 구조화 - 초기 계약설정과 비공식적 역할 수립
④ 비밀 유지의 한계 설정
⑤ 내담자에 관한 평가사항
⑥ 초기상담 시 필요한 주의사항
⑦ 초기면담의 종결

109

내담자와의 초기면담 수행 시 상담자가 유의해야 할 사항을 5가지 이상 쓰시오.

필.수.이.론

① 면담 시작 전에 가능한 모든 사례자료 검토하기
② 내담자의 초기목표 명확히 하기
③ 내담자의 직업상담에 대한 기대 결정하기
④ 비밀 유지에 대해 설명하기
⑤ 반드시 짚고 넘어가야 할 상담 시의 필수 질문들 확인하기
⑥ 내담자가 상담자의 기대를 얼마나 잘 수용하는지 관찰하기
⑦ 적절할 때에 상담관리자나 다른 직업상담자에게 피드백 받기

110

기출 ★★

초기면담 시 상담자가 내담자에게 좋은 영향을 줄 수 있는 언어적 행동과 비언어적 행동을 각각 3가지씩 쓰시오.

필.수.이.론

(1) 언어적 행동
① 이해 가능한 언어를 사용한다.
② 언어적 강화를 한다.
③ 적절한 유머를 사용한다.

(2) 비언어적 행동
① 내담자와 유사한 목소리 톤을 사용한다.
② 기분 좋은 눈의 접촉을 유지한다.
③ 가끔씩 고개를 끄덕인다.

상담 시 언어적 행동과 비언어적 행동

구분	언어적 행동	비언어적 행동
도움이 되는	이해 가능한 언어 사용, 내담자의 진술을 들어보고 명백히 함, 적절한 해석, 근본적인 신호에 대한 반응, 언어적 강화, 적절한 정보 제공, 긴장을 줄이기 위한 유머 사용, 비판단적 태도 등	내담자와 유사한 목소리 톤, 기분 좋은 눈의 접촉을 유지, 가끔 고개를 끄덕임, 가끔 미소를 지음, 가끔 손짓을 함, 내담자에게 신체적으로 가깝게 접근함, 부드러움, 내담자에게 몸을 기울임, 가끔 접촉함, 개방적인 몸짓 등
도움이 되지 않는	충고, 타이름, 달래기, 비난, 감언, 권유, 광범위한 시도와 질문, '왜'라는 질문, 지시적·요구적·생색내는 태도, 과도한 해석, 내담자가 이해하지 못하는 단어 사용 등	내담자를 멀리 쳐다보는 것, 내담자로부터 떨어져 앉거나 돌아앉는 것, 조소하는 것, 얼굴을 찡그리는 것, 언짢은 얼굴을 하는 것, 입을 꽉 문 것, 손가락질을 하는 것, 몸짓이 흐트러짐, 하품하는 것, 눈을 감는 것, 목소리가 즐겁지 않은 것, 너무 빠르게 또는 느리게 이야기하는 것

CHAPTER 04
직업상담의 문제유형 분류

111 기출 ★★★
윌리암슨(Williamson)의 4가지 변별진단 범주(직업상담 문제유형)를 쓰시오.

필.수.이.론

① 무선택
 내담자들은 선택의사를 표현할 수 없고 대개 '자신이 무엇을 원하는지 잘 모르겠다.'고 말한다.
② 불확실한 선택(선택에 대한 확신 부족)
 자신의 결정에 대하여 의심을 하는 경우이다. 그 이유는 자기이해 부족, 직업세계에 대한 이해부족, 자신의 적성에 대한 불안감 등 때문이다.
③ 흥미와 적성의 불일치(모순)
 흥미와 적성의 불일치는 종종 본인이 말하는 흥미와 적성 사이의 불일치일 수도 있고, 측정된 흥미와 적성 사이의 불일치일 수도 있다.
④ 현명하지 못한 선택(어리석은 선택)
 충분한 적성을 가지고 있지 않은 직업의 선택을 의미한다. 사람들은 대개 성공 가능성에 대한 증거가 조금만 있어도 진로선택을 하기 쉽다.

112

보딘(Bordin)의 직업문제의 심리적 원인(직업상담 문제유형)에 대해 설명하시오.

필.수.이.론

① 의존성
　진로결정 시 지나치게 다른 사람에게 의존한다. 의존적 갈등은 내담자로 하여금 문제 해결이나 의사결정을 위한 적극적인 노력을 방해한다.

② 정보의 부족
　경험 폭의 제한, 경험의 부적절성, 필요한 기술을 습득하기 위한 기회의 부족, 경제적으로나 교육적으로 정보를 접할 기회가 없는 사람들은 현명한 선택을 하지 못하는 경우가 있다.

③ 자아갈등(내적 갈등)
　내부의 심리적 요소 간의 갈등, 자아개념과 환경자극 간의 차이로 중요한 결정을 내려야 하는 경우에 개인은 불안을 겪게 된다.

④ 선택의 불안
　대안들 가운데에서 선택하거나 결정하지 못하고 불안해한다. 자신이 하고 싶어 하는 일과 타인이 기대하는 일이 다를 경우 진로선택에서 불안과 갈등을 겪는다.

⑤ 확신의 부족
　진로선택을 하고 확신이 부족한 경우이다. 이런 사람은 현실적으로 적합한 직업 선택을 했음에도 불구하고 그것을 확인하고 싶어 상담실을 찾는다.

113

크라이티스는 직업상담 문제유형 분류에서 흥미와 적성을 3가지 변인들과 관련지어 분류하였다. 이 3가지 변인을 쓰고 각각에 대해 설명하시오.

필.수.이.론

① 적응성 : 적응성과 관련하여 적응형과 부적응형의 유형 등이 나타난다.
② 결정성 : 결정성과 관련하여 다재다능형과 우유부단형의 유형 등이 나타난다.
③ 현실성 : 현실성과 관련하여 비현실형, 강압형, 불충족형 등의 유형이 나타난다.

114

크라이티스(Crites)의 직업상담 문제유형을 설명하시오.

필.수.이.론

① 적응형 : 흥미와 적성이 일치하는 분야를 발견한 유형
② 부적응형 : 흥미와 적성이 일치하는 분야를 찾지 못한 유형
③ 다재다능형 : 재능이 많아 흥미와 적성에 맞는 직업 사이에서 결정을 내리지 못하는 유형
④ 우유부단형 : 흥미와 적성에 관계없이 어떤 직업을 선택할지 결정을 내리지 못하는 유형
⑤ 비현실형 : 자신의 적성수준보다 높은 적성을 요구하는 직업을 선택하거나 흥미를 느끼는 분야가 있지만 그 분야에 적성이 없는 유형
⑥ 강압형 : 적성 때문에 직업을 선택했지만 그 직업에 흥미가 없는 유형
⑦ 불충족형 : 흥미와 일치하지만 자신의 적성수준보다 낮은 적성을 요구하는 직업을 선택하는 유형

CHAPTER 05
집단상담

1 2 3 完

/ 115   기출 ★★★★★★★

집단상담의 장점과 단점을 설명하시오.

필.수.이.론

(1) 장점
  ① 실용성과 효율성이 높다.
  ② 집단상담을 더 쉽게 받아들인다.
  ③ 시간 에너지 및 경제적인 면에서 효과적이다.
  ④ 타인과 상호교류할 수 있는 능력이 발달된다.
  ⑤ 현실적이고 실제 생활에 근접한 사회장면을 제공한다.

(2) 단점
  ① 구성원 모두에게 만족을 주기가 어렵다.
  ② 구성원 모두에게 적합한 방법인 것은 아니다.
  ③ 시간적으로나 문제별로 집단을 구성하기에 어려움이 있다.
  ④ 개인에게 집단의 압력이 가해지면 개인의 개성이 상실될 우려가 있다.
  ⑤ 비밀보장이 어렵다.

116

집단상담은 그 형태와 접근방식에 따라 여러 가지로 나눌 수 있다. 집단상담의 형태를 세 가지 쓰고 각각 설명하시오.

필.수.이.론

① 구조화된 집단상담
  어떤 특정한 주제와 목표를 가지고 집단상담자가 주도적으로 이끌어가는 형태로, 전체 흐름과 목적에 맞게 계획된 프로그램과 활동이 있고 매 시간마다 특정 활동들이 있다.
② 비구조화된 집단상담
  특정 주제를 갖기보다 참가자들이 자연스럽게 떠오르는 감정과 기억에 대해 나누는 것으로, 주로 지금 집단에 참여하고 있는 동안 일어나는 감정, 느낌, 참가자들에 대한 것들을 솔직하게 나누어 가는 과정이다.
③ 반구조화 집단상담
  프로그램을 진행하면서 연상되는 기억과 감정을 나누어 가는 활동으로 비구조화와 구조화 그룹을 혼합한 형태이다.

집단상담의 유형

(1) 참만남 집단
  ① 참만남 집단(Encounter Groups) 유형에는 인간관계 집단·잠재력 집단·T-group·성장집단 등 그 성격에 있어서 약간씩 다른 집단들이 포함되지만, 공통적으로 자신과 타인과의 보다 의미 있는 만남과 접촉을 통해 인간관계에 대한 경험적 통찰과 학습, 인간의 실존에 대한 자각을 강조한다.
  ② '지금-여기'의 경험을 통해 집단원들의 느낌이나 지각을 중심으로 자유롭고 솔직한 대화가 집단활동의 중요한 기제가 된다.
  ③ 성장중심 집단의 참여자들에게 타인과의 교류능력을 개발하게 할뿐만 아니라 자신의 내적 가치·자기가능성 및 잠재력 등을 증진하는 효과를 가질 수 있다.

(2) 가이던스 집단
  ① 가이던스 집단(Guidance Groups)은 구체적인 교육적 목표를 가지며 집단원들에게 직면한 '지금-여기'의 감정보다는 강의 및 구조화된 교육방법을 활용한다.
  ② 지도자에 의해 집단의 방향과 진행내용, 방법들이 사전에 계획되고, 구조화된 활동이 강조되며 지도자는 교육자·촉진자의 역할을 담당한다.

③ 구조화된 집단(structured group)은 집단원들로 하여금 특정한 주제에 대해 이해하고 기술을 개발하거나 생활에서 당면하는 적응문제의 해결에 도움이 되도록 일정한 주제·구조·내용을 가지고 진행하는 집단을 의미한다.

(3) 상담집단
① 상담집단(Counseling Groups)은 주로 정신과적 문제를 갖고 있는 사람들보다는 일상생활에서 어려움을 경험하는 일반인들을 대상으로 한다.
② 성장·발달·문제예방, 자기자각 또는 의식증진, 적응기술의 개발 등을 목표로 하며, 과거의 문제나 관계의 역동보다는 현재의 생활·느낌·사고 등에 초점을 둔다.

(4) 치료집단
① 치료집단(Therapy Groups)은 주로 병원이나 임상장면에서 신경증적 장애·성격장애·정신과적 장애 등의 문제를 가진 집단원들을 대상으로 하며 성격의 분석 및 재구조화, 증상의 완화 등을 목적으로 장기집단의 형태로 운영된다.
② 집단에서 다루어지는 주제는 과거경험·무의식·성격·행동변화·임상적 증상 등이 포함되며, 행동장애·정서장애·성격장애 등에 관한 집중적인 치료와 개입이 실시된다.

(5) 자조집단
① 자조집단(Self-Help Groups)은 공통의 문제나 관심을 가지고 있는 사람들이 모여, 문제로 인한 스트레스를 해결하고 자신의 생활양식을 바꾸거나 효율적으로 대처해 나갈 수 있도록 동기를 갖게 하는 지지체계를 형성하는 집단을 의미한다.
② 지지집단을 통해 집단원들은 자신의 경험을 나누고 서로에게 충고·조언·정보제공·지지 및 격려 등을 나누며 삶에 대한 희망감을 가진다.
③ 자조집단의 예로 비만·음주·흡연의 통제를 위한 집단, 가족 중 알코올·도박 중독자가 있는 사람들을 위한 집단, 암환자 가족집단 등을 들 수 있다.

117

집단상담에서 고려해야 할 사항을 기술하시오.

필.수.이.론

① 구성원들 간의 친밀도나 성격 차이, 과거의 배경, 성별, 연령 등을 고려하여 집단을 구성한다.
② 집단은 대체로 8~12명 이내의 구성원으로 구성되는 것이 바람직하다.
③ 상담횟수는 주 1~2회가 적당하다.
④ 집단은 상담의 목적에 따라 공개적 또는 폐쇄적으로 구성할 수 있다.
⑤ 장소나 분위기는 심리적인 안정감을 줄 수 있는 곳이 좋다.
⑥ 상담의 종결 시기는 상담이 시작되기 전에 결정한다.

118

집단상담 시 집단의 적정인원, 집단의 크기가 너무 큰 경우와 너무 작은 경우를 비교하여 설명하시오.

필.수.이.론

① 집단의 적정인원 : 대체로 8~12명의 구성원이 바람직하다.
② 집단의 크기가 너무 큰 경우
   내담자의 일부는 상담에 참여할 수 없게 되고 상담자가 각 개인에게 적절한 주의를 기울이지 못하게 된다. 또 집단활동에 장애가 되는 하위집단을 구성하는 경우도 생기며 개인에게 집단의 압력이 가해지면 구성원의 개성이 상실될 우려가 있다.
③ 집단의 크기가 너무 작은 경우
   내담자들의 상호관계 및 행동의 범위가 좁아져서 기회가 줄어들고 내담자가 받는 압력이 커서 비효율적이다.

119

톨버트(Tolbert)의 직업집단상담의 과정에서 나타나는 5가지 활동유형을 쓰시오.

필.수.이.론

① 탐색 : 수용적인 분위기 속에서 자신의 감정, 태도, 가치 등을 탐색
② 상호작용 : 개개인의 개인적인 직업계획과 목표에 대한 구성원들의 피드백
③ 개인적 정보의 검토 및 목표와의 연결
④ 직업적, 교육적 정보의 획득과 검토
⑤ 의사결정

120

부처(Butcher)의 집단직업상담 3단계를 설명하시오.

필.수.이.론

① 탐색단계
   자기개방, 흥미와 적성에 대한 탐색, 탐색결과에 대한 피드백, 불일치의 해결 등이 이루어진다.
② 전환단계
   집단 구성원들은 자기 지식을 직업세계와 연결하고 가치관의 변화를 꾀한다. 가치 명료화를 위해 또다시 자신의 가치와 피드백 간의 불일치를 해결한다.
③ 행동단계
   목표설정을 하고 목표달성을 위해 정보를 수집, 공유하며 행동으로 옮기는 단계이다.

121

부처는 집단직업상담을 위한 3단계 모델을 제시하였다. 첫 단계인 탐색단계에서 이루어져야 하는 것을 4가지 쓰시오.

필.수.이.론

① 자기개방
② 흥미와 적성에 대한 탐색
③ 탐색결과에 대한 피드백
④ 불일치의 해결

122

전화상담의 장·단점을 쓰시오.

필.수.이.론

(1) 장점
　　① 접근성 : 누구나 부담 없이 상담을 받을 수 있다.
　　② 용이성 : 시간의 제약 없이 이용이 가능하다.
　　③ 익명성 : 자신을 드러내고 싶지 않은 내담자의 문제 해결에 유용하게 이용할 수 있다.
　　④ 친밀성 : 전화 그 자체가 주는 친밀감이 있다.

(2) 단점
　　① 음성언어의 제한성 : 시각적이고 비언어적인 정보를 얻을 수 없다.
　　② 침묵은 면접상담에서의 침묵보다 더 지루하고 위협적이다.
　　③ 전화상담은 일회적으로 끝나기 쉽다.
　　④ 익명성으로 인한 무책임성이 발생할 수 있다.

122

위기상담의 목표에 대하여 설명하시오.

기출 ★

필.수.이.론

① 위로로 인한 급격한 심리적 고통을 해소하는 데 도움을 주어야 한다.
② 위기상황이 생기기 전 내담자가 정상적으로 기능했던 상태로 회복할 수 있도록 도와주어야 한다.
③ 위기감을 느끼게 한 환경적 요인에 대한 이해를 도와주어야 한다.

123

인터넷을 통한 사이버상담이 필요한 이유를 쓰시오.

기출 ★

필.수.이.론

① 시공간적 제약을 극복할 수 있다.
② 접근성이 용이하다.
③ 컴퓨터 세대의 청소년들에게 적합하다.
④ 익명성이 보장될 수 있다.
⑤ 비용이 저렴하여 이용대상을 확대할 수 있다.
⑥ 서면으로 상담 내용을 남길 수 있어 활용도가 높다.

CHAPTER 06
내담자 사정하기

1 2 3 完

/ 124 기출 ★★★★

내담자의 가치사정법 6가지를 쓰시오.

◀ 필.수.이.론

① 체크목록 가치순위 정하기
② 과거의 선택 회상하기
③ 절정경험 조사하기
④ 자유시간과 금전 사용하기
⑤ 백일몽 말하기
⑥ 존경하는 사람 기술하기

1 2 3 完

/ 125 기출 ★★

가치사정의 용도를 3가지 이상 쓰시오.

◀ 필.수.이.론

① 자기인식의 발전
② 역할갈등의 근거 확인
③ 현재 직업불만족의 원인 확인
④ 저수준의 동기, 성취의 근거 확인
⑤ 개인의 다른 측면들을 사정할 수 있는 예비단계
⑥ 직업선택이나 직업전환의 전략

1 2 3 完

/ 126   기출 ★★

흥미를 사정하는 목적을 쓰시오.

필.수.이.론

① 자기인식 발전시키기
② 직업대안 규명하기
③ 여가와 직업선호 구별하기
④ 직업, 교육상의 불만족 원인 규명하기
⑤ 직업탐색 조장하기

1 2 3 完

/ 127   기출 ★★

내담자의 성격사정목표 3가지를 설명하시오.

필.수.이.론

① 자기인식을 증진시킬 수 있다.
② 좋아하는 작업역할, 작업기능, 작업환경을 확인할 수 있다.
③ 직업불만족의 원인과 출처를 확인할 수 있다.

128

상호역할관계 사정방법 3가지를 쓰시오.

필.수.이.론

① 질문을 통해 역할관계 사정하기
  상호역할작용은 내담자에게 (내담자의 생각, 감정, 행동, 그리고 상황에 대한 깊이 있는 이해를 돕기 위한) 질문을 통해 간단히 사정할 수 있다.
② 동그라미로 역할관계 그리기
  내담자에게 동그라미를 그리게 하고, 각 동그라미 안에 내담자가 인식하는 자신의 역할을 쓰도록 유도한다. 이후 상담자는 동그라미들 사이의 관계를 그림으로 나타내며 상담한다. 이를 통해 내담자에게 역할과 관계를 시각적으로 확인하고 분석할 수 있도록 도와준다.
③ 생애·계획연습으로 전환시키기
  원 그리기 연습은 성인들이 가정해왔던 역할들의 내적관계를 조사해보도록 도와주는 데 목표가 있으며, 이를 통해 다음과 같은 생애·계획연습(life planning excercise)으로 전환시킬 수 있다.

129

개인의 관심 또는 호기심을 자극하거나 일으키는 어떤 것을 흥미라고 한다. 내담자가 흥미를 사정하려고 할 때 사용할 수 있는 사정기법을 3가지만 쓰고 각각에 대해서 설명하시오.

필.수.이.론

① 흥미평가기법
  내담자에게 종이에 알파벳을 쓰고 그 알파벳에 맞추어 흥밋거리를 기입하게 한다. 그런 다음 과거에 중요했던 흥미에 대해서 생각해보도록 지시한다.
② 직업카드 분류전략
  홀랜드(Holland)의 6각형 이론과 관련된 일련의 직업카드를 주고 직업을 선호군, 혐오군, 미결정 중성군으로 분류하도록 하는 방법이다.

③ 작업경험 분석

흥미에 관한 사정일 뿐만 아니라 내담자의 가치, 기술, 생활방식, 선호도, 인생의 진로 주제들, 그 밖의 직업관련 선호도 등을 규명하는 데 광범위하게 사용될 수 있다.

1 2 3 完

/ 130   기출 ★★

내담자가 흥미를 사정하려고 할 때 사용할 수 있는 수퍼(Super)의 흥미사정기법을 설명하시오.

필.수.이.론

① 표현된 흥미 : 어떤 활동이나 직업에 대해 좋고 싫음을 간단하게 말하도록 요청
② 조작된 흥미 : 활동에 대해 질문하거나 활동에 참여하는 사람들이 어떻게 시간을 보내는지 관찰
③ 조사된 흥미 : 특정 직업에 종사하는 사람들의 흥미와 유사점이 있는지를 비교하는 것으로, 가장 많이 사용되는 흥미사정기법

131

인지적 명확성의 부족을 나타내는 내담자 유형을 5가지 이상 쓰시오.

필.수.이.론

① 단순오정보의 오류　　② 복잡한 오정보
③ 구체성 결여　　　　　④ 가정된 불가피성/불가능성
⑤ 원인과 결과의 착오　　⑥ 파행적 의사소통
⑦ 강박적 사고　　　　　⑧ 양면적 사고

인지적 명확성이 부족한 내담자의 유형에 따른 면담에서의 개입(18유형)

유형	개입
1. 단순오정보	정보제공
2. 복잡한 오정보	• 논리적 분석 • 분석제공 • 잘못된 논리체계의 재구성
3. 구체성의 결여	구체화시키기
4. 가정된 불가능, 불가피성	논리적 분석, 격려
5. 원인과 결과의 착오	논리적 분석
6. 파행적 의사소통	저항에 다시 초점 맞추기
7. 강박적 사고	RET기법
8. 양면적 사고	역설적 사고
9. 걸러내기(좋다, 나쁘다만 듣는 경우)	재구조화(지각을 바꾸기)
10. 순교자형	논리적 분석
11. 비난하기	직면, 논리적 분석
12. 잘못된 의사결정	불안에 대처하기, 의사결정 돕기
13. 자기인식의 부족	은유나 비유
14. 좁고 도달할 수 없는 기준에 기인한 낮은 자긍심	비합리적 신념에 대해 논박하기
15. 무력감	지시적 상상
16. 고정성	정보를 주기, 가정에 도전하기
17. 미래시간에 대한 미계획	정보를 주기, 실업 극복하기
18. 실업충격 완화하기	실업충격완화 프로그램 제공하기

1 2 3 完

132 기출 ★★★★★

내담자와 관련된 정보를 수집하고 내담자의 행동을 이해하고 해석하는 데 기본이 되는 기스버스와 무어의 상담기법을 6가지 이상 쓰시오.

필.수.이.론

① 가정 사용하기
② 왜곡된 사고 확인하기
③ 변명에 초점 맞추기
④ 전이된 오류 정정하기
⑤ 의미 있는 질문 및 지시 사용하기
⑥ 분류 및 재구성하기
⑦ 저항감 재인식하기 및 다루기
⑧ 반성의 장 마련하기
⑨ 근거 없는 믿음 확인하기

133

전이된 오류의 종류 3가지를 쓰고 설명하시오.

필.수.이.론

① 정보의 오류
    직업상담과정에서 내담자들은 자신이 직업세계에 대해서 충분한 정보를 알고 있다고 잘못 생각하는 경우가 많다. 이러한 경우에는 보충질문을 하거나 되물음으로써 내담자의 잘못을 정확히 인식시켜 주어야만 효과적으로 대처할 수 있다.
② 한계의 오류
    경험을 통한 관점만을 보기 때문에 제한된 기회 및 선택에 대한 견해를 갖고 있는 내담자가 예외를 인정하지 않거나, 불가능을 가정하는 경우를 말한다.
③ 논리적 오류
    논리적 오류란 내담자가 논리에 맞지 않는 진술을 함으로써 의사소통을 방해하는 경우를 말한다.

전이된 오류 정정하기

직업상담에서는 정보의 오류, 한계의 오류, 논리적 오류 등 전이된 오류가 자주 발생하고 있다. 정보의 오류는 내담자가 실제의 경험과 행동을 대강 이야기할 때 나타나며, 한계의 오류는 내담자가 경험이나 느낌의 한정된 정보만을 노출시킬 때 일어나는 것이고, 논리적 오류는 내담자가 상담의 과정을 왜곡되게 생각하고 있을 때 일어난다. 정보의 오류를 바로잡아 주는 것은 내담자가 문제를 명확히 해 나가도록 하는 하나의 과정이 될 수 있다.

(1) 정보의 오류
    ① 직업상담과정에서 내담자들은 자신이 직업세계에 대해서 충분한 정보를 알고 있다고 잘못 생각하는 경우가 많다. 이러한 경우에는 보충질문을 하거나 되물음으로써 내담자의 잘못을 정확히 인식시켜 주어야만 효과적으로 대처할 수 있다.
    ② 내담자의 대화를 잘 이해하지 못했을 경우 상담자는 내담자의 마음을 읽거나 이해할 수 있다는 편견으로 상담자 자신의 경험에 비추어 미루어 짐작하지 말고 이해하지 못한 부분에 대해 구체적으로 질문하는 것이 내담자에게 도움이 될 것이다.

정보 오류의 종류	내용	상담자의 대응
삭제	대화에서 중요한 부분이 빠졌을 경우 "나는 대인관계에 문제가 있어요."	"어떤 문제가 있다는 말이지요?"
불확실한 인물의 인용	명사나 대명사를 잘못 사용하는 경우 "그들은 나를 잘 이해하지 못해요."	"누가 당신을 이해하지 못하나요?"
불분명한 동사의 사용	모호한 동사를 사용하는 경우 "그 일은 짜증이 나요."	"더 구체적으로 이야기할 수 있나요?"
참고자료	내담자가 어떤 사람이나 장소, 사건 등에 관한 구체적인 참고자료에 대한 언급을 하지 않을 경우 "나는 자신이 없어요."	"무엇이 자신이 없다는 거죠?"
제한된 어투의 사용	자기 자신의 세계를 제한시키려는 어투를 사용하는 경우 "나는 할 수 없어요(가능)." "나는 이렇게 해야만 해요(필수)."	"만약 한다면 어떻게 되나요?" "만일 하지 않는다면요?"

(2) 한계의 오류

한계의 오류는 경험을 통한 관점만을 보기 때문에 제한된 기회 및 선택에 대한 견해를 갖고 있는 내담자는 예외를 인정하지 않거나, 불가능을 가정하는 경우가 있다.

한계 오류 종류	내용	상담자의 대응
예외를 인정하지 않는 것	"항상, 절대로, 모두, 아무도"와 같은 말들을 자주 사용하는 경우	"항상 그러하다는 말입니까?" "매번 한 가지 경우만 합니까?"
불가능을 가정하는 것	"할 수 없다, 안 된다, 해서는 안 된다" 등의 용어를 사용	"대화하는 방법을 찾지 못하는 것이겠지요."
어쩔 수 없음을 가정하는 것	"해야만 한다, 필요하다, 선택의 여지가 없다, 강요되다" 등의 용어를 사용	"당신은 아무런 선택도 하지 않는 것을 이미 선택했어요." "선택의 여지가 없다는 것은 선택의 폭이 많다는 것을 의미하지요."

(3) 논리적 오류

논리적 오류란 내담자가 논리에 맞지 않는 진술을 함으로써 의사소통을 방해하는 경우를 말한다.

논리적 오류 종류	내용	상담자의 대응
잘못된 인간관계 오류	이 유형의 오류는 어떤 한 사람의 행동이 자신 또는 다른 사람의 변화에 직접적이고 물리적인 원인이 된다고 믿는 내담자들에게서 찾아볼 수 있음 "그 일이 나를 이렇게 만들었죠, 사장님이 나를 엉망진창으로 만들었어요."	"사장님이 어떤 식으로 당신의 기분을 상하게 했죠?"

마음의 해석	마음의 해석은 직접 의사소통을 해보지도 않고 그 사람의 마음을 읽을 수 있다고 자신하는 사람에게서 발생 "나의 상사는 나와 함께 일하는 데 불편을 느끼죠."	"그 사실을 어떻게 알죠?"
제한된 일반화	한 사람의 견해가 모든 사람에게 공유된다는 개인의 생각에서 비롯되는 경우 "사람이란 모름지기 남을 위하여 살아야 합니다."	"구체적으로 누가 그래야 하는 걸까요?"

134 기출 ★★

내담자정보 및 행동에 대한 이해기법 중 가정 사용하기, 왜곡된 사고 확인하기, 변명에 초점 맞추기를 설명하시오.

필.수.이.론

① 가정 사용하기 : 상담자가 내담자에게 그러한 행동이 이미 존재했다는 것을 가정하는 것이다.
② 왜곡된 사고 확인하기 : 결론 도출, 재능에 대한 지각, 지적 및 정보의 부적절하거나 부분적인 일반화, 정보의 특정한 부분만 보는 것으로 이를 확인해 주는 것이다.
③ 변명에 초점 맞추기 : 내담자가 타인이나 자신의 행동의 부정적인 면을 줄이려는 행동이나 설명으로써 자신의 긍정적인 면을 계속 유지시키려는 것을 변명이라 하며, 책임 회피하기, 결과를 다르게 조작하기, 책임 변형시키기 등이 있다.

135

직업상담 시 저항적이고 동기화되지 않은 내담자들을 동기화시키기 위한 효과적인 전략을 3가지 이상 설명하시오.

필.수.이.론

① 변형된 오류 수정하기 : 오해가 있으면 푼다.
실제 내담자가 결부되어 있으나 피하고 싶은 유형이나 부정적인 독백을 부정하고 이를 수정하는 기법을 사용한다.

② 친숙해지기 : 래포 형성을 더 강하고 친숙하게 한다.
감정정이입보다 그 이상의 상태로, 내담자는 생애 역할에 대해 독특한 과제에 대한 책임을 진다. 내담자가 피할 수 없는 고통, 긴장, 안정 등의 영역을 확인하고 이러한 영역에 민감하게 반응해야 한다. 상담자는 내담자를 이해하고 있음을 알리며 함께 문제를 해결할 수 있는 긴장감을 내담자에게 전할 수 있다면 상호 신뢰가 형성될 수 있다.

③ 은유 : 우회적으로 문제를 파악한다.
마음 내켜하지 않고 저항적이며, 솔직한 내담자에게 은유 기법을 사용하는 것은 단순하고 솔직한 측면에 초점을 두는 기법이다. 모든 사람들이 공통적으로 갖고 있는 여러 가지 광범위한 경험은 효과적인 은유가 된다.

④ 대결 : 직접적으로 문제점을 파악한다.
아들러 학파의 학자들은 달래고 공격하기 전략을 많이 사용했는데, 내담자의 구체적인 행위를 지적하고 공격하는 데는 노련한 솜씨가 요구되며, 유머와 과장 같은 것이 이러한 장면을 완화하기 위해 사용될 수 있다.

136

진로시간전망 검사 중 원형검사(The Circles Test)에서 시간전망 개입의 3가지 차원을 쓰고 각각에 대해 설명하시오.

필.수.이.론

① 방향성 : 미래지향성을 증진시키기 위한 것으로 미래의 낙관적인 입장을 구성한다.
② 변별성 : 미래를 현실처럼 느끼게 하고, 미래계획에 대한 정적 태도를 강화시키며 시간 변별은 시간 차원 내의 사건의 강도와 확장을 의미한다.
③ 통합성 : 현재 행동과 미래를 연결시키고, 계획적인 기법을 실습하여 진로에 대한 인식을 증진시킨다.

> **진로시간전망(개입)의 의의**
> - 진로시간전망이란 과거, 현재, 미래의 정신적인 상을 의미하는 것으로 진로에 대한 시간전망 개입은 미래에 대한 내담자의 관심을 증가시키고 현재의 행동을 미래의 목표에 연결시키는 것이어야 한다.
> - 내담자에게 미래에 초점을 맞추고 자신의 미래를 설계할 수 있도록 가르치는 것은 진로선택과 조정에 필요한 계획태도와 기술을 발달시킨다.

137

진로시간 전망조사가 갖는 다양한 활용 방안을 5가지 이상 작성하시오.

필.수.이.론

① 미래의 방향 설정을 가능하게 한다.
② 미래에 대한 희망을 갖도록 한다.
③ 미래의 모습을 실재하는 것으로 느끼게 한다.
④ 현재의 행동을 미래의 결과와 연계시킨다.
⑤ 목표설정을 촉구한다.
⑥ 진로계획에 대한 긍정적 태도를 강화한다.
⑦ 진로계획의 기술을 연습시킨다.
⑧ 진로의식을 높여준다.

138

코틀의 원형검사에서 원의 의미·크기·배치에 대해 각각 설명하시오.

필.수.이.론

① 원의 의미
코틀(Cottle)의 원형검사(circle test)는 각각 과거·현재·미래를 뜻하는 세 개의 원을 이용하여 어떤 시간 차원이 개개인의 시간 전망을 지배하는지 그리고 개개인이 어떻게 시간 차원과 연관이 되는지를 평가하기 위해 고안된 것이다.
② 원의 크기
시간 차원에 대한 상대적 친밀감을 나타낸다.
③ 원의 배치
시간 차원이 각각 어떻게 연관되어 있는지를 나타낸다. 상담자는 시간적인 지배성과 연관성을 평가하고 개인 또는 집단의 시간 전망을 향상시키기 위해 원형검사를 이용할 수 있다.

139 기출 ★★

직업대안 선택과정에서 내담자가 달성해야 하는 과제 4가지를 쓰시오.

필.수.이.론

① 직업 선택을 위한 준비하기
② 직업들을 평가하기
③ 직업들 가운데 최종 직업으로 한 가지 선택하기
④ 선택의 조건 고려하기

140 기출 ★

겔라트(Gelatt)의 의사결정 8단계를 쓰시오.

140-1 기출 ★★★

겔라트(Gelatt)의 의사결정 8단계 중 2~7단계를 쓰시오.

필.수.이.론

① 목적(목표)의식 수립
② 정보 수집
③ 대안의 열거
④ 각 대안의 결과 예측
⑤ 대안의 실현 가능 예측
⑥ 가치평가
⑦ 의사결정
⑧ 평가 및 재투입

PART 02
직업심리학

CHAPTER 01   직업심리 연구방법
CHAPTER 02   심리검사의 이해
CHAPTER 03   심리검사의 실시
CHAPTER 04   직업심리검사의 이해
CHAPTER 05   직업발달론의 이해
CHAPTER 06   직무의 이해
CHAPTER 07   직무와 스트레스

CHAPTER 01
직업심리 연구방법

1 2 3 完

001
독립변인, 종속변인, 매개변인에 대하여 설명하시오.

필.수.이.론

① 독립변인
  연구자가 '원인'이라고 생각하는 변인으로, 다른 변인에게 작용하거나 다른 변인을 예언 또는 설명해 주는 변인이다.
② 종속변인
  연구에서 '결과'로 간주되는 변인으로, 다른 변인에 의해서 영향을 받는 변인을 말한다.
③ 매개변인(가외변인)
  독립변인과 종속변인 사이에 끼어들어 독립변인이 아니면서도 종속변인에 영향을 미치는 변인을 말한다.

예컨대 자아효능감증진 프로그램이 구직활동에 미치는 효과를 알고자 하는 연구에서 자아효능감증진 프로그램은 독립변인이고 구직활동은 종속변인이다.

> **예언변인과 준거변인**
> 예언변인 : 그 변인의 값을 통해 다른 변인의 값을 예언하려는 용도로 사용되는 변인이다.
> 준거변인 : 예언변인으로 예측하고자 하는 변인이다.

002 척도의 종류 4가지를 설명하시오.

필.수.이.론

척도란 변수의 특성을 숫자나 기호로 표시하기 위해서, 즉 측정하고자 하는 대상에 부여하는 숫자체계를 의미한다.

① 명명척도
  숫자의 차이로 측정한 속성이 대상에 따라 다르다는 것만을 나타내는 척도이다.
  예 운동선수의 등번호

② 서열척도
  숫자의 차이로 속성의 차이에 관한 정보뿐만 아니라 그 순위관계에 대한 정보도 포함하고 있는 척도이다.
  예 성적에 따른 1~60등까지의 순위

③ 등간척도
  수치상의 차이가 실제 측정한 속성 간의 차이와 동일한 숫자 집합을 의미한다. 등간이란 척도상의 모든 단위 사이의 간격이 일정하다는 뜻으로 상대적인 영점은 존재하지만 절대영점은 존재하지 않는다.
  예 온도, 달력의 날짜

④ 비율척도
  차이정보, 서열정보, 등간정보 외에 수의 비율에 관한 정보도 담고 있는 척도이다. 절대영점이 있어서 모든 통계적 분석에 적용된다.
  예 가격, 구독률, 시청률

003

심리검사에서 가장 흔히 사용되고 있는 전통적인 척도화 방식 3가지를 쓰고 각각에 대해 설명하시오.

필.수.이.론

(1) 리커트 척도(Likert scale)
① 응답자들의 개인적인 차이를 알아보려 할 때 사용되고 특정 자극에 대하여 응답치 차이를 조사한다.
② 표준화된 양식을 이용하는 방법으로 각 진술문에 대해 5개의 선택지들(전혀 그렇지 않다, 그렇지 않다, 보통이다, 그렇다, 매우 그렇다) 중에 하나를 표시하고 응답한 각 진술문의 선택지(5단계)에 부여되어 있는 점수를 합산하여 구한다.

(2) 서스톤 척도(Thurstone's equal-appearing interval scales)
① 특정 응답자에 대하여 자극이 가지고 있는 특성에 대한 응답치의 차이를 조사하여 자극들의 특성차이를 알아보려는 것이다.
② 피검사자에게 다수의 진술문들을 제시하여 동의하는 진술문에는 모두 ∨ 표시를 하고, 동의하지 않는 진술문에는 아무런 표시도 하지 않도록 한다. 각 피검사자의 점수는 ∨ 표시를 한 각 진술문에 부여되어 있는 척도치를 모두 합한 값을 ∨ 표시를 한 진술문의 수로 나누어서 구한다.

(3) 거트만 척도(Guttman's scalogram scale)
① 응답자의 개인특성의 차이와 자극특성의 차이를 동시에 알아보려는 방법이다.
② 어떤 사상에 대한 태도를 일련의 질문들을 통해 측정한다. 이때 질문을 그 사상에 대하여 호의적인지 비호의적인지, 관심이 있는지 무관심한지 등의 축에 따라 순서대로 나열되도록 하는 것이 특징이다.

1 2 3 完

004 기출 ★★

지필검사나 평정이 요구되는 관찰 혹은 면접 시 채점자, 평정자로 인해 발생하는 오차의 유형을 3가지 이상 제시하고 설명하시오.

필.수.이.론

평정오류(rating error)는 관찰연구에서 대상을 관찰할 때 행동의 발생빈도와 더불어 행동의 강도와 질을 기록하기 위한 평정에서 발생하는 관찰자의 오류를 의미한다. 평정을 할 때는 행동에 대한 관찰자의 판단과 해석이 요구되기 때문에 관찰자의 편향성으로 인한 객관성의 결여가 나타날 수 있다.

(1) 후광효과(halo effect)
피평정자에 관한 다른 정보가 평정에 영향을 미치는 것으로 긍정적 혹은 부정적으로 나타날 수 있다. 한 평정요소에 대한 평정자의 판단이 피평정자의 다른 요소평정에도 영향을 주는 현상이다.

(2) 관대화와 엄격화 경향
① 관대화 경향(leniency error) : 피평정자와의 인간관계를 의식하여 평정자들이 자기와 친분이 있는 사람들을 지나치게 높게 평정해 주는 경향으로 평정등급이 전반적으로 높아지는 현상이다.
② 엄격화 경향(severity error) : 자신이 싫어하는 사람들을 지나치게 엄격하게 평정하는 경향으로 전반적으로 낮은 점수를 주게 된다.

(3) 집중화 경향(central tendency error)
평정자들이 극단적으로 높거나 낮은 점수보다는 중간 수준의 점수를 많이 주는 경향성을 말한다. 이의 방지를 위해서는 강제배분식이 효과적이며 평가에 심리적 부담을 느끼는 평정자의 책임회피수단이기도 하다.

(4) 논리적 오류(logical error)
논리적으로 연결된 것처럼 보이는 두 가지 항목에 대해 유사한 평가를 하는 경향을 말한다.

(5) 대비의 오류(contrast error)
평정자들이 많은 사람을 평정할 때 평가대상이 되는 속성을 어떻게 보는가에 따라 자신과 정반대로 평가하거나 아니면 아주 비슷하게 평가하는 양면성을 말한다.

(6) 근접오류(proximity error)
　시간적 혹은 공간적으로 근접해 있는 항목들에 대해서는 멀리 떨어져 제시된 항목들보다 비슷하게 평가하는 경향성이다.

| 1 | 2 | 3 | 完 |

005 기출 ★★
문항의 난이도, 문항의 변별도, 오답의 능률도의 의미를 설명하시오.

필.수.이.론

① 문항난이도 : 한 문항의 어렵고 쉬운 정도를 나타내는 것으로 한 문항에 대한 정답률을 의미한다.
② 문항변별도 : 문항 하나하나가 얼마나 피험자의 상하능력을 잘 변별(식별)해 내는가의 정도를 의미한다.
③ 오답의 능률도(문항반응분포) : 문항의 각 답지에 어떻게 반응하고 있는가를 분석함으로써 그 답지가 의도하였던 기능이나 역할을 하고 있는지를 알아보는 것을 의미한다.

문항분석
문항분석이란 어떤 검사를 구성하는 각 문항의 양호도를 검증하는 것을 말한다.

(1) 문항곤란도

1) 개념
　① 문항곤란도란 한 문항의 어렵고 쉬운 정도를 나타내는 것으로 한 문항에 대한 정답률을 의미한다.
　② 상대평가에서의 문항곤란도는 평가 50% 정도가 좋다.

2) 특징
　① 문항곤란도는 0~100%에 변산되어 있다.
　② 일반적으로 문항곤란도는 20~80% 사이가 적절하며 가장 좋은 것은 50% 정도이다.
　③ 검사 구성 시 문항곤란도의 정도에 따라 문항 수를 배열한다.
　④ 아주 쉬운 문항은 능력이 낮은 학생의 동기유발을 위해, 어려운 문항은 높은 학생의 성취감을 위해 포함시킨다.

3) 문항곤란도 공식

$$P = \frac{R}{N} \times 100$$

- P : 문항곤란도,　• R : 해당 문항 정답자 수,　• N : 전체 반응자 수

(2) 문항변별도

1) 개념
① 문항 하나하나가 얼마나 피험자의 상하능력을 잘 변별(식별)해 내는가의 정도를 의미한다.
② 상위집단에 속하는 피험자가 하위집단에 속하는 피험자보다 각 문항에 대한 정답의 확률이 높아야 그 문항의 변별도가 있다고 할 수 있다.
③ 문항이 무엇을 측정하고 있느냐, 측정해야 할 것을 측정하고 있느냐, 학생의 능력을 변별하는 힘이 있느냐를 묻는 것으로 문항내적 합치도나 문항외적 타당도와 동의어로 사용한다.

2) 특징
① 문항변별도는 검사의 총점이라는 내적 준거에 의해 문항의 타당도를 고려한다.
② 문항변별도 지수는 + 값을 가지면서 그 값이 커야 바람직하다. 문항곤란도가 50% 정도일 때 가장 크다.
③ 문항변별도는 상대평가와 절대평가 모두에 유용하게 쓰인다.
④ 학습의 성공자와 실패자의 변별이 잘 되는 교육목표가 어느 것인지를 확인하는 데 유용한 정보를 제공한다.

3) 문항변별도 공식

$$DI = \frac{Rh - Rl}{f}$$

- DI : 문항변별도 지수
- Rh : 상부집단의 정답자 수
- Rl : 하부집단의 정답자 수
- f : 상부집단의 사례 또는 하부집단의 사례

4) 문항변별도 지수
① 변산 범위
   문항변별도 지수의 범위는 -1.00 ~ +1.00이다. 문항변별도 지수가 '0'일 경우는 변별력이 없다.
② 양호한 문항변별도 지수는 +0.30 ~ +0.70이다.
③ 문항곤란도가 50%일 때 문항변별도 지수는 +1.00에 가깝다.
④ 문항변별도 지수가 '-'일 경우는 하부집단의 정답자 수가 많다.
⑤ 문항변별도는 검사의 총점이라는 내적 준거에 의하여 문항내적 합치도를 고려한다.

(3) 문항반응분포(오답의 능률도)

1) 개념
문항반응분포란 문항의 각 답지에 어떻게 반응하고 있는가를 분석함으로써 그 답지가 의도하였던 기능이나 역할을 하고 있는지를 알아보는 것을 의미한다.

2) 바람직한 문항반응분포
① 정답지에 50%가 반응하고 나머지 오답지에 골고루 반응하여야 한다.
② 정답지에는 상위집단의 반응이 많고 오답지에는 하위집단의 반응이 많아야 한다.

3) 문항반응분포의 분석

<문항1> (*는 정답)		<문항2> (*는 정답)		<문항3> (*는 정답)	
답지	반응자 수	답지	반응자 수	답지	반응자 수
①	65	①*	90	①*	200
②*	140	②	80	②	80
③	64	③	70	③	0
④	61	④	60	④	20
N	300	N	300	N	300

• 해석
1. <문항 1>은 좋은 분포이다. 정답에 많은 수가 분포되어 있고 나머지 오답은 비슷한 분포를 가지고 있다. 문항곤란도가 약 47%로 50%에 가깝다.
2. <문항 2>는 정답이 제구실을 못하고 있다. 오답과 정답의 반응 수가 비슷하므로 이런 문항은 정답이나 오답을 수정해야 한다.
3. <문항 3>은 정답에만 몰려 있고 3번 답지와 4번 답지가 제구실을 하고 있지 않다. 이런 문항은 오답을 수정하거나 대치하여야 한다.

1 2 3 完

006　기출 ★
내적타당도와 외적타당도에 대하여 설명하시오.

필.수.이.론

① 내적 타당도란 연구결과로 나타난 종속변인의 차이를 과연 그 연구의 독립변인 조작에 의한 것이라고 해석할 수 있느냐의 정도를 말하는 것이다. 내적 타당도가 높다는 것은 동일한 조건에서 다시 실험했을 때도 같은 결과가 나올 가능성이 높다는 것을 의미한다. 내적 타당도는 실험연구에서 강조되며 독립변수 또는 처치변수의 종속변수에 대한 효과 또는 영향에 따른 잡음변수의 개입가능성을 적절히 통제하였는가로 판단한다.
② 외적 타당도란 한 특수한 연구에서 얻어진 연구결과를 그것이 수행된 맥락과는 다른 상황이나 피험자에까지 일반화시킬 수 있는가 없는가를 구분하는 정도를 말한다. 외적 타당도란 일반화의 가능성이라고 하며 연구에서 나타난 독립변인과 종속변인의 관계를 해당 연구장면과는 다른 시간, 다른 피험자, 다른 환경에서 관찰해도 같게 나타나느냐의 정도이다. 연구환경이 자연 상태에 가까울수록 외적 타당도가 높게 나타난다.

1 2 3 完

007　기출 ★★
실증연구에서의 타당도 계수는 실제연구에서의 타당도 계수와 다른데, 실제연구에서의 타당도 계수가 낮은 이유를 예를 들어 설명하시오.

필.수.이.론

① 실증연구에서는 연구자가 연구과정을 상당한 정도로 통제해야 하는 경우가 있고 독립변인을 체계적으로 조작한다. 따라서 독립변인과 종속변인 간의 관계를 비교적 명확하게 알 수 있다. 실제연구에서는 독립변인을 조작하거나 가외변인을 통제하기가 어렵다.
② 예컨대 실증연구에서는 집단의 성별, 연령별, 지역별, 교육 수준별 등의 구성 비율을 연구자가 원하는 비율에 맞추어 조정할 수 있지만 실제연구에서는 어렵다.
③ 따라서 실증연구에서는 내적 타당도를, 실제연구에서는 외적 타당도를 중요시하는데 실제연구에서의 타당도 계수가 낮은 이유는 내적 타당도 측면에서 가외변인을 통제할 수 없기 때문이다.

1 2 3 完

/008   기출 ★★

어떤 집단의 심리검사 점수가 분산되어 있는 정도를 판단하기 위해 사용될 수 있는 기준 3가지를 쓰고 그 의미를 설명하시오.

필.수.이.론

① 분포
자료를 정확하게 제시하는 가장 기본적인 방법이다. 분포의 제시는 일단 점수대를 구획지어 놓고 각 점수대에 속하는 점수의 빈도를 정리하여 분포도를 만드는 것이다.

② 평균
한 집단의 특성을 가장 간편하게 표현하기 위해 개발된 개념 중의 하나로, 집단에 속한 모든 점수의 합을 사례수로 나눈 값이다.

③ 표준편차
집단의 각 수치들이 그 집단의 평균치로부터 평균적으로 얼마나 떨어져 있는가를 나타내는 것으로 점수들이 평균에서 벗어난 거리를 나타내는 통계치이다. 표준편차는 집단의 변산도를 나타내 주는 것이므로 표준편차가 크면 점수가 넓게 분산되어 있다는 것으로서 집단이 이질적이고, 표준편차가 작으면 집단이 동질적이다.

범위
관찰된 자료가 흩어져 있는 정도를 측정하는 방법 중 하나이며, 최곳값에서 최솟값을 뺀 값이다. 범위를 R이라고 표현하면 R = 최곳값 - 최솟값 + 1로 나타낼 수 있다. '1'을 더하는 이유는 최곳값 상한계에서 최솟값 하한계까지의 거리가 범위가 되기 때문이다. 예를 들어, 2, 6, 8, 9의 네 점수가 있는 경우 범위는 R = 9 - 2 + 1 = 8이 된다. 범위의 장점은 계산하기가 간편하고 쉽게 이해할 수 있다는 것이며 단점은 최곳값과 최솟값에 의해서만 범위가 결정되므로 그 사이에 존재하는 값들이 어느 정도 퍼져 있는지를 알 수 없다는 것이다.

사분편차
점수분포의 중앙부에서 전체 사례의 50%를 포함하는 범위의 반(半)을 의미한다. 사분편차는 각각 상하위로 25% 위치에 해당되는 점수의 범위, 즉 'X.75 - X.25'를 2로 나눈 값이 된다. 흔히 X.25에 해당되는 점수를 Q1, X.75에 해당되는 점수를 Q3이라고 하면 사분편차 Q는 'Q = (Q3 - Q1)/2'와 같이 나타낸다.

009

집단의 심리검사 점수 중 집중경향척도인 대푯값을 알아보는 방법 3가지를 설명하시오.

필.수.이.론

① 평균
가장 보편적인 집중경향의 척도로 일반적으로 산술평균을 말한다. 측정치 합을 사례 수로 나눈 값이다.
② 중앙값
한 집단의 점수분포에서 전체 사례를 상위 1/2, 하위 1/2로 나누는 점을 말한다.
③ 최빈값
가장 많은 빈도를 지닌 점수를 말한다.

1 2 3 完

010-1 기출 ★★
규준의 종류 중 백분위점수, 표준점수, 표준등급의 의미를 쓰시오.

010-2 기출 ★★★★★★★★
집단 내 규준 3가지를 설명하시오.

필.수.이.론

규준이란 특정 검사점수의 해석에 필요한 기준이 되는 자료, 즉 원점수를 표준화된 집단의 검사점수와 비교하기 위한 개념으로 대표집단의 검사점수 분포도를 작성하여 개인의 점수를 해석하기 위한 것이다. 대표적인 규준으로는 백분위점수, 표준점수, 표준등급, 연령규준, 학년규준 등이 있다.

① 백분위점수
  100을 기준으로 한 집단에서의 상대적 순위를 나타내는 지표로, 계산이 간단하고 통계적 훈련을 받지 않은 사람들도 이해하기 쉬우며, 성인과 아동 모두에게 적용할 수 있다. 이는 어떠한 종류의 검사에도 적합하다.
② 표준점수
  분포의 표준편차를 이용하여 개인의 평균으로부터 벗어난 거리를 표시하는 것이다.
③ 표준등급
  스테나인점수, 원점수를 1에서 9까지의 범주로 나누어 학생들의 점수를 정해진 범주에 집어넣음으로써 학생들 간의 점수 차가 작을 때 생길 수 있는 지나친 확대 해석을 미연에 방지할 수 있다. 예를 들면 고교 내신제를 들 수 있다.

➕ 집단 내 규준

거의 모든 표준화검사들은 집단 내 규준을 제공한다. 즉, 개인의 원점수를 규준집단의 수행과 비교해 볼 수 있도록 하는 것으로서 원점수가 서열척도에 불과한 것에 비해 집단 내 규준점수들은 심리측정학상 등간척도의 성질을 갖도록 변환하는 것이 일반적이며, 그 의미가 명확할 뿐만 아니라 대부분의 통계적 분석에 적절하게 사용할 수 있다.

(1) 백분위점수
  ① 특정 집단의 점수분포에서 한 개인의 상대적 위치를 나타내는 유도점수로 백분위수·백분단계위수라고도 한다.

② 한 집단의 점수분포상에서 어떤 일정한 점수에 대한 백분위란 그 점수 미만에 놓여 있는 사례의 전체 사례에 대한 백분율을 말한다.

③ 예를 들어, 한 적성검사에서 A라는 사람이 170점을 받았는데, 이 점수 아래 전체 사례의 75%가 있다면 A의 백분위점수(또는 백분위)는 75가 된다.

④ 백분점수란 어떤 주어진 원점수에 대하여 이에 해당하는 분위를 구하고자 하는 경우에 백분위와 관련한 점수이다.

⑤ 백분점수의 큰 이점은 계산하기 쉽고 훈련 없이도 비교적 이해하기 쉬우며, 여러 종류의 원점수를 백분점수로 환산해 놓으면 서로 비교할 수 있다는 것이다.

⑥ 백분점수는 개인의 점수를 표준집단에 비춘 상대적 위치를 알려줄 뿐, 개인 간의 점수 차를 양적으로 보여주지는 않는다.

⑦ 그 때문에 백분점수로서는 평균값 상관계수 및 그 이외의 통계값은 계산할 수 없다는 결점이 있지만 보편성·타당성·대중성이 있어 여러 검사 제작에 널리 쓰인다.

(2) 표준점수(Standard score)

① 통계학적으로 정규분포를 만들고 개개의 경우가 표준편차상에 어떤 위치를 차지하는지를 보여주는 차원 없는 수치이다.

② 표준점수는 분포의 표준편차를 이용하여 개인이 평균으로부터 벗어난 거리를 표시하는 것이다.

③ 표준값, Z값(Z-value), Z점수(Z score)라고도 한다.

④ 표준점수란 평균이 0이고 표준편차가 1이 되도록 변환한 값이다. 표준점수는 원점수에서 평균을 뺀 후 표준편차로 나눈 값이다.

$$Z = (X_1 - M)/S$$

⑤ 표준값 z는 원수치인 x가 평균에서 얼마나 떨어져 있는지를 나타낸다. 음수이면 평균이하, 양수이면 평균 이상이다.

⑥ 표준점수는 서로 다른 체계로 측정한 점수들을 동일한 조건에서 비교할 수 있게 해 준다.

⑦ 예를 들어, 한 집단의 영어와 수학점수를 각기 표준점수로 변환하면, 두 점수 모두 평균이 0이고 표준편차가 1인 분포로 전환되기 때문에 표준점수를 비교하면 특정 학생의 영어점수와 수학점수의 상대적 위치를 쉽게 파악할 수 있다.

(3) 표준등급

① 스테나인 점수라고도 하며 'standard' + 'nine'의 합성어이다. 표준 9단계 점수라고도 칭한다.

② 원점수 분포를 평균치가 5, 표준편차가 2인 점수분포로 옮겨 놓은 것으로, 원점수의 분포를 9개의 단위로 나눈다.

③ 최고점수는 9점, 최저점수는 1점, 중간부분이 5점이다.

④ 학생들의 점수를 정해진 범주에 집어넣음으로써 학생들 간의 점수 차가 작을 때 생길 수 있는 지나친 확대해석을 미연에 방지할 수 있다.

⑤ 이 방법은 매우 쉽고 이론적인 토대가 탄탄하여 널리 이용된다.

예 성취도검사, 적성검사, 내신등급제(현재 고등학생들의 성적 등급제)

[스테나인 점수변환에 쓰이는 정상곡선의 백분율(%)]

스테나인	1	2	3	4	5	6	7	8	9
백분율(%)	4	7	12	17	20	17	12	7	4

011

규준의 종류 중 발달규준 3가지를 쓰시오.

필.수.이.론

① 연령규준
② 학년규준
③ 단계규준

 발달규준

수검자가 정상적인 발달경로에서 얼마나 이탈해 있는지를 표현하는 방식으로 원점수에 의미를 부여하는 것이다. 이러한 발달규준을 토대로 한 점수는 심리측정학적으로는 다소 조잡해서 점수 자체를 통계적으로 처리하기에는 적합하지 않다는 평가를 받고 있기는 하지만 기술적인 목적, 특히 개개인에 관한 집중적인 임상 연구와 연구목적에서는 상당히 유용하다.

(1) 연령규준
① 개인의 점수를 규준집단에 있는 사람들의 연령에 비교해서 몇 살에 해당하게 되는지를 해석할 수 있도록 하는 방법이다.
　㈎ 일반지능검사에서 개인점수를 확인한 다음 연령표를 통하여 정신연령을 계산
② 각 연령의 아동들이 얻은 점수의 평균이나 중앙치를 정리하여 특정 아동의 점수가 어떤 연령의 평균에 해당하는지를 알아볼 수 있게 한다.

(2) 학년규준
① 학년별 평균이나 중앙치를 이용해서 규준을 제작하는 방법이다.
② 어떤 학생의 능력수준을 같은 학년의 학생들과 비교하는 것도 중요하지만, 그 학생의 능력수준이 몇 학년에 해당하는 것인지를 알아보기 위한 것이다.
③ 어떤 학생의 언어이해력 수준이 3학년 학생들의 평균과 같다면 실제 언어이해력 수준은 학년과 관계없이 3학년 수준이라고 해석할 수 있다. 그러나 이 학생의 다른 능력도 3학년이라고 볼 수 있는 것은 아니다.

(3) 단계규준
개인의 점수를 규준집단에 있는 사람들의 단계에 비교해서 어떤 단계에 해당하게 되는지를 해석할 수 있도록 하는 방법이다.

012

규준제작 시 필요한 확률적 표집방법의 종류에 대하여 설명하시오.

필.수.이.론

① 단순무선표집(Simple Random Sampling)
단순무선표집은 가장 기본적인 확률적 표집방법이다. 가장 기초적인 방법은 구성원들에게 일련번호를 부여하고, 이 번호들 중에서 무선적으로 필요한 만큼 표집하는 것이다.

② 군집표집(Cluster Sampling)
군집표집이란 전집의 하위집단 간에는 동질성이 높고 하위집단 내의 구성요소들 간에는 이질성이 높을 경우, 개별 표집단위를 하나씩 표집하는 것이 아니라 하위집단들 중에 몇 개의 집단을 선택한 후, 그 선택된 하위집단에 속한 모든 표집단위를 한꺼번에(군집으로) 표집하는 것을 말한다.

③ 유층표집(Stratified Sampling)
유층표집은 전집을 구성하는 표집단위들을 다소 이질적인 하위집단으로 나눈 다음, 각 하위집단 내에서 다시 단순무선표집, 체계적 표집하거나 군집표집을 하는 방법이다.

확률적 표집

(1) 단순무선표집(Simple Random Sampling)
① 단순무선표집은 가장 기본적인 확률적 표집방법이다.
② 가장 기초적인 방법은 구성원들에게 일련 번호를 부여하고, 이 번호들 중에서 무선적으로 필요한 만큼 표집하는 방법이다.
③ 전화번호부나 학교 학생의 명부처럼 모집단이 어떤 특징에 따라 체계적으로 정리되어 있을 경우, 이를 이용해서 무선표집을 할 수 있다.
④ 단순무선표집의 절차
㉠ 표집틀에서 목록화된 각 요소들에 1부터 숫자를 부여한다.
㉡ 샘플의 크기를 결정한다.
㉢ 난수표상에서 숫자를 얻을 체계적인 방법을 정한다.
㉣ 난수표상에서 진행 방향을 선택한다(위, 좌우 등).
㉤ 난수표상에서 시작할 부분을 정한다.
㉥ 숫자를 체계적으로 선택하여 표본을 추출한다.

⑤ 장점
  ㉠ 모집단에 대한 상세한 지식이 요구되지 않는다.
  ㉡ 외적 타당도가 통계적으로 추론될 수 있다.
  ㉢ 대표성 있는 집단을 쉽게 얻을 수 있다.
  ㉣ 분류하는 과정에서의 오차를 제거할 수 있다.
⑥ 단점
  ㉠ 모집단의 전체 목록이 필요하다.
  ㉡ 항상 대표성 있는 표본을 얻을 수 있는 것은 아니다.

(2) 체계적 표집(Systematic Sampling)
① 체계적 표집방법은 최초의 표본단위만 무선적으로 선택하고 나머지는 일정한 표집 간격을 두고 추출하는 방법이다.
② 전체 모집단의 수가 10,000명이라고 할 때, 1,000명을 추출하려면 10,000을 1,000으로 나눈 10 이하의 수에서 하나를 선택한 후 계속하여 10을 더하면서 표집한다.
③ 이 방식은 간편하고 전화번호부, 연감 등을 통해 표본을 얻을 때 많이 사용한다.
④ 그러나 표집틀(Sampling Ratio) 내에 어떠한 주기성이나 예측하지 못한 편의(Bias)로 인하여 대표성을 확보하지 못할 가능성이 있다.
⑤ 장점
  ㉠ 추출이 쉽다.
  ㉡ 단순무선표집보다 정확할 수 있다.
  ㉢ 비용을 줄일 수 있다.
⑥ 단점
  ㉠ 완전한 모집단의 목록이 필요하다.
  ㉡ 주기성에 의한 편의(Bias)가 발생할 수 있다.

(3) 군집표집(Cluster Sampling)
① 군집표집이란 전집의 하위집단 간에는 동질성이 높고 하위집단 내의 구성요소들 간에는 이질성이 높을 경우 개별 표집단위를 하나씩 표집하는 것이 아니라 하위집단들 중에 몇 개의 집단을 선택한 후, 그 선택된 하위집단에 속한 모든 표집단위를 한꺼번에(군집으로) 표집하는 것을 말한다.
② 예컨대 서울시 가구를 대상으로 하는 연구에서 몇 개의 동을 추출하고 각 동 안의 모든 가구를 표본으로 추출하는 방식이다.
③ 이 방법은 조사과정을 간편하게 하고 비용을 절감시킬 수 있으나 표집오차가 단순무선표집보다 커지므로 표본의 크기를 크게 해야 한다.

④ 장점
　　㉠ 모집단의 일부분만 알면 된다.
　　㉡ 군집이 제대로 이루어지면 비용을 줄일 수 있다.
　　㉢ 군집의 특성을 평가하고 이를 모집단과 비교할 수 있다.
⑤ 단점
　　㉠ 표집오차가 크다.
　　㉡ 군집이 모집단을 대표하지 못할 수 있다.
　　㉢ 어떠한 요소들이 특정의 군집에만 할당되어 있을 수 있다.

(4) 유층표집(Stratified Sampling)
① 전집을 구성하는 표집단위들을 다소 이질적인 하위집단으로 나눈 다음, 각 하위집단 내에서 다시 무선표집, 체계적 표집하거나 군집표집을 하는 방법이다.
② 모집단이 종교를 가진 사람들이라면 모집단에는 여러 종파의 신도들이 포함되어 있게 되는데, 이때 각 종파별로 나누어서 해당 종파 내에서 필요한 만큼 표집하는 방법이다.
③ 유층표집은 군집표집과는 달리 각 하위집단 간에는 이질적이고 하위집단 내에서는 비교적 동질적일 때 사용하는 것이 바람직하다.
④ 장점
　　㉠ 관련된 변수들 간의 대표성을 확보할 수 있다.
　　㉡ 다른 모집단과 비교가 가능하다.
　　㉢ 표집오차를 줄일 수 있다.
⑤ 단점
　　㉠ 모집단의 특성을 알아야 한다.
　　㉡ 시간이 소모된다.
　　㉢ 범위가 작으면 추출이 어려워진다.
　　㉣ 계층을 정의하는 변수가 적절하지 못할 수 있다.

+ 비확률적 표집방법(Non-Probability Sampling Methods)

비확률적 표집은 표본의 대표성은 없지만, 확률표집을 할 수 없는 경우나 연구의 특정대상을 표본으로 삼아야 할 경우에 이용된다.

(1) 가용표집(Available Sampling)
주변의 가족, 친구 등 조사자가 쉽게 동원할 수 있는 표본을 대상으로 한다.

(2) 지원자 표집(Volunteer Sampling)
자원해서 조사에 응한 사람을 대상으로 하는 방법이다.

(3) 의도적 표집(Purposive Sampling)
조사가의 주관적인 판단이 개입되어 표본을 선정하는 것으로서 모집단의 특정 부분만을 대표할 수 있는 표본 선택방법이다.

(4) 할당표집(Quota Sampling)
할당 매트릭스를 통하여 모집단을 몇 개의 소집단으로 나누고 이 비율에 따라 표집을 하는 것이다.

(5) 우연적 표집(Accidental Sampling)
길거리를 지나가는 사람들 중 매 열 번째 사람마다 인터뷰하는 식 등의 방법이다.

(6) 판단표집(Judgement Sampling)
조사자가 모집단에 대한 지식이 많을 때 사용할 수 있는 방법이다. 이 방법은 조사대상이 되는 모집단의 경계를 한정할 수 없을 때에 사용 가능하며 적은 비용으로 실시할 수 있어 주로 예비조사에 쓰인다.

(7) 눈덩이 표집(Snowball Sampling)
주로 현장조사에서 이루어지는데 특정 모집단의 구성원의 위치를 파악하기 힘든 경우(불법체류자, 해외 노동자, 노숙자 등)에 먼저 확인 가능한 몇몇의 대상자와 인터뷰를 한 후 그들에게 다른 조사대상자를 소개받아 조사대상자의 목록을 늘리는 방법이다.

1 2 3 完

/013
기출 ★★

측정의 표집오차에 대해 설명하시오.

필.수.이.론

표집이란 연구문제를 풀기 위해 조사 대상 사례나 사람을 선정하는 것으로, 검사점수와 준거의 상관계수는 일부 표본을 대상으로 얻어지는데 이 표본이 모집단을 잘 대표하지 못하면 표집오차가 커진다. 즉, 조사대상자가 모집단이 아니기 때문에 초래되는 오차를 말한다. 표본에서 구한 평균값과 모평균값과의 차이는 표집오차이며 표집오차는 분산의 정도, 표본의 크기, 표집방법에 따라 달라진다.

1 2 3 完

/014
기출 ★★

측정표준오차(SEM)가 무엇인지 예를 들어 설명하시오.

필.수.이.론

측정의 표준오차(Standard Error of Measurement)란 측정치(관찰점수)가 개인의 진점수를 추정할 때 생기는 오차이다. 어떤 검사도구로 한 사람을 반복해서 검사한다고 가정할 때 얻어지는 관찰점수 분포의 평균은 진점수이고, 이때의 표준편차가 표준오차에 해당한다. 예컨대 A검사 평균이 70점일 때 표준오차가 3이면, 다음번 A검사를 다시 실시했을 경우 평균은 67~73 범위에 존재할 것이라고 예측이 가능하다.

1 2 3 完

/015
기출 ★★★★★

표준화를 위해 수집된 자료가 정규분포에서 벗어나는 것은 검사도구의 문제라기보다 표집절차의 오류에 원인이 있다. 이를 해결하기 위한 방법을 3가지 쓰고 각각에 대해 설명하시오.

필.수.이.론

① 완곡법(smoothing)
    정규분포의 모양을 갖추도록 점수를 더해주거나 빼주는 방법이다. 정규분포와 비슷하게 나왔을 때에만 사용할 수 있다.
② 절미법(tail out method)
    편포의 꼬리를 잘라내는 방법으로 꼬리가 작을 때에만 사용할 수 있다.
③ 면적환산법(area transformation)
    각 점수의 백분위를 구하고, 그 백분위에 해당하는 z점수를 찾는 방법이다.

1 2 3 完

/016
기출 ★

규준을 해석할 때 유의해야 할 점에 대하여 설명하시오.

필.수.이.론

① 규준은 절대적·보편적인 것이 아니며 영구적인 것이 아니므로, 규준집단이 모집단을 잘 대표하는 것인지를 확인하는 것이 중요하다.
② 검사요강(Test Manual)을 검토하여 규준집단의 다양한 변인들을 잘 고려하여 제작된 것인지를 살펴보아야 한다.
③ 오래된 규준제작에 대해서는 특별히 해석에 주의해야 한다.

017

직업상담 과정에서 사용되는 질적 측정도구를 3가지 이상 쓰고 설명하시오.

필.수.이.론

① 생애진로사정
　상담자와 내담자가 처음 만났을 때 사용하기에 적절한 구조화된 면담기법으로서, 내담자의 직업경험과 교육수준, 강점과 약점 등에 관한 정보를 수집할 수 있다.
② 직업가계도(제노그램)
　내담자의 조부모와 부모, 형제자매, 숙모와 삼촌 등의 직업들을 도식화한 것이다. 생애진로사정에서 얻은 정보에 가족으로서의 역할에 관한 정보를 추가하고자 할 때 사용한다.
③ 직업카드분류법
　Holland의 6각형 모형과 관련된 직업카드 패키지(80~200장)를 사용하여 직업을 선호군, 혐오군, 미결정 중성군으로 분류하고, 그렇게 분류한 이유를 말하도록 한다. 개인의 직업선택의 동기와 흥미 및 가치관을 탐색할 수 있다.
④ 자아효능감 측정
　수행해야 할 과제를 제시하고 내담자에게 과제의 난이도와 그 과제를 성공적으로 해낼 수 있는지의 확신을 묻고 나서 자신의 수행 수준을 예측하는 방법으로 자아효능감을 측정한다.

CHAPTER 02
심리검사의 이해

1 2 3 完

/018 기출 ★★

심리검사 실시방식에 따른 분류 3가지를 쓰시오.

필.수.이.론

① 속도검사와 역량검사
② 개인검사와 집단검사
③ 지필검사와 수행검사

> **심리검사 실시방식에 따른 분류**
> **(1) 속도검사와 역량검사**
>   ① 속도검사(speed test)
>   ㉠ 시간 제한을 두는 검사이며 보통 쉬운 문제로 구성된다.
>   ㉡ 제한된 시간 동안의 수행능력을 측정하는 것으로 문제해결력보다는 숙련도를 측정하는 검사이다.
>   ② 역량검사(power test)
>   ㉠ 어려운 문제들로 구성되며 숙련도보다는 문제해결력을 측정하는 검사이다.
>   ㉡ 피검사자들이 시간의 부족보다는 답을 몰라서 못 푸는 문제들로 구성된다.
> **(2) 개인검사와 집단검사**
>   ① 개인검사(individual test)
>   ㉠ 피검사자 한 사람씩 개별적으로 실시하는 검사이다.
>   ㉡ 타당성, 실시의 정확성, 임상적 해석이 가능하다.
>   ㉢ 실시가 복잡하고, 전문적 능력이 필요하며 장시간이 소요된다.
>   ㉣ 한국판 웩슬러 지능검사(K-WAIS), 일반 직업적성검사(GATB), TAT(주제통각검사), HTP, 로샤검사 등이 있다.
>   ② 집단검사(group test)
>   ㉠ 한 번에 여러 명에게 실시할 수 있는 검사이다.

ⓒ 실시가 용이하고 경제적이다.
　　　ⓒ 검사장면의 오차요인에 대한 통제가 어렵다.
　　　ⓔ 다면적 인성검사(MMPI), 성격유형검사(MBTI), 캘리포니아 심리검사(CPI) 등이 있다.
　(3) 지필검사와 수행검사
　　① 지필검사
　　　㉠ 종이에 인쇄된 문항에 연필로 응답하는 방식의 검사이다.
　　　ⓒ 물리적·신체적 조작이나 행동을 요구하지 않으며 실시하기가 쉽고 집단검사로 제작하기에 좋다.
　　　ⓒ 운전면허시험의 필기시험, 웩슬러 지능검사의 언어성검사 등이 있다.
　　② 수행검사
　　　㉠ 수검자가 대상이나 도구를 직접 다루도록 하는 검사이다.
　　　ⓒ 주로 일상생활과 유사한 상황에서 직접 행동해 보도록 하는 방식이다.
　　　ⓒ 운전면허 시험의 주행시험, 웩슬러 지능검사의 동작성검사 등이 있다.

---

1 2 3 完

/019-1　　　　　　　　　　　　　　　　　　　　　　　　　기출 ★★
심리검사를 사용목적에 따라 분류하시오.

/019-2　　　　　　　　　　　　　　　　　　　　　　　　　기출 ★★★★
심리검사는 규준에 의한 검사와 준거에 의한 검사로 나눌 수 있는데 그 의미와 예를 쓰시오.

필.수.이.론

규준에 의한 검사와 준거에 의한 검사는 사용목적에 따른 분류로서 검사점수를 다른 대표적인 집단의 점수와 비교해서 해석하는가, 아니면 특정 기준을 토대로 해석하고 사용하는가의 차이에 따라 구분하는 것이다.
① 규준참조검사는 상대평가로서 개인의 점수를 다른 사람들의 점수와 비교하여 상대적으로 어떤 수준인가를 알아보는 것이 주목적인 검사로 대부분의 심리검사가 이에 속한다.
② 준거참조검사는 절대평가로서 검사점수를 연구자가 설정한 기준점수와 비교하여 이보다 높은지 낮은지의 정보를 얻으려는 검사로 운전면허시험 등이 있다.

1 2 3 完

020-1　　기출 ★★
심리검사를 측정내용에 따라 분류하시오.

020-2　　기출 ★★★★★
직업심리검사의 분류에서 극대수행검사와 습관적 수행검사를 설명하고 각각의 대표적인 유형 2가지를 쓰시오.

필.수.이.론

① 극대수행검사는 인지적 검사나 능력검사라고도 한다. 시간 제한이 있고 그 주어진 시간 내에 피검사자가 자신의 능력을 최대한 발휘해서 반응하도록 만들어진 검사이다. 각 문항마다 정답이 있어서 피검사자의 점수는 주어진 시간 내에 몇 문제를 맞혔는지에 따라 결정된다. 검사의 유형에는 지능검사, 적성검사, 성취도검사 등이 있다.
② 습관적 수행검사는 정서적 검사 또는 성향검사라고도 한다. 사람들이 특정 분야에서 얼마나 잘 하는지 또는 얼마나 많이 알고 있는지의 능력을 측정하는 것이 아니라 이들이 평소에 습관적으로 어떠한 행동을 보이는지를 측정하기 위한 검사이다. 시간 제한이 없고 각 문항에 정답 또는 오답이 없으며, 최대한 정직한 응답이 요구된다. 대표적인 유형으로는 성격유형검사(MBTI), 캘리포니아 성격검사(CPI)와 직업선호도 검사 중 흥미검사, 그리고 태도검사인 직무만족도 검사가 있다.

1 2 3 完

021　　기출 ★★★★★★★
객관적 자기보고식 검사(질문지법)의 장·단점을 말하시오.

필.수.이.론

(1) 장점
① 간편성 : 객관적 검사는 시행과 채점, 해석이 간편하여 시행시간이 비교적 짧다.
② 객관성 : 개인 간 비교가 객관적으로 제시될 수 있기 때문에 객관성이 보장될 수 있다.
③ 높은 신뢰도와 타당도 : 충분히 검증되고 표준화된 검사 방법을 사용하여 신뢰도와 타당도가 높다.

(2) 단점
① 내용에 따라 쉽게 방어가 일어난다.
② 개인이 대답하는 방식에 일정한 흐름이 있어서 그 방식에 따라 결과가 영향을 받는다.
③ 자유롭게 자기표현을 할 수 없어서 검사결과가 지나치게 단순화되는 경향이 있다.

022

직업심리검사 중 투사적 검사의 장·단점을 각각 3가지 쓰시오.

필.수.이.론

(1) 장점
① 반응의 독특성 : 투사적 검사 반응은 개인에 따라 매우 독특하며, 그것은 개인을 이해하는 데 매우 유용하다.
② 방어의 어려움 : 반응과정에서 피검사자는 불분명하고 애매모호한 검사자극 때문에 방어를 하기가 어렵다.
③ 반응의 풍부함 : 검사자극의 모호함으로 인해 개인의 반응이 다양하게 표현되며, 그러한 다양성은 개인의 독특한 심리적 특성을 반영해 준다.

(2) 단점
① 검사의 신뢰도 부족 : 신뢰도 검증 시 재검사 신뢰도가 매우 낮게 평가되고 있다.
② 검사의 타당도 부족 : 검사결과에 대한 해석은 임상적 증거에 의한 것으로 그 타당도 검증이 매우 빈약하다.
③ 반응에 대한 상황적 요인의 영향력 : 검사자의 인종, 성, 태도, 선입견 등 여러 상황적 요인에 의해 강한 영향을 받는다.

> **투사적 검사(projective test)**
> 피검자가 상징적인 생각들을 통해서 자신을 드러내는 성격검사이다. 투사적 방법의 기본 전제는 인간은 모호한 자극에 대해 반응할 때 자신의 내적인 상태나 특성을 투사하기 때문에 이러한 반응을 분석하면 그 개인의 성격이나 심리적 특성을 파악할 수 있다는 것이다. 자기보고목록 형식의 성격검사(예 MMPI)와 달리 엄격한 표준화가 되어있지 않으며 따라서 객관성과 신뢰도, 타당도의 문제가 있다. 채점에서 어느 정도의 객관성을 세울 수는 있지만 내용적으로 유용한 평가를 하려면 임상적 해석이 필요하다. 로르샤하(Rorschach)검사, 주제통각(TAT)검사, 집·나무·사람(HTP)검사, 벤더게스탈트검사(BGT), 문장완성검사(SCT) 등이 있다.

1 2 3 完

/ 023 기출 ★★★★

검사점수의 변량에 영향을 미치는 요인 중 개인의 일시적이고 독특한 특성 4가지를 쓰시오.

필.수.이.론

① 기분
② 피로
③ 성숙
④ 질병

1 2 3 完

/ 024 기출 ★★★

측정의 신뢰성(reliability)을 높이기 위해서는 측정오차(measurement error)를 최대한 줄여야 한다. 이를 위한 구체적인 방법들에 대하여 기술하시오.

필.수.이.론

측정오차를 줄이는 방법으로 신뢰도와 타당도를 높이는 것이 있다. 즉, 오차변량을 줄이고, 검사 환경, 시간 제한, 지시 내용 등을 균일하게 유지하며 검사를 실시하고 채점과정을 표준화한다. 또한 신뢰도에 나쁜 영향을 주는 문항을 제거하고 문항 수와 문항의 반응 수를 늘리는 방법이 있다.

025 기출 ★★★

어떤 사람이 직업적성을 알아보기 위해 같은 명칭의 A적성검사와 B적성검사를 두 번 반복 실시하였는데 두 검사의 점수가 차이를 보여 정확한 적성을 판단하기 어려운 상황이 발생하였다. 이와 같은 동일명의 유사한 심리검사의 결과가 서로 다르게 나타날 수 있는 가능한 원인을 5가지 이상 쓰시오.

필.수.이.론

① 시행 사이의 시간 간격
② 시행 절차의 차이
③ 검사 유형의 동질성 부족
④ 응답자의 변화된 상태
⑤ 문항의 수
⑥ 문항에 대한 응답 수의 차이
⑦ 건강 상태, 기분, 동기의 변화
⑧ 일시적인 부주의나 추측 요소의 영향

1 2 3 完

026　기출 ★★

직업상담사가 구직자 A와 B에게 각각 동형검사인 직무능력검사 <I형>과 <II형>을 실시한 결과 A는 115점, B는 124점을 얻었으나 검사유형이 다르기 때문에 두 사람의 점수를 직접 비교할 수 없다. A와 B 중 누가 더 높은 직무능력을 갖추었는지 각각 표준점수인 Z점수를 산출하고 이를 비교하시오(각각의 Z점수는 소수점 둘째 자리까지 산출하며, 계산과정은 반드시 기재해야 한다).
- 직무능력 <I형> 표준화 집단 평균 : 100, 표준편차 : 7
- 직무능력 <II형> 표준화 집단 평균 : 100, 표준편차 : 15

필.수.이.론

① A : 115 - 100/7 = 2.14
② B : 124 - 100/15 = 1.6
∴ A가 B보다 더 우수한 직무능력을 지니고 있다.

1 2 3 完

027　기출 ★★

직업심리검사의 중요한 두 가지 기준인 신뢰도와 타당도의 의미를 비교하여 설명하시오.

필.수.이.론

① 신뢰도는 측정하려는 것을 얼마나 안정적으로 일관성 있게 측정하였느냐의 문제이며, 검사도구가 오차 없이 정확하게 측정한 정도를 의미한다.
② 타당도는 측정하려는 것을 얼마나 제대로 충실하게 측정하고 있는가와 관계가 있다.
③ 타당도는 무엇을 측정하느냐의 문제로 얼마나 잘 측정하는지의 지표이고, 신뢰도는 어떻게 측정하느냐의 문제로 얼마나 일관성 있게 측정하고 있는지의 지표이다.
④ 신뢰도가 타당도보다 수립하기는 용이하나 일반적으로 타당도 확보가 더 중요하다.
⑤ 신뢰도는 타당도의 충분조건이 아니고 필요조건이며, 신뢰도를 높이려고 할 때 타당도는 오히려 내려갈 수도 있다.

028

타당도의 종류를 4가지 쓰시오.

필.수.이.론

① 내용타당도
② 안면타당도
③ 준거타당도
④ 구성타당도

타당도

타당도는 측정하고자 하는 개념이나 속성을 얼마나 실제에 가깝고 정확하게 측정하고 있는가의 정도를 의미하며 여기에는 내용타당도, 안면타당도, 준거타당도, 구성타당도가 있다.

① 내용타당도
검사를 구성하는 문항들이 전체 내용 영역의 문항들을 얼마나 잘 반영하는가에 관한 정도로, 주로 성취검사에 적용된다. 검사 구성 시 출제자의 안목과 지식에 의해 확보되어야 하며 전문가의 주관적 판단으로 평가된다.

② 안면타당도
실제로 무엇을 측정하는가의 문제가 아니라 검사가 측정한다고 하는 것을 측정하는 것처럼 보이는가의 문제이다. 검사문항을 전문가가 아닌 수검자가 읽고 그 검사가 얼마나 타당해 보이는지를 평가하는 방법이다.

③ 준거타당도
어떤 심리검사가 특정 준거와 어느 정도 관련이 있는지를 나타낸다. 검사도구에 의한 점수와 어떤 준거 간의 상관계수에 의하여 검사도구의 타당성을 검증하는 방법으로서 예언타당도와 동시타당도가 있다.
  ㉠ 예언타당도 : 한 검사가 피검자의 미래의 어떤 행동이나 특성을 어느 정도 정확하고 완전하게 예언하느냐를 추정하는 것이다. 예를 들어, 학교 입학시험 때 점수가 좋은 학생이 입학 후에도 계속 성적이 좋으면 이 시험은 예언타당도가 높다고 볼 수 있다.

ⓒ 동시타당도(공인타당도) : 예언에 관계없이 한 개의 외적 준거 검사 간의 상관을 나타내는 방법으로 새로운 검사를 제작하였을 때 기존에 타당성을 보장받고 있는 검사와의 유사성 혹은 연관성에 의하여 타당성을 검증하는 방법이다. 예컨대 외국어 시험의 동시타당도를 높이기 위해 동시에 TEPS나 TOEFL 등의 공인된 시험을 함께 시행하여 상호비교하고 시험점수가 높으면 공인타당도가 높은 것으로 판단하는 것이다. 동시타당도의 장점은 계량화되어 타당도에 대한 객관적인 정보를 제공할 수 있다는 점이고, 단점은 타당성을 입증받은 기존의 검사가 없을 경우 동시타당도를 추정할 수 없다는 것이다.

④ 구성타당도
심리검사가 심리적 구성개념을 제대로 측정하고 있는지를 평가하는 방법으로 가장 많은 종류의 증거를 요구한다. 구성타당도를 검증하는 방법에는 발달적 변화, 요인분석법, 수렴타당도와 변별타당도가 있다.

ⓙ 발달적 변화는 어떤 속성들은 발달에 따라 수준이 변화하는데, 이러한 발달적 변화들은 구성타당도의 증거로 사용될 수 있다. 지능검사와 같은 능력검사들은 발달적 변화를 구성타당도의 증거로 사용할 수 있다.

ⓒ 요인분석은 검사의 구성타당도를 확인하기 위해 가장 널리 사용되는 방법으로, 검사를 구성하는 문항들 간의 상호 상관관계를 분석해서 서로 상관이 높은 문항들을 묶어주는 통계적 기법이다.

ⓒ 수렴타당도는 검사의 결과가 이론적으로 그 속성과 관계있는 변인과 상관관계를 지니고 있는지 정도를 측정하는 것이고, 변별타당도는 검사의 결과가 이론적으로 그 속성과 관계없는 변인들과 상관관계를 지니고 있는지 정도를 측정하는 것이다.

1 2 3 完

029 기출 ★★★★★★★★★

준거타당도의 종류와 내용에 대해서 설명하고 직업상담에서 준거타당도가 중요한 이유를 말하시오.

필.수.이.론

(1) 준거타당도
한 검사에서 수행결과의 기준이 되는 다른 독립적인 측정치의 상관계수를 구해서 분석하는 타당도이다. 즉, 어떤 검사점수가 '직무성과'나 '학업성적' 등의 특정 활동 영역의 준거를 얼마나 잘 설명해 주는지는 정도를 말한다.

(2) 준거타당도의 종류
① 예측타당도 : 한 검사가 어떤 미래의 행동특성을 얼마나 정확하게 예언하는지를 나타내는 것이다.
② 동시타당도 : 새로 개발된 검사에 대하여 이미 타당도가 인정된 기준의 동일한 속성을 측정한 검사와 상관관계를 구하여 측정하는 검사이다.

(3) 직업상담에서 준거타당도가 중요한 이유
준거관련타당도가 중요한 이유는 선발이나 배치, 훈련 등 인사관리에 관한 의사결정의 설득력을 제공하기 때문이다.

---

1 2 3 完

030 기출 ★

준거타당도의 의미를 쓰고 준거타당도가 낮은 검사를 사용하면 왜 문제가 되는지를 설명하시오.

필.수.이.론

(1) 준거타당도의 의미
준거타당도란 어떤 심리검사가 특정 준거검사와 어느 정도 관련이 있는지 상관을 보는 것으로, 예언타당도와 동시타당도가 있다.

(2) 준거타당도가 낮은 검사를 사용하면 안 되는 이유
준거타당도가 낮은 검사를 사용하면 직업상담에서의 직업선택이나 기업체에서의 선발 혹은 배치 등에 있어 의사결정력에 대한 정확성이 떨어지고 그 결과 개인이나 조직에 피해를 유발할 수 있다.

---

031 기출 ★★

다음은 준거타당도에 관한 사항이다. 물음에 답하시오.
(1) 준거타당도의 2가지 종류와 그에 대해서 설명하시오.
(2) 여러 가지 타당도 중에서 특히 직업상담에서 준거타당도가 중요한 이유 2가지를 설명하시오.
(3) 실증연구에서 얻은 타당도계수와 실제연구에서의 타당도계수가 다른데, 실증타당도계수가 실제타당도계수보다 낮게 발생하는 이유를 쓰시오.

필.수.이.론

(1)
① 동시타당도
검사가 특정 기준을 얼마나 잘 예측할지를 나타내는 타당도이다. 검사 실시와 동시에 기준변인에 관한 자료를 수집하여 이와의 관계를 따지게 된다. 예를 들어 철수라는 아이가 공황장애를 앓고 있어서 심리검사를 하였을 때, 그 검사의 결과가 공황장애임을 잘 나타낸다면 그 검사는 동시타당도가 높은 것이다.
② 예언타당도(예측타당도)
검사 점수가 미래의 행동을 얼마나 잘 예측하는지를 나타내는 타당도이다. 예컨대 입사시험 성적이 우수한 사람이 훗날 근무평점도 좋으면 그 시험은 예언타당도가 높은 것이다.

(2)
① 직업상담에서 준거타당도가 선발, 배치, 훈련 등의 인사관리에 관한 의사결정의 설득을 제공하기 때문이다.
② 어느 정도 명확한 준거를 가지고 미래의 행동을 예측할 수 있기 때문이다.

(3)
① 표집오차
② 준거측정치의 신뢰도
③ 준거측정치의 타당도
④ 범위 제한

1 2 3 完

032   기출 ★★

다음 ( ) 안에 알맞은 타당도의 종류를 쓰시오.
- (A)는 검사의 각 문항을 주의 깊게 검토하여, 그 문항이 측정하고자 하는 것을 재는지 여부를 결정하는 것이다.
- (B)의 유형으로는 공인타당도와 예언타당도가 있다.
- (C)는 조작적으로 정의되지 않은 인간의 심리적 특성이나 성질을 심리적 구인으로 분석하여 조작적 정의를 부여한 후, 검사점수가 이러한 심리적 구인으로 구성되어 있는가를 결정하는 방법이다.

필.수.이.론

A : 내용타당도
B : 준거타당도
C : 구인타당도

033

구성타당도를 분석하는 방법 3가지를 제시하고 그 방법에 대해 설명하시오.

필.수.이.론

① 수렴타당도분석
  검사의 결과가 그 속성과 관계있는 변인들과 높은 상관관계를 지니고 있는지의 정도를 측정하는 방법이다.
② 변별타당도분석
  검사의 결과가 그 속성과 관계없는 변인들과 낮은 상관관계를 지니고 있는지의 정도를 측정하는 방법이다.
③ 요인분석법
  검사의 구성타당도의 분석을 위해 가장 많이 사용하는 방법으로 검사를 구성하고 있는 문항들 간의 상호관계를 분석해서 서로 상관이 높은 문항들을 묶어주는 방법이다.

예를 들어 검사 개발자가 지능을 크게 언어능력과 수리능력 두 가지로 나눈다고 가정하고 문항을 만들었다고 하자. 이때 요인분석을 통해 분석한 결과 지능검사가 언어능력, 수리능력 두 가지로 나타난다면 구성타당도는 높다고 할 수 있다.

1 2 3 完

/034 기출 ★★★

수렴타당도와 변별타당도의 의미를 다특성·다방법 행렬표(MTMM)로 확인하는 절차를 설명하시오.

필.수.이.론

① 다특성·다방법행렬표(MTMM ; multitrait-multimethod matrix)는 수렴타당도와 변별타당도를 한 번에 확인할 수 있는 방법이다.
② 이 절차는 두 가지 이상의 특성을 두 가지 이상의 방법으로 측정해서 상호상관을 평가하는 것이다.
③ 예를 들어 지배성과 사회성, 성취동기를 각각 자기보고식 문항, 투사적 기법 그리고 또래평정법으로 측정했을 경우, 이들 각 측정방법에 따른 점수들의 상관계수를 행렬표로 만들어 볼 수 있다.
④ 이때 각 검사들의 결과가 다음과 같을 때 높은 구성타당도를 갖는다고 할 수 있다.
  ㉠ 동일한 특성을 상이한 방법에 의해 측정한 검사 점수들 간의 상관계수가 높아야 한다(수렴타당도).
  ㉡ 이 상관계수는 상이한 특성을 동일한 방법으로 측정한 검사점수 간의 상관계수(변별타당도)보다 높아야 한다.
  ㉢ 이 상관계수는 상이한 특성들을 상이한 방법으로 측정한 것들 간의 상관계수에 비해서 월등하게 높아야 한다.

035

준거관련타당도의 크기에 영향을 미치는 요인에 대하여 설명하시오.

필.수.이.론

내용타당도나 구성타당도를 확인하는 절차는 그 검사의 타당도의 크기가 얼마나 되는지 수치로 확인하기 어렵다.

① 표집오차
   검사점수와 준거점수의 상관계수는 모집단을 대표하는 표본을 대상으로 얻게 된다. 표본이 모집단을 잘 대표하지 못할 경우 표집오차는 커지고, 타당도계수는 낮아진다.
② 준거측정치의 신뢰도
   준거측정치의 신뢰도는 그 검사의 타당도계수에 영향을 미친다. 준거측정치의 신뢰도가 낮으면 검사의 준거타당도는 낮아지게 된다.
③ 준거측정치의 타당도
   준거측정치가 해당 준거개념을 얼마나 잘 반영하고 있는가 하는 준거측정치의 타당도는 검사의 준거타당도에 영향을 미치게 된다.
④ 범위제한
   준거타당도의 계산을 위해 얻은 검사점수와 준거점수의 자료들이 전체 범위를 포괄하지 못하고 일부 범위만을 포괄하는 경우를 말한다. 이러한 자료에 의해 얻은 상관계수의 크기는 실제의 상관계수보다 작아진다.

준거왜곡 : 준거결핍과 준거오염
- 준거결핍 : 준거측정도구가 개념준거의 내용을 충분히 반영하지 못하는 경우
- 준거왜곡 : 준거측정도구가 개념준거와 관련이 없는 내용을 포함하고 있는 경우

1 2 3 完

/036 기출 ★★

개념준거와 실제준거에 대해 설명하시오.

🏷️ 필.수.이.론

① 개념준거(내적 준거)
연구자가 연구를 통하여 이해하고자 하는 이론적인 기준으로 실질적으로는 측정 불가능한 추상적 개념의 준거이다. 성공적인 학교생활, 훌륭한 부모 등으로 표현되는 것처럼 측정하고자 하는 준거를 이론적으로 정의한 것이다.
② 실제준거(외적 준거)
연구자가 측정하거나 평가하는 데 사용하는 외부적, 실제적 기준으로 개념준거를 측정 가능한 형태로 변환한 준거이다. 평균 학점, 봉사활동 점수, 자녀와의 대화시간 등 개념준거를 측정 가능한 형태로 변환한 것이다.

※ 준거 : 사물, 사람 혹은 사건을 평가할 때 사용하는 기준

1 2 3 完

/037 기출 ★

심리검사에서의 신뢰도의 의미에 대해 설명하시오.

🏷️ 필.수.이.론

① 신뢰도(Reliability)란 믿을 수 있는 정도를 의미한다. 가령 몸무게를 10번 재었는데 그때마다 결과가 다르고 또 차이가 심하다면 그 저울은 믿을 수 없는 저울, 즉 신뢰성이 없는 저울이라고 할 수 있다.
② 측정된 결과치의 안정성, 일관성, 예측가능성, 정확성 등이 내포된 개념이다.
③ 측정도구가 측정하고자 하는 현상을 일관성 있게 측정하는 능력 또는 동일한 개념에 대해 측정을 반복했을 때 동일한 측정값을 얻을 가능성을 말한다.
④ 검사조건이나 검사시기에 관계없이 얼마나 점수들이 일관성이 있는가, 비슷한 것을 측정하는 검사의 점수와 얼마나 일관성이 있는가 하는 것을 말한다.

038

기출 ★★

심리검사에서의 신뢰도의 종류(신뢰도의 검증방법)에 대하여 쓰시오.

필.수.이.론

① 검사 - 재검사 신뢰도
② 동형검사 신뢰도
③ 반분신뢰도

 신뢰도

(1) 검사 - 재검사 신뢰도(안정성 계수)
① 동일한 측정도구를 이용하여 동일한 상황에서 동일한 대상을 일정 기간 반복 측정하여 최초의 측정치와 재측정치가 동일한지의 여부를 평가하는 방법이다.
② 이 계수는 검사점수가 시간의 변화에 따라 얼마나 일관성이 있는지를 뜻하므로, 이 계수를 시간에 따른 안정성을 나타내는 안정성 계수라고 한다.
③ 서로 다른 시기에 측정한 두 검사점수의 차이는 결국 두 검사의 시간 간격 사이에 발생하는 다양한 요인들의 영향을 받는다.
  ㉠ 개인적 요인 : 성숙, 피로, 기분, 질병
  ㉡ 환경적 요인 : 날씨, 소음, 기타 방해 요인
④ 재검사 신뢰도가 높다는 것은 그 검사에서 수검자의 조건이나 환경조건들이 무선적 변화의 영향을 덜 받는다는 것을 뜻한다.
⑤ 측정간격은 시험효과를 고려하여 보통 2주 정도로 한다. 시간 간격이 너무 짧으면 연습효과가 발생할 수 있고 시간 간격이 너무 길게 되면 성숙효과가 발생한다.
⑥ 장점
  측정도구 자체를 직접 비교할 수 있고 적용이 간편하다.
⑦ 단점
  ㉠ 검사요인효과(이월효과) : 처음 측정이 재검사점수에 영향을 미치는 효과
  ㉡ 성숙요인효과 : 측정 간격이 길 때에 조사대상집단의 특성 변화에 따른 효과
  ㉢ 역사요인효과(반응민감성효과) : 측정기간 중에 발생한 사건의 영향

(2) 동형검사 신뢰도(동형성, 동등성 계수)
① 미리 두 개의 동형검사를 제작하여 그것을 같은 대상에서 실시해 두 검사의 점수를 기초로 하여 상관계수를 산출하는 방법으로 동형성 계수라고도 한다.
② 이때의 두 동형검사는 문항은 다르지만 동질적인 내용으로 구성된다.

③ 자아개념검사와 같은 표준화검사를 제작할 때 측정하고자 하는 특성은 모두 자아개념이지만, 구체적인 문항들은 서로 상이한 두 검사 A형, B형을 만들어 이것을 동시에 혹은 적당한 시간 간격을 두고 한 집단에 실시하여 A형의 결과와 B형의 결과의 상관계수를 낸다. 이처럼 동일한 특성을 측정하고자 하는 두 검사가 얼마나 동등한 특성을 측정하느냐를 따지는 것이 핵심이므로 이 방법에서 나온 신뢰도를 동등성 계수라고도 한다.
④ 동형검사 신뢰도는 시간적 요인(즉, 기억·연습에 의한 변화)을 감소시킬 수 있으므로 재검사 신뢰도보다 바람직하다.
⑤ 동형의 검사도구를 만들기가 어렵다는 단점이 있다.

(3) 반분 신뢰도(동질성 계수)
① 한 개의 검사를 어떤 대상에서 실시한 후 이를 적절히 두 부분으로 나누어 독립된 검사로 취급하고 두 검사점수를 기초로 하여 상관계수를 산출하는 방법으로 동질성 계수라고도 한다.
② 반분 신뢰도는 재검사 신뢰도가 부적당하거나 동형검사를 만들기 어려울 때 사용할 수 있는 방법이다.
③ 이때 얻은 신뢰도는 반분된 것이므로 교정 공식을 사용하여 검사 전체의 신뢰도를 산출하여야 한다. 교정 공식으로는 스피어먼-브라운(Spearman-Brown) 공식을 사용한다.
④ 반분의 방법 : 전후반분법, 기우반분법, 난수표에 의해 두 부분으로 나누는 방법, 의식적인 비교에 의한 반분법 등이 있다.
⑤ 반분신뢰도의 장점
   ㉠ 노력과 경비가 적게 든다.
   ㉡ 동일 집단을 다시 접촉하기 곤란한 경우에 적당하다.
⑥ 반분신뢰도의 단점 : 반분하는 방법에 따라 단일한 신뢰도가 산출되지 않는다.

(4) 문항 내적 합치도
① 한 검사에 있는 문항 하나하나를 모두 한 개의 독립된 검사로 생각하고 그 합치성·동질성·일치성을 종합하는 방법이다.
② 문항 내적 합치도의 계산은 Kuder-Richardson 공식(예/아니오 문항)이나 Cronbach-α 공식을 사용한다.

(5) 채점자 신뢰도
① 채점자들의 판단에 기초하여 채점 또는 평가가 이루어질 때에는 채점자 사이에 불일치가 일어날 수 있나. 즉, 대부분의 검사들이 실시와 채점을 위하여 표준화 절차를 제공하고 있기 때문에 실시나 채점요인으로 인한 오차변량을 무시해도 좋지만, 창조성 검사나 투사적 성격검사 등과 같이 채점자에게 많은 재량권이 있는 검사의 경우에는 채점자의 판단에 따른 왜곡이나 오류로 인하여 동일한 수검자에 대해서도 다른 점수가 나타날 수 있다.

② 따라서 이런 검사들을 쓸 때에는 통상적인 신뢰도 계수를 측정하는 것 못지않게 채점자 신뢰도(inter-rater reliability, 또는 평가자 간 신뢰도)에 대한 측정도 필요하다. 이것은 한 집단의 검사용지를 두 명의 검사자가 각자 독립적으로 채점한 다음, 개개의 수검자들에게 관찰된 두 개의 점수를 가지고 통상적인 방법에 따라 상관관계를 따져 보게 되며, 이때 나타나는 신뢰도 계수가 바로 채점자 신뢰도의 측정치가 된다.

039

심리검사에서 검사-재검사 신뢰도에 대하여 설명하시오.

필.수.이.론

① 검사-재검사 신뢰도(안정성 계수)는 동일한 측정도구를 이용하여 동일한 상황에서 동일한 대상을 일정 기간 반복 측정하여 최초의 측정치와 재측정치가 동일한지의 여부를 평가하는 방법이다. 이 계수는 검사점수가 시간의 변화에 따라 얼마나 일관성이 있는지를 뜻하므로 이 계수를 시간에 따른 안정성을 나타내는 안정성 계수라고 한다.
② 문제점 : 이월효과, 반응민감성 효과, 측정 속성의 변화가 있다.
　㉠ 이월효과 : 검사시간 간격이 짧은 경우 선행검사의 기억에 따른 높은 상관도 현상
　㉡ 반응민감성 효과 : 검사시간 간격이 긴 경우 새로운 학습요인에 따른 낮은 신뢰도 현상
　㉢ 측정 속성의 변화 : 응답자의 연령, 측정하려는 특성의 본질 등의 시간변화에 따른 영향

040

기출 ★★★★

신뢰도 추정방법 중 사람들이 하나의 검사에 대해 서로 다른 시점에서 얼마나 일관성 있게 반응하는지를 알아보는 검사-재검사법의 단점 4가지를 쓰시오.

필.수.이.론

① 두 검사 사이의 시간 간격이 짧을 때 나타나는 연습효과
② 두 검사 사이의 시간 간격이 길 때 나타나는 학습효과
③ 측정 대상의 특성이나 속성의 변화로 인한 영향
④ 날씨, 소음 등의 환경적 차이로 인한 영향

041

기출 ★★

검사-재검사를 통해 신뢰도를 추정할 경우 충족되어야 할 3가지 요건을 쓰시오.

필.수.이.론

① 측정 내용 자체는 일정 시간이 경과하더라도 변하지 않는다고 가정할 수 있어야 한다.
② 동일한 수검자에게 검사를 두 번 실시하지만 처음 받은 검사경험이 뒤에 받은 검사의 점수에 영향을 미치지 않는다는 확신이 있어야 한다.
③ 검사와 재검사 사이의 어떤 학습활동이 두 번째 검사의 점수에 영향을 미치지 않는다고 가정할 수 있어야 한다.

/042 기출 ★★★

심리검사에서 반분신뢰도(내적합치도 계수)에 대하여 설명하시오.

필.수.이.론

① 한 개의 검사를 어떤 대상에서 실시한 후 이를 적절히 두 부분으로 나누어 독립된 검사로 취급하여 두 검사점수를 기초로 하여 상관계수를 산출하는 방법으로 동질성 계수라고도 한다. 반분 신뢰도는 재검사 신뢰도가 부적당하거나 동형검사를 만들기 어려울 때 사용할 수 있는 방법이다.
② 반분법의 최대 문제점은 하나의 검사를 반분하는 방법이 여러 가지이기 때문에 단일한 신뢰도계수를 산출할 수 없다는 점이다.

/043 기출 ★★

반분신뢰도를 추정하기 위해 가장 많이 사용하는 방법을 3가지 (이상) 쓰고, 각각에 대해 설명하시오.

필.수.이.론

① 전후반분법 : 한 검사의 문항을 배열된 순서에 따라 전반부와 후반부로 나누는 방법이다.
② 기우반분법 : 검사 문항의 번호가 홀수인지 짝수인지에 따라 검사를 두 부분검사로 나누는 방법이다.
③ 난수표법 : 난수표를 이용해 무작위로 검사 문항을 두 부분으로 나누는 방법이다.
④ 짝진 임의배치법 : 각 문항의 종목, 내용, 난이도 등을 고려하여 의식적으로 비슷한 두 부분으로 검사를 나누는 방법이다.

> **반분의 방법**
> ① 전후반분법
>   ㉠ 전체 문항이 100개 있으면 1~50번까지를 한 부분, 51~100까지를 또 한 부분으로 나누어 각각 채점하고 둘 사이의 상관을 내는 방법이다.
>   ㉡ 이 방법은 검사에 특히 속도 요인이 많이 포함되었거나 또는 검사문항이 곤란도의 순위로 나열된 경우 동형검사로 나누어졌다는 보장을 하기가 어렵다.
> ② 기우반분법
>   ㉠ 문항의 번호가 기수인 것들을 한 부분으로 하고, 우수인 것들을 다른 한 부분으로 하여 따로 채점하고 둘 사이의 상관을 내는 방법이다.
>   ㉡ 이 방법은 문항들이 동질적이고 곤란도의 순서가 쉬운 것에서 어려운 것으로 배열된 경우에 적당하다.
>   ㉢ 이질적인 문항이 산재해 있거나 혹은 곤란도의 순서로 문항배열이 되어 있지 않을 경우에는 맹목적인 분할법이 될 수 있다.
> ③ 난수표에 의해 두 부분으로 나누는 방법 : 이 방법은 문항이 어떻게 선택되어도 무방한 경우에 적용된다.
> ④ 임의배치법 : 각 문항의 난이도와 문항-총점 간의 상관계수를 산출하고, 이 두 통계치를 좌표축으로 산포도를 작성하여 산포도에서 비교적 가까이 있는 두 문항끼리 짝을 지은 다음에, 각 짝에서 한 문항씩을 임의로 선택하여 검사를 양분하는 방법이다.

044

심리검사에서 동형검사 신뢰도를 설명하시오.

필.수.이.론

① 동형검사 신뢰도(동등성 계수)는 동형의 두 가지 검사를 동일인에게 시행한 뒤 점수의 상관도를 분석하는 것으로 동일한 내용을 측정하여야 하고, 문항과 문항 수, 문항 난이도와 문항 변별도가 동일해야 한다.
② 장점으로는 재검사 신뢰도와 비교했을 때 시험 간격이 없기 때문에 연습의 효과, 기억효과 등을 최소한으로 감소시킬 수 있으며 신뢰도 계수 추정이 쉽다는 것이다. 단점으로는 동형검사의 제작에 많은 어려움이 따르며 검사 제작 전문가라도 두 개의 동형검사를 제작하기 쉽지 않다는 점을 들 수 있다.

045 신뢰도 계수에 영향을 미치는 요인에 대하여 설명하시오.

필.수.이.론

① 개인차
   수검자의 개인차가 전혀 없을 경우에는 수검자의 검사점수가 모두 동일하게 나타나 신뢰도 계수는 0이 되며, 반면에 개인차가 충분히 클 경우에는 검사점수가 매우 낮은 점수에서부터 상당히 높은 점수까지 널리 분포하여 신뢰도 계수는 더욱 높게 나타난다.

② 문항 수
   - 검사의 문항이 여러 개라는 것은 결국 하나의 특성을 여러 번 측정한다는 것을 의미한다. 따라서 검사의 문항 수가 많을 때가 적을 때보다 신뢰도는 더 높게 나타난다.
   - 그러나 문항 수를 늘린다고 해서 검사의 신뢰도가 정비례하여 늘어나는 것은 아니며, 어느 정도 이상이 되면 문항 수가 늘어나도 신뢰도는 거의 증가하지 않는다.
   - 또한 문항 수가 너무 많아지면 실시와 채점 등에 상당한 부담이 되므로 문항 수를 늘려서 신뢰도를 늘리고자 할 때에는 손익을 충분히 계산해서 결정해야 한다.

③ 문항에 대한 반응 수
   개인의 직무만족, 조직몰입 등의 태도검사는 대부분 설문지를 이용하게 된다. 이 경우 5점 또는 7점 척도를 이용하는데, 문항의 반응 수가 5나 7을 넘게 되면 검사의 신뢰도는 더 이상 올라가지 않고 평행선을 그린다.

④ 검사유형(속도검사의 신뢰도)
   어떤 신뢰도 계수는 검사 유형에 따라 다르게 나타날 수 있다. 예를 들어 검사의 시간제한이 있는 속도검사의 경우에는 수검자들이 0점을 받는 문항들은 반분신뢰도를 계산할 때 양쪽으로 나뉘어져서 상관계수의 값을 증가시키기 때문에 반분신뢰도보다는 검사-재검사 신뢰도 계수를 측정하여 사용하는 것이 더 바람직하다.

⑤ 신뢰도 검증방법에 따른 요인
   같은 검사라도 어떤 종류의 신뢰도를 측정했는가에 따라 측정오차가 조금씩 다를 수 있기 때문에 신뢰도 계수가 다르게 나타난다.

1 2 3 完

/ 046　　　　　　　　　　　　　　　　　　　　　　　　　　기출 ★★

심리검사의 신뢰도에 영향 주는 요인을 5가지 이상 쓰시오.

◀ 필.수.이.론

① 개인차
② 문항 수
③ 문항에 대한 반응 수
④ 난이도
⑤ 검사시간
⑥ 검사 시행 후 경과시간
⑦ 응답자 속성의 변화
⑧ 검사 후 재검사까지의 절차

1 2 3 完

/ 047　　　　　　　　　　　　　　　　　　　　　　　　　　기출 ★

신뢰도의 향상 방법에 대하여 쓰시오.

◀ 필.수.이.론

① 문항의 수가 많아야 한다.
② 답지의 수가 많아야 한다.
③ 문항곤란도 50%를 유지해야 한다.
④ 문항변별도가 높아야 한다.
⑤ 문항의 지시문이나 설명이 명확하여야 한다.
⑥ 충분한 시험 실시 시간을 주어야 한다.
⑦ 시험 실시 상황이 적합해야 한다. 즉, 부정행위·부주의로 인한 오답이 없어야 한다.
⑧ 변산도가 커야 한다.
⑨ 문항이 동질적이어야 한다.
⑩ 평가내용을 전체 범위 내에서 골고루 표집해서 문항을 작성하여야 한다.
⑪ 객관적인 채점방법을 사용하여야 한다.

CHAPTER 03
심리검사의 실시

/048   기출 ★★★★★
직업상담에서 검사선정의 대표적 기준을 쓰시오.

◀ 필.수.이.론

① 내담자의 문제점을 정확히 파악할 수 있어야 한다.
② 상담의 목적에 적합해야 한다.
③ 신뢰도와 타당도가 높은 표준화된 검사방법이어야 한다.
④ 실시와 채점이 간편해야 한다.
⑤ 검사의 경제성과 실용성이 있어야 한다.

/049

심리검사의 개발과정을 간략히 설명하시오.

기출 ★★

필.수.이.론

① 1단계 : 가설개념의 영역 규정
개발자는 정확한 정의를 통해서 포함시킬 것과 배제할 것을 명확히 규정하여야 하며 대개는 문헌연구를 통해 개념을 정의하게 된다.

② 2단계 : 문항표집
구체적으로 언급한 영역을 측정할 문항을 만드는 과정이다. 문항표집 작성 초기에는 구성개념을 반영하는 행동들에 관한 가능한 문항을 만들어야 한다. 이는 많은 수정을 거쳐 최종적으로 검사에 사용될 문항들을 선별하는 기초가 된다. 이 과정에서 탐색적 조사인 문헌조사, 질문지 조사 등의 기법을 사용한다. 그 후 문항목록을 대상으로 문항편집을 한다.

③ 3단계 : 사전검사 자료수집
문항편집을 통해 확정한 문항을 이용해서 사전검사를 실시해야 한다. 보통 100명 내외의 응답자에게 실시한다.

④ 4단계 : 측정의 세련화
측정의 세련화를 위해서 문항분석을 하게 되는데 각 문항과 전체 점수의 상관관계를 보거나 내적 합치도를 살펴보게 된다.

⑤ 5단계 : 본 검사 자료수집
문항들을 수정, 첨가, 삭제하여 적절한 요건을 충족시키는 문항군을 구성한 후 새로운 표본을 이용하여 본 검사의 자료를 수집한다.

⑥ 6~7단계 : 신뢰도와 타당도 평가
일정 수준의 표본으로 새로운 사람에게 실시하여 신뢰도와 타당도를 평가해야 한다.

⑦ 8단계 : 규준개발
최종 검사지를 제작한 후 검사규준을 마련하고 규준집단을 표집해야 하는데, 규준은 인구 통계변인에 의해 집단별로 제작하는 것이 일반적이다.

050

심리검사제작을 위한 예비문항 제작 시 가장 바람직한 태도 5가지를 서술하시오.

필.수.이.론

① 문항의 난이도 : 수검자의 수준을 고려해야 한다.
② 문항의 변별도 : 수검자의 능력을 구별할 수 있어야 한다.
③ 문항의 구조화 : 구체적이고 명확하게 해야 한다.
④ 문항의 적절성 : 특정 집단에게 유리하지 않도록 제작한다.
⑤ 문항의 참신성 : 기존의 문항들과 차별화되어야 한다.

1 2 3 完

051-1 기출 ★★

심리검사와 관련하여 준수해야 할 윤리강령이 있다. 이 중 평가기법과 관련하여 준수해야 할 윤리강령 3가지를 기술하시오.

051-2 기출 ★

심리검사의 윤리적 고려사항을 4가지 이상 쓰시오.

필.수.이.론

① 의뢰인이 평가기법의 목적과 본성을 자신이 이해할 수 있는 언어로 충분히 설명받을 권리가 있음을 인정하며, 이러한 권리를 제한할 때는 사전에 문서로 동의를 받는다.
② 평가기법을 개발하고 표준화할 때 과학적 과정을 따라야 한다.
③ 평가결과를 보고할 때 평가환경이나 수검자를 위한 규준의 부적절성으로 인한 타당도와 신뢰도에 관한 모든 제한점을 지적하고, 그 결과나 해석을 다른 사람이 오용하지 않도록 노력한다.
④ 평가결과가 시대에 뒤떨어진 것일 수 있음을 인식하고 측정을 오용하지 않기 위해 노력한다.
⑤ 적절한 훈련이나 교습, 후원이나 감독을 받지 않은 사람들이 심리검사기법을 이용하는 것을 조장하거나 권장하지 않는다.

> **상담과 검사에 관한 윤리규범**
> **(1) 한국심리학회 검사사용 규정**
>   ① 검사선택 시 검사자가 신뢰도와 타당도에 대해 충분히 검토해야 한다.
>   ② 검사자는 검사에 임하는 피검자의 정서상태를 잘 이해하고, 검사의 목적에 대해 충분히 설명해야 한다.
>   ③ 검사자는 절차에 익숙하여야 하고 검사요강에 제시된 표준화된 방식으로 가능하면 외부자극이 없는 안정된 분위기에서 검사를 실시해야 한다.
>   ④ 검사 채점 시 사용자는 전문적 자격과 경험을 갖춘 사람이어야 하며 검사요강에 제시된 표준화된 채점절차를 주의 깊게 따라 해야 한다.
>   ⑤ 검사자는 선문성을 유지하고, 자신이 실시한 검사 결과에 대한 책임과 능력, 기술의 한계를 알고 있어야 한다.
>   ⑥ 검사자는 검사의 적절성에 대해 피검자에게 충분히 설명하고, 동의를 얻으며 비밀을 보장할 의무가 있다.

(2) 미국의 심리학회(APA) 검사의 윤리강령(제8조)
① 심리학자는 평가기법을 이용할 때 의뢰인이 그 기법의 목적과 본성을 자신이 이해할 수 있는 언어로 충분히 설명을 받을 권리가 있음을 인정하며, 이런 권리를 제한할 때는 사전에 문서로 동의를 받는다.
② 심리학자는 심리검사나 다른 평가기법을 개발하고 표준화할 때, 기존의 잘 확립한 과학적 과정을 따라야 하며 APA의 관련 기준을 참조한다.
③ 심리학자는 평가결과를 보고할 때, 평가환경이나 수검자를 위한 규준의 부적절성으로 인한 타당도나 신뢰도에 관한 모든 제한점을 지적한다. 심리학자는 평가결과와 그 해석을 다른 사람이 오용하지 않도록 노력한다.
④ 심리학자는 평가결과가 시대에 뒤떨어진 것일 수 있음을 인식한다. 심리학자는 이렇게 측정을 오용하지 않기 위해 노력한다.
⑤ 심리학자는 채점과 해석 서비스가 그런 해석에 이르기 위해 사용한 과정과 프로그램의 타당도에 대한 적절한 증거를 갖출 수 있게 한다. 공공에 대한 자동해석 서비스도 전문가끼리의 컨설팅과 같은 것으로 간주한다.
⑥ 심리학자는 적절한 훈련이나 교습, 후원이나 감독을 받지 않은 사람들이 심리검사기법을 이용하는 것을 조장하거나 권장하지 않는다.

1 2 3 完

/052 기출 ★★★

심리검사 평가과정에서의 윤리성에 대해 쓰시오.

필.수.이.론

① 검사자가 검사결과를 결정적, 획일적, 절대적인 것으로 해석하지 않는다.
② 검사결과에 너무 의존하지 않고, 검사자의 직관과 판단에 따라 융통성 있게 활용 가능하다.
③ 검사의 한계와 특정 범위 내에서 사용하고 해석한다.
④ 검사자가 일방적으로 해석하기보다 피검자 스스로 생각해서 자신의 진로를 결정하도록 돕는다.
⑤ 피검자에게 직업 선택에 대한 동기를 부여하고 용기와 자신감을 주는 것이 필요하다.
⑥ 피검자의 희망 직업, 흥미를 느끼는 분야를 중요하게 여기고 각종 검사결과가 서로 일치하지 않을 경우 어느 한쪽도 부정하거나 강요하지 않는다.
⑦ 모든 직업, 모든 유형, 모든 피검자가 가치 있으며 존중되어야 한다.

1 2 3 完

053 기출 ★★★

심리검사의 해석과정에서 유의점에 대해 쓰시오.

필.수.이.론

① 해석에 대한 내담자의 반응 고려
　내담자는 해석과정에 적극적으로 관여하게 된다. 검사자는 단지 내담자와 연관되어서만 의미가 있는 것이고, 해석은 점수를 분별하려는 협조적 노력으로 보는 것이 좋다. 단계별로 결과를 도식화하고 내담자의 반응을 점검하는 것이 중요하다.
② 검사결과에 대해 이해하기 쉬운 언어 사용
　내담자가 이해할 수 있는 말을 사용해야 한다.
③ 내담자의 점수 범위 고려
　검사결과의 점수는 불연속성 데이터가 아닌 연속성 데이터로 나온다는 점을 명심해야 한다. 상담자는 점수를 한 지점이라고 보기보다는 범위로 생각해야 한다.
④ 검사결과에 대한 중립적 판단
　상담자는 검사결과에 대해 중립적 입장을 취하고 내담자를 평가하는 주관적 판단을 배제해야 한다.
⑤ 검사결과에 대한 내담자의 방어 최소화
　검사결과에 대해 상담자는 중립적이고 무비판적이어야 하고 낮거나 위협적인 점수에 대한 내담자의 반응을 경계할 필요가 있으며 내담자의 방어를 최소화하기 위해 해석의 기회를 가질 필요가 있다.
⑥ 검사지의 대상과 용도의 명확화
　검사지가 측정하는 것이 무엇이고 측정하지 않는 것이 무엇인지를 명확하게 제시해야 한다.

참고

- 유자격자(전문적인 자질과 경험을 갖춘 사람)가 검사결과를 해석해야 한다.
- 다른 검사의 정보나 관련 자료를 함께 고려하여 결론을 내린다.
- 검사의 결과를 가지고 대상을 명명하거나 낙인찍어서는 안 된다.
- 검사결과가 악용되어서는 안 된다.
- 자기충족예언을 해서는 안 된다.
- 규준에 따라 해석되어야 한다.

1 2 3 完

054 기출 ★★

Tinsley와 Bradley가 제시한 심리검사 결과 해석의 4단계를 설명하시오.

필.수.이.론

① 해석준비기 : 내담자가 검사 자체와 점수 의미에 관하여 충분히 이해하고 있는지, 내담자의 교육, 가정환경 등 중요한 관련 정보와 검사결과의 의미가 어떻게 통합되며 그것을 잘 알고 있는지 등을 심사숙고하는 단계이다. 두 개 이상의 검사를 해석할 때에는 제시 순서를 결정하고, 해석 흐름을 간략하게 미리 생각해 두어야 한다.
② 내담자가 검사결과 해석을 듣고 받아들이도록 준비시키는 단계 : 피검사자가 측정의 목적, 검사에 응답하는 동안의 경험, 점수나 프로파일의 결과를 예측해 보도록 한다.
③ 정보(결과) 전달 : 상담자는 측정 목적을 다시 새긴 후 점수를 이야기하며 측정오차 문제를 설명하고 검사결과에 대해 내담자가 솔직하게 반응하도록 격려해야 한다.
④ 추후활동 : 상담결과에 대한 의견을 나누고, 내담자가 결과를 이해했는지 확인한 후 검사를 통해 알게 된 내용들과 그 외의 도구 활용 결과나 관련 자료를 잘 통합할 수 있도록 돕는다.

1 2 3 完

055 기출 ★★

직업상담자는 내담자의 검사결과를 해석하기에 앞서 검사결과를 검토해야 한다. Tinsley와 Bradley가 언급한 해석 전 검사결과 검토 2단계를 각각 쓰고 설명하시오.

필.수.이.론

① 이해단계
상담자는 검사에서 얻은 점수가 어떤 의미가 있는지에 대해 이해하고 답을 할 수 있어야 한다. 내담자로부터 얻은 사전정보에 의거해서 결과를 검토할 수 있고 해석을 실시할 때 논의될 의미에 대해 생각해 볼 수 있다.
② 통합
상담자가 내담자에 대해 알고 있는 다른 정보들과 검사의 결과를 통합하는 것이다.

1 2 3 完

/ 056　　　　　　　　　　　　　　　　　　　　　　　　　　　　기출 ★★

부정적인 심리검사결과가 나온 내담자에게 검사결과를 통보하는 방법에 대해서 설명하시오.

필.수.이.론

① 다른 검사나 관련 자료를 함께 고려하여 결론을 내린다.
② 내담자를 단정하거나 낙인찍어서는 안 된다.
③ 검사결과가 악용되어서는 안 된다.
④ 평가결과의 해석을 다른 사람이 오용하지 않도록 평가환경이나 규준, 타당도나 신뢰도에 관한 모든 제한점을 지적한다.
⑤ 검사결과를 결정적, 획일적, 절대적인 것으로 해석하지 않는다.
⑥ 검사결과에 너무 의존하지 않는다.
⑦ 검사의 한계를 이해하고 특정 범위 내에서 사용하고 해석한다.

1 2 3 完

/ 057　　　　　　　　　　　　　　　　　　　　　　　　　　　　기출 ★

검사지 사용 심리검사에서의 검사도구 사용 유의점에 대하여 쓰시오.

필.수.이.론

① 직업상담사가 검사에 너무 의존하고 검사결과를 일률적으로 적용하는 것에 유의해야 한다.
② 검사는 내담자가 내담자들의 문제에 대한 대답을 외적인 자원에 의존하도록 한다.
③ 검사는 때때로 부정확하고 특히 성별과 문화의 편차가 심하다.
④ 검사 사체보다는 검사의 오용이 중요한 문제가 된다.

058

기출 ★★★

심리검사의 결과에 영향을 미치는 검사자 변인과 수검자 변인 중 강화효과, 기대효과, 코칭효과를 설명하시오.

필.수.이.론

① 강화효과
검사과정에서 수검자에 대한 강화는 특별한 의미가 있고 이러한 강화는 검사결과에 영향을 미친다.
② 기대효과
검사자가 어떻게 기대하는가에 따라 기대하는 방향과 유사한 검사결과가 나오는 것을 말한다.
③ 코칭효과
어떤 검사를 받으려고 수검자가 그 검사나 유사한 검사로 검사내용에 대하여 설명, 조언, 지도 또는 훈련하는 행위를 말한다.

059

기출 ★★★

심리검사의 목적 3가지를 적으시오.

필.수.이.론

① 예측
검사를 사용해서 개인의 특성을 밝혀내고 그 사람의 장래 행동이나 성취 등을 예측할 수 있다.
② 분류 및 진단
분류 및 진단을 통해 심리검사결과를 보다 효과적이고 과학적으로 활용할 수 있다.
③ 자기이해의 증진
현명한 의사결정과 합리적 행동을 위한 자기이해는 표준화된 검사를 통해 얻어지는 객관적이고 과학적인 심리검사의 결과를 이용할 수 있다.

> **참고**
> 심리검사의 목적은 개인 간 비교를 통하여 행동이나 성격을 이해하고 개인의 문제 해결에 도움을 주려는 것이다.

1 2 3 完

/060 기출 ★★

심리검사의 사용용도를 설명하시오.

필.수.이.론

심리검사는 교육장면, 임상·상담장면, 산업장면, 기초연구장면으로 사용될 수 있다.

(1) 교육장면
① 다양한 종류의 교육으로부터 혜택을 받을 수 있는 능력에 따라 아동들을 분류할 때 사용한다.
② 정신지체자 또는 영재아를 찾아낼 때 사용한다.
③ 낙제자를 진단할 때 사용한다.
④ 고등학생과 대학생을 상대로 교육 및 직업을 상담해줄 때 사용한다.
⑤ 전문학교나 다른 특수학교에서 응시자를 선발할 때 사용한다.

(2) 임상·상담장면
① 임상장면은 심리적 질환자의 진단과 감별을 위해 이용 가능하다.
② 상담 분야에서는 교육 및 직업계획에 관한 좁은 의미의 지도에서 인간 삶의 모든 국면에 개입하는 문제에 이르기까지 심리검사가 사용된다.

(3) 산업장면
① 신입채의 인사선발과 분류 시 사용하거나 군인의 선발, 배치 시에 사용한다.
② 채용, 배치, 부서이동, 승진, 퇴직 등의 문제에 사용한다.

(4) 기초연구장면
심리검사는 한 개인의 일생을 통한 발달적 변화, 상이한 교육절차에 의한 상대적 효율성, 심리치료의 성과, 지역사회프로그램의 효과, 환경변인이 인간수행에 미치는 영향과 같은 다양한 문제들을 연구할 수 있는 표준화된 도구가 된다.

061

심리검사도구를 검사장면에 따라 축소상황검사, 모의장면검사, 경쟁장면검사로 구분할 수 있다. 각각의 검사를 설명하시오.

필.수.이.론

① 축소상황검사(In-basket test)
실제 상황과 같지만, 구체적인 과제나 직무를 축소시켜서 그 수행결과를 관찰하고 평가하는 검사이다.

② 모의장면검사(Simulation test)
실제적인 장면을 인위적으로 만들어 놓고 그 장면에서 수검자의 수행과 그 성과를 관찰하고 평가하는 검사이다.

③ 경쟁장면검사(Competition test)
같은 상황에서 실제 문제 또는 작업을 제시하고 경쟁적으로 수행을 평가하는 검사이다.

CHAPTER 04
직업심리검사의 이해

1 2 3 完

/062　　　　　　　　　　　　　　　　　　　　　　　　　　기출 ★★★

지능검사를 통해 얻을 수 있는 정보를 4가지 이상 쓰시오.

필.수.이.론

① 개인의 지적능력 수준을 평가할 수 있다.
② 개인의 인지적·지적기능의 특성을 파악할 수 있다.
③ 기질적 뇌손상 유무를 파악할 수 있다.
④ 임상적 진단을 명료하게 할 수 있는 토대를 제공한다.
⑤ 합리적 치료목표 설정을 가능하게 한다.

1 2 3 完

/063　　　　　　　　　　　　　　　　　　　　　　　　　　기출 ★★

스피어만(Spearman)의 2요인을 설명하시오.

필.수.이.론

① g요인(general factor) : 정도의 차이는 있으나 모든 개인이 공통으로 갖고 있는 능력을 말하는 것으로, 이해력, 관계추론 능력 등 모든 정신작용에 존재하는 것을 말한다.
② s요인(special factor) : 특정 분야에 대한 능력으로 여러 가지 다른 과제에서 얼마나 높은 점수를 얻느냐로 나타낼 수 있다.

　지능의 구성요인
　　① 일반요인설(Spearman)
　　　　㉠ 지능의 구조는 일반요인(general factor)으로 구성되어 있다는 견해이다.

ⓒ 인간의 여러 가지 정신능력은 정적인 상관관계가 있음을 강조하면서 그것은 어떤 공통요인이나 일반요인이 존재하고 있기 때문이라고 본다.
　　　ⓒ 일반요인은 누구나 생득적인 것이며, 인간의 모든 정신기능에 작용한다고 본다.
　② 2요인설(Spearman)
　　　㉠ 일반요인설을 수정하여 제시된 이론으로, 지능의 구조를 일반요인(g-factor)과 특수요인(s-factor)으로 설명하고 있다.
　　　　　ⓐ g요인(general factor)은 정도의 차이는 있으나 모든 개인이 공통으로 갖고 있는 능력을 말하는 것으로, 이해력, 관계추론 능력 등으로 모든 정신작용에 존재하는 것을 말한다.
　　　　　ⓑ s요인(special factor)은 특정 분야에 대한 능력으로 여러 가지 다른 과제에서 얼마나 높은 점수를 얻느냐로 나타낼 수 있다.
　③ 다요인설(Thorndike)
　　　㉠ Spearman이 주장하는 g요인은 존재하지 않는다고 보고 있다.
　　　㉡ 지능의 영역을 기계적 지능, 사회적 지능, 추상적 지능으로 구분하였다.
　　　　　• 기계적 지능이란 손이나 손가락을 사용할 때 기민성과 정교함에 관계되는 지능이다.
　　　　　• 사회적 지능이란 주위 사람과 협동하고 교제하는 능력을 말한다.
　　　　　• 추상적 지능이란 언어와 추상적 개념에 관한 지능을 말한다.
　　　　　• 추상적 지능을 검사하는 4개 요인(C.A.V.D)
　　　　　　- 문장완성력(Sentence Completion)
　　　　　　- 산수추리력(Arithmetic reasoning)
　　　　　　- 어휘력(Vocabulary)
　　　　　　- 지시를 따를 수 있는 적응력(Direction)
　④ 군집요인설(Thurstone)
　　　㉠ 요인분석의 방법을 고안하여 인간의 기본능력(Priamry Mental Ability ; PVA)이 7개 요인, 즉 언어이해요인, 수요인, 공간요인, 지각속도요인, 기억요인, 추리요인, 언어(어휘) 유창성으로 구성되어 있다고 밝혔다.
　　　㉡ 현재 사용되고 있는 많은 지능검사들은 이 이론에 영향을 받아 제작된 것이다.
　⑤ 복합요인설(Guildford)
　　　㉠ Guilford는 Thurstone의 기본 정신능력을 확장하고 발전시켜 지능구조모형을 제안하였다.
　　　㉡ 일차원적으로 지능에 대한 올바른 설명은 부족하다고 지적하고 삼차원적인 지능구조이론(Structure of Intellect ; SOI)을 제시하였다.
　　　㉢ 인간의 지능은 3개의 필수적인 차원이 존재한다고 보았으며 내용(5) × 조작(6) × 결과(6) 차원을 조합하여 설명하고 있다.

② 3차원적 지능의 구조
- 내용(자료)의 차원 : 시각, 청각, 상징, 의미, 행동으로 조작이 수행되는 대상을 말한다.
  - 시각적 내용 : 구체적인 도형이나 형상, 대소(大小), 방향 등에 관한 지식
  - 상징적 내용 : 문자, 숫자, 기호 등의 지식
  - 의미적 내용 : 무엇을 의미하는 단어나 문장
  - 행동적 내용 : 인간의 상호 행동 내용, 인간관계
  - 청각적 내용
- 인지(조작)활동의 차원 : 평가, 수렴, 발산, 기억장치, 기억저장, 인지로 어떠한 인지과제에 대한 지적 활동들이 수행되는 정신적 조작 또는 과정이다.
  - 기억저장 : 기억기록(부호화)
  - 기억파지 : 기억유지
  - 인지적 사고력 : 여러 가지 지식과 정보의 발견 및 인지와 관련된 사고력
  - 수렴적 사고력 : 이미 알고 있는 지식이나 기억된 정보에서 어떤 지식을 도출해 내는 능력
  - 확산적 사고력 : 이미 알고 있거나 기억된 지식 이외에 새로운 지식을 창출해 내는 능력. 주어진 문제에 대한 해결책을 가능한 한 다양하고 많이 찾아내는 사고로 창의력과 밀접
  - 평가적 사고력 : 기억되고 인지되고 생산된 지식 정보의 정당성, 정확성, 양호성을 판단하는 능력
- 결과(산출)의 차원 : 단위, 유목, 관계, 체계, 변화, 함축으로 특정유형에 대한 구체적인 조작의 수행에서 비롯되는 산출을 말한다.
  - 단위 : 지식과 정보의 형태
  - 유목 : 어떤 공통적 특징을 지닌 일련의 사물의 집합
  - 관계 : 두 사물 간의 관련성
  - 체계 : 상호 관련된 여러 부분의 복합적 조직
  - 변환 : 지식과 정보를 다른 모양으로 표현하는 것
  - 함축 : 어떤 지식이나 정보가 함축하고 있는 뜻

⑥ Cattell과 Horn의 유동적 지능과 결정적 지능이론(Gf-Gc theory)
  ⊙ Cattell은 Thurstone이 제작한 PMA검사 등을 분석하여 Spearman이 말한 일반지능을 유동지능(Fluid Intelligence ; Gf)과 결정지능(Crystallized Intelligence ; Gc)으로 나누었다.
  ⓒ Horn은 유동적 지능과 결정적 지능을 종합하여 전체적 지능(G)을 제시하였다.
  ⓒ 유동적 지능
    - 선천적으로 타고난 학습능력과 문제해결능력으로 유전적·신경생리적 영향에 의해 발달한다.
    - 주로 비언어적이고 특정한 문화적 환경에 국한되지 않고 학교학습에 관련되지 않는 지능이다.

- 과거의 경험이나 능력이 도움이 안 되는 새로운 환경에 대한 과제해결능력이다.
- 유동적 지능은 속도, 기계적 암기, 지각력, 일반적 추리력 등의 능력에서 잘 나타난다.
- 15세 경에 절정에 이르다가 점차 감소한다.

㉣ 결정적 지능
- 과거의 학습과 경험을 적용시켜서 획득한 판단력이다.
- 환경적·문화적·경험적 영향에 의해 발달하며, 가정환경·교육정도·직업 등의 영향을 받는다.
- 학업 성취력의 기초가 되며, 안정성과 성취력에 의한 인지능력이다.
- 인생 초기 환경조건에 의존하는 능력이다.
- 학습과 함께 발달하는 능력으로 성인이후에도 계속 발달될 수 있으며 평생교육에 의해 형성된다.
- 언어능력, 문제해결력, 논리적 추리력, 상식 등에서 잘 나타난다.

⑦ Sternberg의 삼원지능이론(삼위일체이론)
Sternberg는 지능에 관한 기존의 이론들이 모두 불완전하여 제한된 측면만을 다루고 있다고 보고 이들 이론들을 포괄할 수 있는 삼원지능이론을 제안하였다. 이 이론은 지적 행동이 일어나는 사고과정의 분석을 활용하여 지능을 파악한 정보처리적 접근방법을 활용한다.

> **지능의 3요소**
> • 성분적 요소 • 경험적 요소 • 맥락적 요소

㉠ 성분적 요소
- 분석적 지능, 구성적 지능, 요소적 지능, 전통적 지능으로 새로운 지식을 획득하고 그 지식을 논리적인 문제해결에 적응하는 기능을 한다.
- 지능을 내부 개인의 내적 세계와 관련시켜 '어떻게' 지적 행동이 발생되는가에 초점을 둔 것이다.

㉡ 경험적 요소
- 창의력, 통찰력, 파지요인으로 새로운 과제를 처리하는 통찰력이나 익숙한 과제를 자동적으로 수행하는 능력이다.
- 지능을 외부 세계와 내부 세계를 매개하는 경험과 관련시키고, 행동이 '언제' 적절한가를 통찰하는 기능에 초점을 둔 요소이다.
- 새로운 문제에 당면했을 때 낡고 부적절한 사고방식을 버리고 새로운 개념체계를 선택하는 3가지 통찰력(선택적 부호화, 선택적 결합, 선택적 비교)으로 구성되어 있다고 본다.

㉢ 맥락적 요소
- 상황적 지능, 실용적 지능, 사회적 지능이다.
- 외부환경에 대응하는 능력, 현실상황에 적응하거나 환경을 선택하고 변화시키는 능력이다.

- 전통적 지능검사의 IQ점수나 학업성적과는 무관한 능력으로 학교교육을 통해서 얻어지는 능력이 아니라 일상의 경험에 의해서 획득되고 발달되는 능력이다.
- 일상적 문제해결능력, 실제적인 적응능력, 사회적 유능성이 포함된다.

⑧ Gardner의 다중지능이론(Multiple Intelligence ; MI)

Gardner는 문화인류학, 인지심리학, 발달심리학, 심리측정학, 인물전기연구, 동물생리학, 신경해부학 등에서 8가지 준거, 즉 뇌손상에 의한 분리, 비범한 재능을 가진 사람들의 존재, 독자적인 발달사, 진화사, 핵심활동의 존재, 실험적 증거, 심리측정학적 증거, 상징체계에서의 부호화 등을 주관적으로 설정하여 주관적 요인분석에 기초하여 9가지 지능을 구성하였다.

㉠ 언어지능

단어를 효과적으로 사용하는 능력으로 언어분석력, 언어자료 이해력, 어휘의 소리나 리듬에 민감한 능력을 의미한다.

㉡ 논리·수학적 지능

분류하고 범주화하기, 패턴을 지각하고 이해하기, 체계적으로 추리하기, 추상적으로 추리하기 등과 같은 능력이다.

㉢ 음악적 지능

음악적인 기본요소, 즉 음조, 리듬, 음색에 대한 민감성과 자기 주변에서 듣는 음악과 소리에 대한 민감성 등과 관련된 능력이다.

㉣ 공간적 지능

사물을 정확하게 지각하기, 다양한 관점에서 사물을 그려보거나 회전한 모습을 상상해 봄으로써 공간상에서 사물을 조작하기, 구체물에 대한 자신의 지각을 2차원 또는 3차원으로 바꿔보기와 같은 능력이다.

㉤ 신체-근육운동적 지능

자신의 신체동작을 조정하는 능력 또는 사물을 능숙하게 조작하는 것과 관련된 지능이다.

㉥ 대인 간 지능

다른 사람의 기분, 기질, 동기 및 의도를 식별하고 그에 적절하게 반응하는 능력, 다른 사람과 어울리는 것, 다른 사람이 일을 하도록 동기유발하는 것, 다른 사람들에게 영향을 주는 능력 등이다.

㉦ 개인 내적 지능

자신의 내적 과정과 특성에 대해 인식하기, 자신의 사고, 느낌, 정서를 구분하기, 자신의 행동을 이해하고 안내하는 방법으로 사고, 느낌, 정서에 의존하는 능력, 그리고 행동할 때 그런 감정에 대처할 수 있는 능력이다.

㉧ 자연관찰 지능

동·식물이나 주변의 사물을 자세히 관찰하여 차이점이나 공통점을 찾고 분석하는 능력이다.

ⓩ 실존지능(반쪽지능)
인간의 존재 이유, 생과 사의 문제, 희노애락, 인간의 본성, 가치 등 철학적·종교적으로 사고할 수 있는 능력이다.

064

지능검사와 적성검사의 차이를 설명하시오.

필.수.이.론

① 지능검사는 언어적 능력, 수리적 관계 또는 추상적 능력을 측정하는 것이고, 적성검사는 다양한 특수 능력(적성) 등을 추정하여 특수한 직종에 맞는 사람을 선발할 목적으로 사용하는 것이 일반적이다.
② 지능검사란 이질적인 검사들로 구성되지만 결국에는 IQ(지능지수) 같은 단일하고 총체적인 점수를 산출해 주는 검사를 말한다. 그러나 적성검사는 비교적 동질적이고 명확하게 규정된 능력의 하위 영역들을 측정해 주는 검사들을 말한다.

065

한국판 웩슬러 성인지능검사(K-WAIS)의 구성에 대하여 설명하시오.

필.수.이.론

하위검사명		측정 내용
언어성 검사	기본지식	개인이 가지는 기본 지식의 정도
	숫자외우기	청각적 단기기억, 주의력
	어휘문제	일반지능의 주요지표, 학습능력과 일반개념 정도
	산수문제	수 개념 이해와 주의집중력
	이해문제	일상경험의 응용능력, 도덕적·윤리적 판단능력
	공통성문제	유사성 파악능력과 추상적 사고능력
동작성 검사	빠진 곳 찾기	사물의 본질과 비본질 구분능력, 시각예민성
	차례 맞추기	전체 상황에 대한 이해와 계획능력
	토막 짜기	지각적 구성능력, 공간표상능력, 시각, 운동 협응능력
	모양 맞추기	지각능력과 재구성능력, 시각, 운동 협응능력
	바꿔 쓰기	단기기억 및 민첩성 시각, 운동 협응능력

1 2 3 完

/066 기출 ★★

지능검사에서 동작성 검사의 장점 3가지를 쓰시오

필.수.이.론

① 후천적 교육이나 경험에 의해 생기는 지능의 편향가능성을 균형 있게 측정할 수 있다.
② 내담자의 문제 해결 전략을 직접 관찰할 수 있다.
③ 내담자의 정서장애가 검사 수행에 미치는 영향을 파악할 수 있다.

1 2 3 完

/067 기출 ★

Wechsler의 지능검사 해석 시 유의점에 대하여 설명하시오.

필.수.이.론

① 쉬운 문제는 실패하나 어려운 문제는 성공한 문항
② 흔하지 않은 기괴한 응답을 한 문항
③ 한 문항에 대하여 강박적으로 여러 가지 응답을 한 것
④ 잘 모르면서 짐작으로 응답한 문항
⑤ 지나치게 구체적으로 응답한 문항
⑥ 정서적인 응답을 한 문항
⑦ 반항적인 내용의 응답을 한 문항
⑧ 차례 맞추기에서 순서는 맞추고 적절한 설명을 하지 못한 상황

068

일반지능검사와 Wechsler지능검사의 차이점에 대하여 설명하시오.

필.수.이.론

① 일반지능검사는 15세 이전의 아동을 대상으로 언어성 능력을 측정해 정신연령 대비 생활연령의 비율인 지능지수(IQ)를 알 수 있다.
② Wechsler의 지능검사는 여러 연령집단을 대상으로 언어성 요인과 동작성 요인을 측정하여 각 개인의 해당 연령을 고려한 편차IQ를 구할 수 있다.

1 2 3 完

069　기출 ★★

A씨는 지능검사 실시 결과 전체 지능지수가 102이고, 언어성과 동작성 지능은 각각 88과 121이었다. A씨의 구체적인 검사지능지수가 다음과 같을 때 A씨의 지능검사결과에 대하여 해석하시오.

기본 지식	숫자 외우기	어휘 문제	산수 문제	이해 문제	공통성 문제	빠진 곳 찾기	차례 맞추기	토막 짜기	모양 맞추기	바꿔 쓰기
9	7	7	10	8	9	10	11	16	16	8

전체 평균 = 100, 표준편차 = 15
소검사 평균 = 10, 표준편차 = 3

필.수.이.론

A씨의 전체 지능지수는 102로 보통의 지능수준이다. 언어성 검사는 88점으로 조금 낮은 편이고, 동작성 검사는 121로 조금 높은 편이다. 이러한 결과로 볼 때 A씨의 교육수준은 낮지만 일상생활에서의 대처 능력은 높다고 볼 수 있다.

> **웩슬러 지능검사에서의 언어성과 동작성 IQ의 비정상적 차이**
> ① 우반구 영역손상은 동작성 지능이 언어성보다 낮은 프로파일을 보임
> ② 좌반구 영역손상은 가벼운 수준에서 동작성 지능이 언어성 지능에 비해 높은 프로파일을 보임
> ③ 우반구와 좌반구 양측에 확산적인 손상은 언어성 지능이 동작성 지능에 비해 높은 프로파일을 보임
> ④ 동작성 검사 지능이 높은 경우
>   ㉠ 결정적 지능에 비해 유동적 지능의 우세, 언어적 이해력에 비해 지각적 구조화 능력의 우세, 분석적-연속적 전달에 비해 동시적-전체적 전달 능력의 우세
>   ㉡ 자폐증, 학습장애, 반사회적 행동, 정신지체, 미숙련 직업요인이 관련
> ⑤ 언어성 검사 지능이 높은 경우
>   ㉠ 정상인의 경우 높은 교육 정도에 따라 가벼운 수준의 상승, 정신장애자의 경우 대체적으로 이러한 경향을 보임
>   ㉡ 우울증(집중력, 불안, 동기), 정신분열증, 조울증, 동작협응장애(뇌경색증, 치매)

070

일반적성검사의 9가지 요인에 대해 설명하시오.

필.수.이.론

① 지능(General Intelligence : G) : 일반적인 학습능력, 설명이나 지도내용과 원리를 이해하는 능력, 추리·판단하는 능력, 새로운 환경에 빨리 순응하는 능력
② 언어능력(Aptitude : V) : 언어의 뜻과 그에 관련된 개념을 이해하고 사용하는 능력, 언어 상호 간의 관계와 문장의 뜻을 이해하는 능력, 보고들은 것이나 자신의 생각을 발표하는 능력
③ 수리능력(Numerical Aptitude : N) : 빠르고 정확히 계산하는 능력
④ 사무지각(Clerical Perception : Q) : 문자나 인쇄물, 전표 등의 세부를 식별하는 능력, 잘못된 문자나 숫자를 찾아 교정하고 대조하는 능력, 직관적인 인지능력의 정확도나 비교판별하는 능력
⑤ 공간적성(Spatial Aptitude : S) : 공간상의 형태를 이해하고 평면과 물체의 관계를 이해하는 능력, 기하학적 문제해결능력, 2차원이나 3차원의 형태를 시각으로 이해하는 능력
⑥ 형태지각(Form Perception : P) : 실물이나 도해 또는 표에 나타나는 것을 세부까지 바르게 지각하는 능력, 시각으로 비교판별하는 능력, 도형의 형태나 음영, 근소한 선의 길이나 넓이 차이를 지각하는 능력, 시각의 예민도 등
⑦ 운동반응(Motor coordination : K) : 눈과 손의 협응 - 눈과 손 또는 눈과 손가락을 함께 사용해서 빠르고 정확한 운동을 할 수 있는 능력, 눈으로 겨누면서 정확하게 손이나 손가락의 운동을 조절하는 능력
⑧ 손가락 재치(Finger Dexterity : F) : 손가락을 마음대로 정교하게 조절하는 능력, 작은 물건을 정확하고 신속히 다루는 능력
⑨ 손 재치(Manual Dexterity : M) : 손을 마음대로 정교하게 조절하는 능력, 물건을 집거나 뒤집을 때 손과 손목을 정교하고 자유롭게 움직일 수 있는 능력

참고

적성검사는 개인이 특정 분야에 적성이 있는지를 파악함으로써 진로선택이나 산업체의 인력 선발, 구직자의 직업선택 등에 유용한 정보를 제공해 준다. 가장 일반적으로 쓰이는 GATB는 미국에서 개발된 적성검사로 15개의 하위검사를 통해 9개 분야의 적성이 검출된다.

071

노동부-성격검사는 성격의 5요인 모델에 근거하고 있다. 5요인을 열거하고 각 요인을 간단히 설명하시오.

필.수.이.론

성격의 5요인 이론은 외향성-내향성 요인, 호감성 요인, 성실성 요인, 정서적 불안정성 요인, 체험개방성 요인이다.

① 외향성-내향성 요인은 타인과의 상호작용을 원하고 타인의 관심을 끌고자 하는 정도를 말하며, 사교적인-은둔적인, 모험적인-신중한, 말 많은-말 적은, 낙관적인-비관적인 등이 있다.
② 호감성 요인은 타인과 편안하고 조화로운 관계를 유지하는 정도로 친절한-무뚝뚝한, 온화한-완고한, 이타적인-이기적인 등이 해당하는 척도이다.
③ 성실성 요인은 사회적 규칙이나 규범을 지키려는 정도로 믿음직스러운-믿음직스럽지 못한, 조직적인-허술한, 열심인-게으른, 조심스런-부주의한 등이 있다.
④ 정서적 불안정성 요인은 정서적으로 얼마나 안정되어 있고 자신이 세상을 얼마나 통제할 수 있으며 세상을 위협적이지 않다고 생각하는지의 정도를 나타낸다. 침착한-쉽게 흥분하는, 불안한-안정적인, 호의적인-적대적인 등이 있다.
⑤ 체험개방성 요인은 새로운 경험에 대한 관심과 수용성, 상상력과 호기심을 포함하는 정도로 지적인-무관심한, 민감한-둔감한, 독단적인-개방적인, 보수적인-진보적인 등이 해당된다.

072

MMPI의 타당성 척도에 대하여 설명하시오.

필.수.이.론

수검자가 일관된 모습으로 반응한 정도를 나타낸 내적 일치성을 의미한다.
① ?(알 수 없다 척도) : 무응답 수로 피검사자의 검사태도를 측정한다.
② L(부인척도) : 피검자가 자신을 남들에게 실제보다 좋게 보이려는 방향으로 다소간 고의적, 부정적, 세련되지 못한 시도를 알아내는 것이다.

③ F(허구척도) : 보통 사람들과 다르거나 비정형적으로 대답하는 사람을 탐지하여 다른 생각이나 경험을 가진 정도를 측정하려는 것이다.
④ K(교정척도) : 심한 정신장애를 가지고 있으면서도 정상 프로파일을 보여주는 사람들을 알아내기 위해서 경험적으로 선택한 문항들이다.

> **MMPI의 임상척도**
> ① 척도 1. 건강염려증(Hs : Hypochondriasia)
>   건강에 대한 불안과 다양한 신체적 증상에 대한 집착 정도로, 수검자가 호소하는 신체증상을 통해 다른 사람을 조종하려는 것은 아닌지 측정
> ② 척도 2. 우울증(D : Depression)
>   MMPI 시행 당시 느끼는 우울의 정도를 측정(반응성 우울 측정)
> ③ 척도 3. 히스테리(Hy : Hysteria)
>   현실적 어려움이나 갈등을 처리하기 위한 존재부인의 양과 형태 측정
> ④ 척도 4. 반사회성(Pd : Psychopathic Deviate)
>   비사회적이며 비도덕적인 정도
> ⑤ 척도 5. 남녀성향(Mf : Masculinity-Feminity)
>   남성적, 여성적 성향 정도
> ⑥ 척도 6. 편집증(Pa : Paranoia)
>   대인관계에 민감성, 의심성, 자기 주장성 정도 측정
> ⑦ 척도 7. 강박증(Pt : Psychasthenia)
>   만성적 불안의 정도
> ⑧ 척도 8. 정신분열증(Sc : Schizophrenia)
>   정신적 혼란의 정도
> ⑨ 척도 9. 경조증(Ma : Hypomania)
>   정신적 에너지의 정도
> ⑩ 척도 10. 내향성(Si : Social Introversion)
>   내향성과 외향성의 정도

073 CMI(진로성숙검사도구)에 대해 설명하시오.

필.수.이.론

① CMI는 표준화된 진로발달 측정도구이다. 피검사자의 진로선택과 관련된 태도와 능력이 어느 정도 발달해 있는가를 진단하는 목적으로 개발된 검사로, 하위척도는 태도척도와 능력척도로 나뉜다.
② 태도척도는 진로선택 과정에 대한 피험자의 태도와 진로결정에 영향을 미치는 성향적 반응 경향성을 측정하는 것으로 선발척도와 상담척도 두 가지가 있다.
③ 상담용 척도는 결정성, 참여도, 독립성, 성향, 타협성의 5개 영역을 측정한다.
④ 능력척도는 진로의사 결정에서 가장 중요한 것으로 간주되는 지식영역, 즉 자기평가, 직업정보, 목표선정, 계획, 문제해결 등 5개 영역을 측정한다.

1 2 3 完

/ 074　　　　　　　　　　　　　　　　　　　　　　　　　　　기출 ★★★
진로성숙검사의 태도척도와 능력척도의 측정내용을 3가지 (이상) 적으시오.

필.수.이.론

(1) 태도척도 영역과 측정내용
　① 결정성 : 선호하는 진로의 방향에 대한 확신의 정도
　　문항의 예 : 나는 선호하는 진로를 자주 바꾸고 있다.
　② 참여도 : 진로선택 과정에의 능동적 참여 정도
　　문항의 예 : 나는 졸업할 때까지는 진로선택문제에 별로 신경을 쓰지 않겠다.
　③ 독립성 : 진로선택을 독립적으로 할 수 있는 정도
　　문항의 예 : 나는 부모님이 정해 주시는 직업을 선택하겠다.
　④ 성향 : 진로결정에 필요한 사전 준비와 이해의 정도
　　문항의 예 : 일하는 것이 무엇인지에 대해 생각한 바가 거의 없다.
　⑤ 타협성 : 진로선택 시 욕구와 현실에 타협하는 정도
　　문항의 예 : 나는 하고 싶기는 하나 할 수 없는 일을 생각하느라 시간을 보내곤 한다.

(2) 능력척도
　자신평가, 직업정보, 목표선정, 계획, 문제 해결

1 2 3 完

/ 075　　　　　　　　　　　　　　　　　　　　　　　　　　　기출 ★★★
진로개발을 평가하는 데 사용될 수 있는 평가도구 3가지를 쓰시오.

필.수.이.론

① 진로발달검사도구(CDI)
② 진로성숙검사도구(CMI)
③ 자기직업상황검사도구(MVS)

076

직업흥미도 검사에서 평균 100점, 표준편차 20점인 A의 검사결과를 해석하시오.

기계기술	전문/연구	생물/의료	대인/사회	창작/예술	사무	서비스	수공가공
72	70	76	121	139	90	122	119

필.수.이.론

① 표준편차보다 높은 흥미의 직업군은 창작/예술, 서비스, 대인/사회군이고 표준편차보다 낮은 흥미의 직업군은 기계기술, 전문/연구, 생물/의료군이다.

② 상기의 직업흥미검사 결과를 바탕으로 볼 때 창작/예술, 서비스, 대인/사회 직업군에 높은 흥미를 느끼고 있으며 특히 위에서 제일 높은 점수로 보아 피검사자의 흥미코드는 AS(예술형, 사회형)에 해당된다.

③ 비교적 높은 점수대를 유지하고 있는 창작/예술과 서비스, 대인/사회 분야를 제시하고, 창의적인 작업을 하면서 개인적인 교류를 통해 타인을 도와주고 가르칠 수 있는 예술 관련 교사나 개인작업보다는 단체작업을 할 수 있는 부분의 직군을 제시할 수 있다.

077

직업선호도 검사의 하위검사 3가지를 설명하고 각각의 목적을 설명하시오.

필.수.이.론

① 흥미검사
흥미검사는 개인의 흥미나 관심 방향을 파악하여 그들이 어떤 직무분야에 적합한 사람인지를 판단 할 목적으로 실시하는 것으로 직업흥미란 의식이나 행동이 아니라 직업활동에 대한 의식이나 행동을 결정하는 태도이고 성격의 중요한 측면을 이루는 정서의 일종이다. 활동검사, 유능성검사, 선호직업검사, 선호분야검사, 일반성향검사 등으로 구성되어 있다.

② 성격검사
성격검사는 직무수행과 관련된 5개 성격요인을 통해 특정 직무에서의 성공가능성 예측을 목적으로 실시한다. 개인의 성향이나 기질을 측정하여 그에 적합한 직무를 찾아내기 위해 실시하는 검사로 정서상태, 동기, 대인관계, 흥미, 태도 등의 특성을 측정하는 것이다.

③ 생활사검사
생활사검사는 개인의 과거경험과 생활환경을 통한 직무성과를 예측하는 것을 목적으로 내·외향성, 온정성, 예술성, 종교성, 리더십, 운동선호, 자존감, 독립심, 부모의 경제적 지위, 양육환경, 부모의 지지도, 학업성취, 야망, 학교생활적응, 직무만족 등 15개 요인으로 구성되어 있다.

078

스트롱 직업흥미검사척도 3가지를 쓰고 각각에 대하여 간략히 설명하시오.

필.수.이.론

① 일반직업분류(General Occupational Themes ; GOT)
홀랜드의 직업선택이론이 반영된 RIASEC 6개의 주제로 구성되어 있으며 피검자에 대한 포괄적인 전망을 제공한다.
② 기본흥미척도(Basic Interest Scales ; BIS)
실제로 상관이 높은 문항을 집단화시켜 완성한 특정 활동과 주제에 대한 25개의 세부척도이다.
③ 개인특성척도(Personal Style Scale ; PSS)
일상생활과 일의 세계에 관련된 광범위한 특성에 대해 개인이 선호하고 편안하게 느끼는 것을 측정한다.

> **스트롱 흥미검사(Strong Interest Inventory)**
> ① 미국의 직업심리학자인 스트롱(Strong. E. K.)에 의해 1927년에 개발된 이래 현재까지 지속적으로 연구개발되어 온 검사이다. 처음 개발되어 지속적으로 개정되면서 다양한 직업세계의 특징과 개인의 흥미 간 관계에 대한 유의한 자료를 제공해 주는 가장 널리 알려진 검사법이다.
> ② 스트롱은 오랜 기간의 연구와 경험을 통해 특정 직업에 만족하며 직업생활을 해나가는 사람들에게는 공통적인 흥미 패턴이 있음을 알게 되었고 이를 바탕으로 스트롱 직업흥미검사를 개발하게 되었다.
> ③ 일반직업분류(General Occupational Themes ; GOT), 기본흥미척도(Basic Interest Scales ; BIS), 개인특성척도(Personal Style Scales ; PSS)의 3부분으로 구분되는 광범위한 흥미 목록 형태의 문항을 통해 각 개인이 어떤 활동에 가치를 두는지, 어떤 직업이 적합한지, 어떤 환경이 적합한지, 어떤 사람들과 일하는 것을 좋아하는지 등에 관계되는 척도별 점수(GOT, BIS, PSS)를 파악한다.

079

흥미검사 구성에 대하여 설명하시오.

필.수.이.론

흥미검사는 5개의 하위검사로 이루어져 있으며, 각 하위검사는 6가지 흥미유형을 측정할 수 있는 문항들로 구성되어 있다.

하위검사	내용
활동검사	평소에 좋아하거나 하고 싶은 활동에 대한 검사
유능성검사	자신에게 어떤 능력이 있다고 생각하는지에 대한 검사
선호직업검사	평소 어떤 직업을 좋아하는지에 대한 검사
선호분야검사	현재나 과거에 어떤 과목이나 학문 분야를 선호하는지에 대한 검사
일반성향검사	자신의 일방적인 성향이나 태도 검사

080

MBTI에 대하여 설명하시오.

필.수.이.론

JUNG의 성격유형이론을 근거로 개발한 성격유형지표로서 각자가 인정하는 반응에 대한 자기보고를 통하여 인식과 판단과정에서 나타나는 사람들의 근본적인 선호성을 알아내고 각자의 선호성이 개별적 또는 복합적으로 어떻게 작용하는지의 결과들을 예측하여 실생활에서 도움을 얻는다.

① 외향성-내향성 : 주의집중과 에너지 방향
  ㉠ 외향형은 폭넓은 대인관계를 유지하며 사교적이고 정열적이며 활동적이다.
  ㉡ 내향형은 깊이 있는 대인관계를 유지하며 조용·신중하고 이해한 다음에 경험한다.
② 감각-직관 : 정보수집의 방법
  ㉠ 감각형은 오감에 의존하여 실제의 경험을 중시하며 지금, 현재에 초점을 맞추고 정확하고 철저하게 일처리를 한다.

ⓒ 직관형은 육감 내지 영감에 의존하며 미래지향적이고 가능성과 의미를 추구한다. 또한 신속, 비약적으로 일처리를 한다.
③ 사고와 감정 : 판단과 결정과정
　　㉠ 사고형은 진실과 사실에 주 관심을 갖고 논리적이고 분석적이며 객관적으로 판단한다.
　　ⓒ 감정형은 사람과 관계에 주 관심을 갖고 상황적이며 정상을 참작한 설명을 한다.
④ 판단과 인식 : 행동이행과 생활양식의 지표
　　㉠ 판단형은 분명한 목적과 방향이 있으며 기한을 엄수하고 철저히 사전에 계획하고 체계적이다.
　　ⓒ 인식형은 목적과 방향은 변화 가능하고 상황에 따라 일정이 달라지며 자율적이고 융통성이 있다.

> **MBTI의 용도**
> ① 현재의 직업불만족의 이유를 탐색하는 데 쓰일 수 있다.
> ② 내담자를 도와 직업대안을 찾을 수 있다.
> ③ 내담자를 도와 적합한 직업환경을 찾아내는 데 쓰일 수 있다.
> ④ 왜 개인이 특정 직업을 좋아하는지 그 이유를 제시할 수 있다.

081 기출 ★★

흥미검사는 특정 직업활동에 대한 호기심이나 선호를 측정하기 위해 만들어졌다. 현재 사용 가능한 흥미검사의 종류를 5가지만 쓰시오.

필.수.이.론

① 스트롱 직업흥미검사
② 쿠더식 직업흥미검사
③ 직업선호도검사
④ 진로사정검사
⑤ 직업카드분류법

CHAPTER 05
직업발달론의 이해

1 2 3 完

082　　　　　　　　　　　　　　　　　　　　　　　　　　　　기출 ★
Holland의 이론적 가정에 대해 설명하시오.

필.수.이.론

① 대부분의 사람들은 6가지 성격유형 중 하나로 분류될 수 있다.
② 직업환경은 6가지로 분류될 수 있다.
③ 사람들은 자신의 기술과 능력을 발휘하고 자신의 태도와 가치관에 따라 일할 수 있는 환경을 선호한다.
④ 개인의 행동은 자신의 성격과 자신이 속한 환경특성과의 상호작용에 의해 결정된다.

➕ 홀랜드 이론의 주요 개념
① 사람들은 자신의 기술과 능력을 발휘할 수 있고, 그들의 적성과 가치를 표현할 수 있으며, 자기 성향에 맞는 일과 역할을 맡을 수 있는 직업(작업)환경을 추구한다.
② 사람들은 직업(작업)환경을 여러 방법으로, 여러 수준에서, 그리고 장기간에 걸쳐서 추구하며, 직업(작업)환경 내에서 각 성격 유형은 자신의 진로개발을 통하여 목표설정, 직업선택 및 직업전환 등을 이루어 간다.
③ 개인의 행동은 성격과 직업(작업)환경의 상호작용으로 결정된다. 개인의 성격 유형과 그가 처한 직업(작업)환경 유형 간의 조화 정도를 보고 진로선택, 진로전환, 진로성취, 직업만족도 등 여러 가지 결과를 예측할 수 있다.
④ 실제로 홀랜드가 제시한 개인의 성격 유형과 직업(작업)환경 유형의 6각형 모형은 진로지도나 직업적응지도에서 그 활용 가능성이 크다고 할 수 있다.

1 2 3 完

/ 083   기출 ★★

Holland의 직업선호도 검사에 대한 것이다. 다음을 기술하시오.
(1) 흥미검사를 해석할 때 직업목록에서 찾아낼 수 있는 3가지 정보는?
(2) 일관성에 대해 서술하고 예를 들어 설명하시오.

 필.수.이.론

(1)
① 흥미유형
② 직업명 사전상의 코드
③ 필요한 교육수준

> **참고**
> 해석은 채점을 통해 개인의 흥미유형코드를 구한 후 직업목록을 참조한다. 직업목록은 1,000여 개의 직업들을 흥미유형, 직업명 사전상의 코드, 필요한 교육수준의 세 가지 항목으로 구분하여 개인의 흥미유형코드에 맞는 직업들을 찾아낸 후 직업명 사전의 코드를 통해 각 직업에 대한 자세한 정보를 얻게 된다.

(2)
일관성은 6각형에서 인접할수록 높다. 6가지 유형들의 어떤 쌍들은 다른 유형의 쌍들보다 공통점을 더 많이 가지고 있다. 즉, 공통점을 갖고 있는 2가지 유형들이 육각형에 인접할 때 일관성이 높게 나타난다. 예를 들어 6각형상에서 현실적 유형과 탐구적 유형의 거리가 현실적 유형과 예술적 유형 간의 거리보다 가까우면 일관성이 더 높다고 볼 수 있다.

1 2 3 完

/ 084-1   기출 ★★

Holland의 5가지 주요 개념에 대하여 설명하시오.

/ 084-2   기출 ★★★

홀랜드의 개인과 개인, 개인과 환경, 환경과 환경과의 관계를 나타내는 이론 3가지를 설명하시오.

필.수.이.론

① 일관성 : 코드 첫 두 문자가 육각형에 인접할 때 일관성이 높게 나타난다.
② 차별성 : 하나의 유형에는 유사성이 많이 나타나지만 다른 유형에는 유사성이 나타나지 않는다.
③ 정체성 : 목표, 흥미, 재능에 대한 청사진을 말하며 투명성, 안정성, 목표, 보상의 통합을 말한다.
④ 일치성 : 자신의 유형과 비슷하거나 정체성이 있는 환경유형에서 일하거나 생활할 때 일치성이 높게 나타난다.
⑤ 계측성 : 유형(환경)들 간의 거리는 그들 사이의 이론적인 관계에 반비례한다.

보충설명

(1) 일관성
① 6가지 유형들의 어떤 쌍들은 다른 유형의 쌍들보다 공통점을 더 많이 가지고 있다. 예를 들면 예술적·사회적 유형은 탐구적·진취적 유형보다 공통점을 더 많이 가지고 있다.
② 육각모형에서 근처에 인접한 유형끼리 요약코드로 나타나면 일관성이 있다고 해석한다.
③ 일관성 있는 흥미유형을 보이는 사람들은 대체로 안정된 직업경력을 가진다. 그들은 직업목표와 직업성취가 분명한 사람들이다.
④ 일관성을 조작하는 방법
  ㉠ 첫 두 문자가 육각형에 인접할 때 일관성이 높게 나타난다(RI 또는 SE).
  ㉡ 중간 정도의 일관성은 육각형에서 다른 문자가 개인 코드의 첫 두 개 문자 사이에 있을 때 나타난다(RA 또는 SC).
  ㉢ 낮은 일관성은 코드의 첫 두 개 문자가 육각형에서 두 개 사이에 낀 문자들에 의해 나누어질 때 나타난다(RS 또는 AC).

(2) 차별성
① 어떤 사람들은 한 개의 유형에는 유사성이 많이 나타나지만 다른 유형에는 별로 유사성이 나타나지 않는다. 이런 사람들은 흥미검사 결과 점수가 어떤 특정한 유형에 높게 나타나고 다른 유형에는 낮게 나타난다.
② 모든 유형에 똑같은 유사성을 나타내는 사람은 특징이 없거나 그 특징이 잘 규정되지 않았다고 할 수 있다. 이런 사람들은 흥미검사 점수가 모든 유형에 유사하게 나타나는 경우이다.
③ 차별성은 자기 방향탐색 또는 직업전환도검사 프로필로 측정된다.

(3) 정체성
① 개인에게 있어서 정체성이란 개인의 목표, 흥미, 재능에 대한 명확하고 견고한 청사진을 말한다.

② 환경에서 정체성이란 조직이 분명하고 통합된 목적·목표·업무를 가지고 있으며, 장기간에 걸쳐 안정된 보상을 지니고 있다고 규정된다.
③ 자기직업상황(MVS)의 직업정체성 척도는 개인에 대한 이러한 요인을 측정하는 데 사용된다. 예컨대 이 검사에서 점수가 낮은 사람들은 반대되는 직업목표를 가진 사람들이 많다.

(4) 일치성
① 사람은 자신의 유형과 비슷하거나 정체성이 있는 환경유형에서 생활할 때 일치성이 높아지게 된다.
② 반대로 예술적인 사람이 관습적인 환경에서 일하거나 생활할 때는 일치성이 낮아진다.
③ 6각형 모형은 개인의 유형과 환경 간의 일치 정도를 측정할 수 있다.
　㉠ 완벽한 적합은 현실적 환경에서 일하는 현실적인 성격유형을 가진 사람과 같은 경우이다.
　㉡ 최선의 적합은 환경유형에 인접한 성격유형이므로 탐구적 환경에서 일을 하는 현실적 유형의 사람이 이에 해당된다.
　㉢ 환경과 개인의 가장 좋지 않은 일치의 정도는 육각형에서 유형들이 반대 지점에 있을 때 나타난다.

(5) 계측성
① 홀랜드에 의하면 유형들(환경) 내 또는 유형들 간의 관계는 육각형 모형에 따라 정리될 수 있는데, 육각형 모형에서 유형(환경)들 간의 거리는 그것들 사이의 이론적인 관계에 반비례한다.
② 여기서 육각형은 개인(환경) 간 또는 개인 내에 있는 일관성의 정도를 나타내 주는 도형으로 이론의 본질적 관계를 설명해준다.

085 　기출 ★★★★★

노동부-흥미검사는 Holland의 개인-환경 간 적합성 모형을 토대로 개발한 것이다. Holland에 의하면 개인과 직업환경은 각각 6가지의 흥미유형으로 구분될 수 있으며 개인은 자신의 흥미유형과 일치하는 작업환경을 추구하는 경향이 있고, 이러한 환경에서 일할 때 잠재력을 최대한 발휘할 수 있다고 보았다. 이 6가지 유형을 쓰시오.

필.수.이.론

유형	성격	직업환경
현실적	이 유형의 사람은 기계, 도구, 동물에 관한 체계적인 조작활동을 좋아하나, 사회적 기술이 부족하다.	사물, 도구 기계, 동물 등의 질서 정연하고 체계적인 조작 : 전기 기술자, 농부, 관제사, 자동차 정비공, 목수, 운전사 등
탐구적	이 유형은 분석적이고 호기심이 많고 조직적이며 정확한 반면, 리더십 기술이 부족하다.	물리적, 생물적 사회문화적 현상의 관찰과 체계적 탐구 : 과학자, 사회과학자, 연구원, 전자제품 수리공, 프로그래머 등
예술적	이 유형은 표현이 풍부하고 독창적이며 비순응적이고 심미적인 사람들로, 규범적인 기술은 부족하다.	예술, 연기 저작 등 창조적·직관적 활동과 자유분방함 : 음악가, 미술가, 무용가, 배우, 디자이너, 영화 감독, 사진사 등
사회적	다른 사람과 함께 일하거나 다른 사람을 돕는 것을 즐기지만 도구와 기계를 포함하는 질서정연하고 조직적인 활동을 싫어한다.	사람들에 대한 교육, 보살핌, 계몽 등 봉사적 활동과 사회적 성취 : 사회사업가, 교사, 사서, 성직자, 이발사, 카운슬러 등
진취적	이 유형은 조직 목표나 경제적 목표를 달성하기 위해 타인을 조작하는 활동을 즐긴다. 그러나 상징적이고 체계적인 활동을 싫어하며 과학적 능력이 부족하다.	개인적 또는 조직의 목표 달성을 위한 적극적·설득적 환경 : 사업가, 바이어, 부동산 중개인, 정부관리, 판매원 등
관습적	이 유형은 체계적으로 자료를 잘 처리하고 기록을 정리하거나 자료를 재생산하는 것을 좋아하는 대신 심미적 활동은 피하는 경향이 있다.	자료와 서류의 기록 정리, 계획과 업무 처리 등 체계적 환경 : 은행원, 서기 세무사, 회계 사무원, 비서, 속기사 등

1 2 3 完

/086   기출 ★

Holland 이론과 관련된 검사도구를 3가지 이상 쓰시오.

필.수.이.론

① 직업선호도 검사(VPI) : 직업에 대한 좋고 싫음 등 직업 흥미표시
② 자기방향탐색(SDS) : 직업공상, 활동, 직업태도, 자아평가능력 등을 측정
③ 직업탐색검사(VEIK) : 미래진로를 이해하고 직업목표와의 관련성을 돕는 검사
④ 자기직업상황(MVS) : 정체성, 직업정보에 대한 필요, 선택된 직업목표에 대한 장애 등을 측정

1 2 3 完

/ 087 기출 ★

홀랜드의 성격 육각형 모델의 단점을 2가지 이상 쓰시오.

필.수.이.론

① 인성(성격)을 강조하여 개인적, 사회적, 환경적 요인은 무시되었다.
② 인성이라는 요인을 중시하고 있으면서도 인성 발달 과정에 대한 설명이 다소 결여되어 있다.
③ 개인적 자신과 환경을 변화시킬 수 있는 능력을 고려하지 못한다.
④ 남녀차별적 이론이다.

> **홀랜드의 이론 평가**
> **(1) 장점**
> 환경적 측정의 영역과 개인과 환경에서의 상호작용의 이해, 개인행동의 이해라는 측면에서 탁월하며, 홀랜드와 그의 동료들은 또한 인성특성에 관련되어 있는 직업적인 흥미를 이해하는 데 매우 중요한 공헌을 했다.
>
> **(2) 단점**
> 남녀를 차별하고 있음을 보여주고, 인성이라는 요인을 중시하고 있으면서도 인성 발달 과정에 대한 설명이 다소 결여되어 있다.

1 2 3 完

/ 088 기출 ★★

생애진로사정(LCA)의 의미와 이를 통해 알 수 있는 정보 3가지를 쓰시오.

필.수.이.론

(1) 생애진로사정의 개념
① 내담자에 관한 기초적인 직업상담 정보를 얻는 질적 평가절차이다.
② 내담자가 자신의 경험에 초점을 맞춤으로써 자신에 대해 살펴보고 이야기할 수 있도록 해주는 구조화된 면접법이다.
③ 부분적으로 아들러(Adler)의 개인주의 심리학에 기반을 두고 있다.
④ 내담자가 인생의 가치관이 무엇이며 그 가치관이 자신이 행동을 지배하는지를 확인하고 명확하게 인식하도록 돕기 위한 과정이다.

(2) 생애진로사정을 통해 얻고자 하는 정보
　① 내담자의 직업경험과 교육수준을 나타내는 객관적인 사실
　② 내담자 자신의 기술과 능력에 대한 자기평가
　③ 내담자 자신의 가치와 자기인식

1　2　3　完

/089　　　　　　　　　　　　　　　　　　　　　기출 ★★★

생애진로사정의 구성 4가지를 설명하시오.

필.수.이.론

① 진로사정 : 일의 경험, 교육훈련 경험, 여가활동 등에 대해 사정한다.
② 전형적인 하루 : 개인이 자신의 일상을 어떻게 조직하고 있는지를 알아본다.
③ 강점과 장애 : 내담자가 믿고 있는 장점과 단점, 잘하는 것과 못하는 것이 무엇인지 물어본다.
④ 요약 : 면접 동안에 얻은 정보를 강조하는 것이다.

1　2　3　完

/090　　　　　　　　　　　　　　　　　　　　　기출 ★★

파슨스의 특성 - 요인이론에서 특성은 (　　　　)이고 요인은 (　　　　)이다.

필.수.이.론

특성-요인이론에서 '특성'이란 검사를 통해서 측정될 수 있는 개인의 특징(적성, 흥미, 성격, 가치 등), 즉 개성을 의미한다. 또한 '요인'이란 성공적인 직업수행을 위해 요구되는 특징(책임감, 성실성, 직업성취도 등), 즉 직업의 구성요소를 의미한다.

1 2 3 完

/091　　　　　　　　　　　　　　　　　　　　　　　　　　　기출 ★★★

파슨스의 직업상담 3요인설을 설명하시오.

필.수.이.론

① 자신에 대한 이해 : 면담, 심리검사를 통한 자신의 적성, 흥미, 능력 파악
② 직업에 대한 이해 : 직업정보를 통한 보수, 승진제도 등의 이해
③ 자신과 직업의 합리적 연결 : 내담자 스스로가 직업을 선택하는 데 과학적 조언을 제공

1 2 3 完

/092　　　　　　　　　　　　　　　　　　　　　　　　　　　기출 ★★

수퍼의 경력발달 5단계를 설명하시오.

필.수.이.론

(1) 1단계 : 성장기(탄생~14세)
　① 가정이나 학교에서 주요 인물과 동일시함으로써 자아개념이 발달한다.
　② 하위단계 : 환상기/흥미기/능력기

(2) 2단계 : 탐색기(15~24세)
　① 학교, 여가활동, 시간제 일 등을 통해 자기검증, 역할수행, 직업적 탐색을 한다.
　② 하위단계 : 잠정기/전환기/시행기

(3) 3단계 : 확립기(25~44세)
　① 자신에게 적합한 직업분야를 찾아서 그 분야에서 영구적인 위치를 확보하려고 노력한다.
　② 하위단계 : 시행기/안정기

(4) 4단계 : 유지기(45~64세)
　직업세계에서 확고한 위치가 확립되어 이를 유지하기 위해 노력한다.

(5) 5단계 : 쇠퇴기(65세 이후)
　신체적, 정신적 능력이 쇠퇴함에 따라 직업활동으로서의 정상적인 과정은 끝나게 된다. 하지만 개인차가 크며 새로운 역할이나 활동을 찾아서 시작하기도 한다.

수퍼이론의 개요

① Super는 Ginzberg의 초기 직업선택 이론에서 직업선택 발달이 아동기로부터 성인 초기에 국한되지 않고 인생의 전 생애에 걸쳐서 발달·변화된다고 비판하였다.
② 개인의 능력, 흥미, 인성 등의 차이에 따라 각기 적합한 직업환경이 있다고 보고, 직업선택이란 직업선호, 생활장면, 자아개념 등에 의해 변화하는 연속적인 과정으로 파악한다.
③ 진로발달이론의 핵심은 진로의식의 발달과정이 바로 개인의 자아개념의 발달과 그것의 실현이라고 보는 데 있다.
④ 이러한 발달과정은 개인의 변인과 사회적 요인 간의 타협과 종합의 연속으로서, 자아개념은 타고난 능력, 신체적 특징, 다양한 역할 수행의 기회, 역할 수행의 결과에 대한 주위의 반응 등과 상호작용의 산물로 보고 있다.
⑤ 진로발달단계를 성장(growth), 탐색(exploration), 확립(establishment), 유지(maintenance), 쇠퇴(decline)의 연속적으로 특징지어지는 일련의 삶의 단계로 요약 설명하고 있다.

---

1 2 3 完

093 기출 ★★

수퍼(Super)의 진로발달 단계 중 성장기(Growth Stage)의 하위 3단계를 쓰고, 각각에 대해 설명하시오.

필.수.이.론

성장기는 출생부터 14세까지를 의미하며, 가정과 학교에서 주위의 인물들과의 동일시를 통해서 자아개념을 발달시켜 나간다. 초기에는 욕구와 환상이 지배적이다가 점차 흥미와 능력을 중시하게 되며 이 시기의 하위단계는 환상기-흥미기-능력기로 구분할 수 있다.
① 환상기는 아동의 욕구가 지배적이며 역할 수행이 중시된다.
② 흥미기는 진로의 목표와 내용을 결정하는 데 있어서 아동의 흥미가 중시된다.
③ 능력기는 진로선택에 있어 능력을 중시하며 직업에서의 훈련조건을 중시하는 시기이다.

094

긴즈버그 진로발달 이론에서 현실기의 하위 3단계를 쓰시오.

필.수.이.론

현실기(청소년 중기, 17세~청장년기)는 능력과 흥미의 통합, 가치의 발달, 직업적 선택의 구체화, 직업적 패턴의 명료화 등이 가능해진다. 특정 직업에 필요한 훈련, 자신의 흥미나 재능, 직업 기회 등을 현실적으로 고려하여 직업을 선택하며 현실기의 하위 3단계는 다음과 같다.

① 탐색단계(Exploration Stage) : 자신의 진로선택을 2~3가지 정도로 좁혀 가는 시기이다. 대부분 이러한 선택은 애매하여 확실한 결정의 상태라고 보기는 어려우나 진로에 대한 초점 범위가 훨씬 좁혀진 상태이다.
② 구체화단계(Crystallization Stage) : 특정 직업 분야에 몰두하게 된다.
③ 특수화단계(Specification Stage) : 각자가 직업을 선택하거나 혹은 특정 진로에 맞는 직업훈련을 받게 된다.

> **긴즈버그의 진로발달단계**
> (1) 환상기(Fantasy period)
>   ① 유년기(11세 이전)
>   ② 초기는 놀이 중심단계이며, 놀이가 일 중심으로 점차 변화되기 시작한다.
>   ③ 다양한 직업적 놀이를 통해 나타나게 되며, 처음으로 특정 활동에 대한 선호를 나타낸다.
>   ④ 직업선택의 근거를 개인적 소망에 두며, 현실적인 문제는 고려하지 않는다.
>   ⑤ 제복, 소방차, 발레화 등 직업의 가시적 측면만을 생각한다.
>   ⑥ 직업세계에 대한 최초의 가치판단을 반영하는 시기이다.
> (2) 잠정기(Tentative period)
>   ① 초기 청소년기(11~17세)
>   ② 일이 요구하는 조건에 대하여 점차 인식하는 단계로 자신의 소망과 현실적인 문제를 함께 고려한다.
>   ③ 흥미, 능력, 일의 보상 가치, 시간적 측면에 대한 인식이 이루어진다.
>   ④ 처음에는 오로지 직업에 대한 자신의 흥미에만 관심이 집중되지만, 시간이 지나면서 얼마나 사회에 기여할 것인지, 돈을 많이 버는지, 자유 시간을 가질 수 있는지 등 자신의 가치관과 능력에 알맞은 직업 쪽으로 기운다.

⑤ 고교 졸업 후 취업을 할 것인지 진학을 할 것인지 결정해야 한다.
⑥ 추상적 사고가 가능해지면서 심리적 특성으로 자신을 이해하기 시작하는 시기이다.
⑦ 잠정기 4단계
  ㉠ 흥미단계(Interest Stage) : 좋아하는 것과 그렇지 않은 것에 대한 보다 분명한 결정을 하게 된다.
  ㉡ 능력단계(Capacity stage) : 직업적인 열망과 관련하여 자신의 능력을 깨닫게 되는 단계이다.
  ㉢ 가치단계(Value Stage) : 자신의 직업 스타일에 대하여 보다 명확한 이해를 하게 된다.
  ㉣ 전환단계(Transition Stage) : 직업선택에 대한 결정과 진로선택에 수반되는 책임의식을 깨닫게 된다.

(3) 현실기(Realistic period)
① 청소년 중기(17세~청장년기)
② 능력과 흥미의 통합, 가치의 발달, 직업적 선택의 구체화, 직업적 패턴의 명료화 등이 가능해진다.
③ 특정 직업에 필요한 훈련, 자신의 흥미나 재능, 직업기회 등을 현실적으로 고려하여 직업을 선택한다.
④ 여성의 경우는 이 시기에 취업이냐, 결혼이냐에 대한 결정도 해야 한다.
⑤ 청년 후기 정체감 형성의 필수요소이다.
⑥ 현실기 3단계
  ㉠ 탐색단계(Exploration Stage) : 자신의 진로선택을 2~3가지 정도로 좁혀 가는 시기이다. 대부분 이러한 선택은 애매하여 확실한 결정의 상태라고 보기는 어려우나 진로에 대한 초점 범위가 훨씬 좁혀진 상태이다.
  ㉡ 구체화단계(Crystallization Stage) : 특정 직업 분야에 몰두하게 된다.
  ㉢ 특수화단계(Specification Stage) : 각자가 직업을 선택하거나 혹은 특정 진로에 맞는 직업훈련을 받게 된다.

095

고트프레드슨의 직업과 관련된 개인발달의 4단계를 쓰고 설명하시오.

필.수.이.론

(1) 힘과 크기 지향성(Orientation to size and power, 3~5세)
① 주로 어른들의 역할을 흉내내고 직관적인 사고과정을 보인다.
② 어른이 된다는 것의 의미를 알게 된다. 사고과정이 구체화되며, 자신의 직업에 대해서 긍정적 입장을 취한다.

(2) 성 역할 지향성(Orientation to sex and roles, 6~8세)
① 자아개념이 성(gender)의 발달에 의해서 영향을 받게 된다.
② 구체적인 사고를 할 수 있어 남녀 역할에 바탕을 둔 직업 선호를 하게 된다.
③ 자신이 선호하는 직업에 대해 보다 엄격한 평가를 할 수 있게 된다.

(3) 사회적 가치 지향성(Orientation to social valuation, 9~13세)
① 사회계층에서의 자아를 인식하게 되고, 일의 수준에 대한 이해를 확장시킨다.
② 사회계층이나 지능을 진로 선택의 주요 요소로 인식하게 되고 직업의 사회적 지위에 눈을 뜬다.
③ 직업에 대한 평가를 하기 위한 보다 많은 기준을 갖게 된다.

(4) 내적 고유한 자아 지향성(Orientation to the internal unique self, 14세 이후)
① 내성적인(introspective) 사고를 통하여 자아인식이 발달되며, 타인에 대한 개념이 생겨난다.
② 추상적인 사고를 하게 되고 개인적 흥미나 가치, 능력을 바탕으로 자신의 성격 유형에 관심을 갖게 된다.
③ 자아성찰과 사회계층의 맥락에서 직업적 포부가 더욱 발달하게 된다.

> **고트프레드슨 이론의 개요**
> ① 고트프레드슨(1981)은 개인의 진로 발달을 진로포부에 초점을 맞춰야 진로포부도 발달한다는 전제 아래, 진로 포부(career aspirations)의 발달에서 사회계층 배경을 주요한 요소로 간주했다.
> ② 고트프레드슨에 따르면, 다른 수준의 직업에 대한 지각이나 선호는 사회계층 배경의 작용으로 비롯되는 경향이 높다.

③ 진로포부 수준과 관련되는 다른 요소로는 직업의 위신, 성(性) 역할, 그 직업에 종사하는 사람들의 공통적 특징 등이 있으며 이러한 것들의 종합으로 개인은 이른바 '직업 인지도(Cognitive map of occupations)'를 형성한다는 것이다.
④ 고트프레드슨에 따르면 사람들은 자신의 자아 이미지에 알맞은 직업을 원하기 때문에 직업 발달에서 자아개념은 진로선택의 중요한 요인이 된다.
⑤ 자아개념 발달의 중요한 결정요인은 사회계층, 지능수준 및 다양한 경험 등이다.

1 2 3 完

/096 기출 ★★

Gottfredson의 직업포부 발달이론에 제시된 '제한과 절충의 원리'에서 '제한(circumscription)'과 '절충(compromise)'의 의미에 대해 각각 설명하시오.

필.수.이.론

(1) 제한
① 개인이 사회적 공간이나 수용 가능한 대안들에 관해 의사결정을 할 때 자신의 영역을 좁혀가는 과정으로 자기의 개념과 일치하지 않는 직업을 배제하는 것을 의미한다.
② 아동들이 초기에는 자신이 원하는 것은 무엇이든 될 수 있다는 환상적인 생각을 하지만 성장하면서 특정한 기준 즉, 신체의 크기와 힘, 성 역할, 사회적 명성, 내적 가치의 순으로 자신의 직업포부를 스스로 제한시켜 나가게 된다.

(2) 절충(타협)
① 최선의 선택을 하기가 어려울 때 차선책을 선택하는 것이다. 즉, 외적 현실에 열망을 순응시키는 과정으로 제한에 의해 자신이 극복할 수 없는 문제를 가진 직업을 불가피하게 포기하는 것으로서 타협이라고도 한다.
② 수용 가능한 진로대안 영역 안에서 자기가 원하는 흥미 영역의 직업을 선택한다고 하여도 그 직업을 선택할 수 있는 현실적 여건이 안 되는 경우 어떤 부분을 포기할 수밖에 없는 과정을 말한다.
③ 포기는 '흥미 → 사회적 지위(능력이 상한선, 자존감이 하한선) → 성 역할' 순으로 이루어진다.

097

Hall이 제시한 경력개발 4단계를 순서대로 설명하시오.

필.수.이.론

(1) 1단계 : 탐색기
① 성인의 세계로 들어가는 준비, 탐색 및 입사의 단계이다.
② 직업탐색이 일어나며 경력 또는 일에 대한 주체성이 형성되는 단계이다.
③ 이 시기에는 조직에 처음 들어왔으므로 직무와 관련된 기술과 지식을 중심으로 보조자 내지 학습자로서 상급자에게 종속하며 중요한 욕구는 안정의 욕구이다.

(2) 2단계 : 확립 및 전진
① 특정 직무에 정착하는 단계로서 각 개인은 자신의 분야에서 유능하다고 인정을 받고 싶은 욕구가 생긴다.
② 이 시기에는 다른 동료들 또는 라이벌 간에 상당한 정도의 경쟁심이 작용하므로 경쟁상황하에서의 갈등 및 실패에 대한 감정적 처리가 대단히 중요하다.
③ 일단 특정 직무에 정착하면 성과의 향상과 발전을 가져오고 조직에 대해서는 친밀감 및 귀속감을 갖게 된다.
④ 개인이 전 경력을 통해 볼 때 가장 많이 성장하는 생산적 시기이다.

(3) 3단계 : 유지
① 책임이 증가하고 타인을 지도·개발하는 단계로 관심이나 능력이 확대되는 시기이다.
② 이 단계에서의 관심은 오로지 일에 매달리는 것으로, 추구하는 일에 새로운 것은 적으나 하나의 일관된 흐름은 있다.
③ 이 단계를 '중년정체기'라고 부르기도 한다. 이 시기에는 성장을 위한 분발, 정체 또는 점진적 쇠퇴 현상이 일어난다.

(4) 4단계 : 쇠퇴
① 육체적으로나 정신적으로 능력이 쇠하는 시기이며 목표 열망과 경력에 관한 동기가 줄어드는 시기이다.
② 자신의 인생에 만족하며 그 인생을 의미 있는 것으로 총정리한다는 뜻이 내포되어 있기 때문에 이 시기를 통합단계라고 부르기도 한다.

참고
Hall에 의하면 경력단계에 따라 각 개인의 경력을 개인 스스로가 계획·개발할 수 있도록 조직이 도와주어야 하며 특히 경력단계별로 과업욕구와 과업에 임하는 개인의 감정욕구를 파악하여 훈련 및 개발을 하도록 도와주어야 한다.

098-1 　기출 ★★

사회학습 이론은 진로결정 과정에 다양한 요인들이 결합하고 이러한 상호작용으로 인하여 개인이 다양한 진로를 선택한다고 가정하고 있다. 이 이론에서 직업선호에 영향을 미치는 요인을 적으시오.

098-2 　기출 ★★★

진로선택 이론 중 사회학습 이론에서 크롬볼츠(Krumbiltz)가 제시한 진로선택에 영향을 주는 요인 3가지를 쓰시오.

필.수.이.론

① 유전적 요인과 특별한 능력
　　인종, 성별, 신체·용모, 성격, 예체능 분야의 타고난 특기 등 직업이나 교육 선택에 영향을 미칠 수 있는 요인을 말한다.
② 환경조건과 사건
　　사회·정치·경제·자연적 환경 조건이나 행사, 사건 등으로 보통 개인의 통제 밖에 있으며 취업 및 훈련기회, 사회·노동정책, 직업·취업구조, 노동법, 과학기술 발달 교육제도 등 여러 요인이 포함된다.
③ 학습경험
　　개인으로 하여금 주어진 환경에서 역할을 효과적으로 담당할 수 있도록 하는 행동적·인지적 기능을 갖게 해 주고 어떤 것을 선호하게 과정이다.
④ 과제접근기술
　　문제해결기술, 작업습관 등과 같이 개인이 개발시켜 온 기술 일체를 말한다. 개인의 학습 경험, 선천적 요인, 특별한 능력, 그리고 환경적 영향 간의 상호작용의 결과이며, 과업 수행 기준과 가치관, 근로 습관, 지각 및 인지과정, 정신 자세, 감정적 반응 등을 포함한다.

> **사회학습 이론의 개요**
> ① 진로설성 과정에 대한 사회적 학습이론은 반두라(A. Bandura)의 사회학습 이론에 근거를 두고 있다.
> ② 사회적 학습이론은 행동주의(S-R이론)에 뿌리를 두면서도 일방적인 환경결정론을 배격하고 상호결정론(reciprocal determinism)을 내세우면서 인간의 행동과 여러 가지 다른 개인적 요인 및 환경적 요인이 상호결정 요인으로 작용한다고 본다.

1 2 3 完

/099　　　　　　　　　　　　　　　　　　　　　　　　　　　　　　　　기출 ★

자기효능감의 원천에 대하여 설명하시오.

 필.수.이.론

① 달성 체험 : 가장 중요한 요인으로, 나 자신이 무언가를 달성하거나 성공한 경험
② 대리 경험 : 나 이외의 다른 사람이 무언가를 달성하고 성공하는 행위를 관찰하는 것
③ 언어적 설득 : 언어적인 격려, 본인의 능력에 대한 설명을 듣는 것
④ 생리적·정서적 고양 : 술 등의 약물 및 기타 요인

자기효능감을 증진시키기 위한 방법
- 내담자의 장점을 강조하며 격려하기
- 긍정적인 단계 강화하기
- 내담자와 비슷한 인물이나 영상 보여주기

100

사회인지이론에서 제안한 3가지 영역 모델을 쓰시오.

필.수.이.론

① 흥미모형
사람들은 자신이 성공적으로 이룰 수 있다고 느끼는 것에 지속적인 흥미를 느낀다.

② 선택모형
개인과 성별, 인종, 성격 등의 개인차와 환경이 학습경험에 영향을 주고 경험이 자기효능감과 결과기대에 영향을 준다.

③ 수행모형
개인이 목표를 추구함에 있어 어느 정도 지속할 것인지, 어느 정도 수행해 낼 것인지를 예측하는데, 과거의 성취도가 자기효능감과 결과기대에 영향을 주며 최종적으로 수행목표에 영향을 주어 최종적으로 수행수준을 이끈다.

> 사회인지이론
> - 반두라(Bandura)의 사회인지이론에 근거를 두고 있다.
> - 인지적 과정, 자기통제과정, 동기과정을 생애의 현상에 혼합한 이론이다.
> - 학습경험을 형성하고 진로행동에 단계적으로 영향을 주는 구체적 매개변인을 규정하는 방법을 모색하고자 한다.

101

사회인지이론에서 진로개발의 개인적 결정요인을 설명하시오.

필.수.이.론

① 자기효능감
목표한 과업을 완성시키기 위해 필요한 행동을 계획하고 수행할 수 있는 자신의 능력에 대한 신념을 말한다.
② 성과기대(결과기대)
특정한 과업을 수행했을 때 자신과 주변에서 일어날 일에 대한 평가를 말한다.
③ 개인목표
자신의 행동을 주체적으로 이끄는 인지적 주체로서 특정한 목표를 통해 행동을 실행하고 성취를 추구한다.

사회인지이론의 진로개발의 개인적 결정요인

(1) 자기효능감
① 자기효능감은 특정의 수행 영역에 관한 신념체계이다.
② 자기효능감은 4가지 종류의 학습경험을 거쳐서 발전된다. 개인적인 수행성취, 간접경험, 사회적 설득, 생리적 상태와 반응이 바로 그것이다.
③ 자기효능감은 한 수행 영역에서 성공을 경험할 때는 강화되는 반면 거듭해서 실패할 때는 약해진다.

(2) 성과기대
① 성과기대 또한 기대에 관한 개인적인 신념이나 행동적 활동의 결과로 간주된다.
② 누군가는 상을 받는 것과 같은 외재적 강화에 의해 성취감을 느끼는 것과 같이 자기주도적(self-directed) 활동에 따라 동기가 부여되기도 한다.
③ 성과기대도 자기효능감과 유사한 학습활동에 의해 구성된다.

(3) 개인목표
개인목표는 행동을 지속시키도록 유도한다. 따라서 개인목표는 이 이론에서 가장 중요한 요소이다.

1 2 3 完

102　기출 ★★
긍정적으로 자기를 인지하고 자신감을 높이기 위한 Healy의 기술을 5가지 (이상) 작성하시오.

필.수.이.론

① 다양한 범위의 행위를 경험하고 그것을 숙고할 때 자기인식 능력이 증가한다.
② 노력의 결과를 긍정적으로 강화하고 성공하는 방법을 배울 때 자기인식이 증가한다.
③ 역량 있다고 기대되는 것을 개발하고 독려할 때 자기인식과 자신감이 증가한다.
④ 다른 사람을 가르치기 위해서 정보를 얻고 조직화하도록 안내받을 때 자기인식과 자신감이 증가한다.
⑤ 관찰한 피드백을 얻고 통합할 때 자기인식과 자신감이 증가한다.
⑥ 상담가가 체계적으로 목표와 목적을 가지고 적당한 모델로 프로그램을 계획할 때 자기인식과 자신감이 증가한다.
⑦ 그들의 삶이 의미 있게 관찰되고 숙고될 때 자기인식이 증가한다.
⑧ 보조적인 수단이 줄어들고, 기록과 성취가 검토될 때 자신감이 증가한다.

1 2 3 完

103　기출 ★
인본주의 심리학자 매슬로우가 말하는 자기실현을 한 사람의 특성 중 자신에 대한 관점과 행동특성을 기술하시오.

필.수.이.론

(1) 자신에 대한 관점
　① 남들이 자신을 바라보는 시선이나 태도에 연연해하지 않고 자신을 있는 그대로 바라본다.
　② 인공적으로 꾸미기보다는 있는 그대로 자연스럽게 표현하는 것을 더 좋아한다.

(2) 행동특성
　① 꾸준히 개인적 성장을 추구한다.
　② 현실과 자기 자신을 잘 조화시킨다.
　③ 개방적이고 자발적이며 주위의 사상을 있는 그대로 받아들인다.
　④ 타인에게 의존하지 않고 일을 추구한다.
　⑤ 다른 사람에 비해 절정경험을 더 많이 갖고 있다.
　⑥ 여러 가지 극단적인 성격특징을 조화시킨다.

104

진로선택이론 중 Roe의 욕구이론은 성격이론과 직업분류라는 두 가지 영역을 통합한 데 그 의미가 있다. Roe의 욕구이론에 영향을 미친 성격이론과 직업분류체계를 쓰시오.

필.수.이론

① Roe에게 영향을 미친 이론 : Maslow의 욕구위계론(생리적 욕구, 안전의 욕구, 애정·소속의 욕구, 자존의 욕구, 자아실현의 욕구)
② 직업분류체계 : 서비스, 비즈니스, 조직, 기술과학, 옥외활동, 과학, 일반문화, 예술과 연예

흥미중심 분류-8가지 직업군집

(1) 서비스(Service)
  ① 이 군집에 속하는 직업들은 기본적으로 다른 사람의 취향·욕구·복지에 관심을 가지고 봉사한다.
  ② 이 군집의 본질적인 요인은 다른 사람을 위해서 무엇인가를 하고 있는 환경이다.
  ③ 사회사업, 가이던스 등

(2) 사업적 접촉(Business Contact)
  ① 이 군집에 속하는 직업들은 대인관계가 중요하나 타인을 도와주기보다는 어떤 행동을 취하도록 상대방을 설득하는 데 초점을 둔다.
  ② 판매직

(3) 조직(Organization)
  ① 인간관계의 질은 대개 형식화되어 있는 것이 특징이다.
  ② 이 군집에 속하는 직업들은 기업의 조직과 효율적인 기능에 관련된 것이 대부분이다.
  ③ 사업, 제조업, 행정에 종사하는 관리직 화이트칼라 등

(4) 기술과학(Technology)
  ① 대인관계는 상대적으로 덜 중요하며 사물을 다루는 데 관심을 둔다.
  ② 생산·유지·운송·공학·기능·기계무역에 관계된 직업들

(5) 옥외활동직(Outdoor)
  ① 대인관계는 그다지 중시되지 않는다.
  ② 산업의 기계화로 인해 이 군집에 속하던 많은 직업들이 기술과학 군집으로 옮겨졌다.
  ③ 농산물, 수산자원, 지하자원, 임산물, 기타의 천연자원을 개간·보존·수확하는 것과 축산업에 관련된 직업

(6) 과학(Science)
   ① 이 군집은 기술과학과는 달리 과학이론과 그 이론을 특정한 환경에 적용하는 직업들이다.
   ② 심리학이나 인류학과 같은 분야뿐만 아니라 전혀 인간관계 지향이 아닌 물리학과 같은 과학적 연구에서도 인간관계에 호소하는 경향을 지닌다.
   ③ 보편문화 군집과 관련이 있다.
   ④ 의학직 등

(7) 보편문화(General Culture)
   ① 이 군집의 직업들은 보편적인 문화유산의 보존과 전수에 관련된다.
   ② 개인보다는 인류의 활동에 흥미가 있으며 교육, 언론, 법률, 성직, 언어학과 인문학이라 불리는 과목들과 관련된 직업들이 이 군집에 포함된다.
   ③ 교사 등

(8) 예술과 연예(Arts and Entertainment)
   ① 창조적인 예술 및 연예에 관련된 특별한 기술을 사용하는 것과 관련된 직업들이 여기에 속한다.
   ② 대부분의 경우 개인과 대중 또는 조직화된 한 집단과 대중 사이의 관계에 초점을 둔다.

---

105 기출 ★★

흥미와 책무성의 정도에 기초한 Roe의 2차원 분류체계에서 6가지 수직차원을 쓰시오.

필.수.이.론

① 전문적이고 관리적인 단계 1(professional and managerial 1)
② 전문적이고 관리적인 단계 2(professional and managerial 2)
③ 준전문적인 소규모의 사업(Semiprofessional and small business)
④ 숙련직(Skilled) 단계
⑤ 반숙련적(Semiskilled) 단계
⑥ 비숙련직(Unskilled) 단계

책무성 중심 분류-6단계 직업군집

(1) 전문적이고 관리적인 단계 1(professional and managerial 1)
   ① 이 단계는 중요한 사안에 대해 독립적인 책임을 지는 전문가들과 개혁자, 창조자, 최고 경영관리자들을 포함한다.
   ② 단계설정 기준
      ㉠ 중요하고 독립적이며 다양한 책임을 진다.
      ㉡ 정책을 만든다.
      ㉢ 박사나 이에 준하는 정도의 교육을 받는다.

(2) 전문적이고 관리적인 단계 2(professional and managerial 2)
   ① 단계 1보다는 좁은 영역에 대한 덜 중요한 책임이 따른다.
   ② 단계설정 기준
      ㉠ 중요도와 다양성의 측면에서 자신과 타인에 대한 중간 수준의 책임을 진다.
      ㉡ 정책을 해석한다.
      ㉢ 석사학위 이상, 박사와 그에 준하는 정도의 교육보다는 낮은 수준의 교육을 받는다.

(3) 준전문적인 소규모의 사업(Semiprofessional and small business)
   ① 단계설정 기준
      ㉠ 타인에 대한 낮은 수준의 책임을 진다.
      ㉡ 정책을 적용하거나 오직 자신만을 위한 의사결정을 할 수 있다.
      ㉢ 고등학교나 기술학교 또는 그에 준하는 정도의 교육 수준을 가진다.

(4) 숙련직(Skilled) 단계
   숙련직은 견습이나 다른 특수 훈련과 경험을 필요로 한다.

(5) 반숙련적(Semiskilled) 단계
   약간의 훈련과 경험을 요구하지만 4단계보다는 매우 낮은 수준이다. 훨씬 더 적은 자율과 주도권이 주어진다.

(6) 비숙련직(Unskilled) 단계
   특수한 훈련이나 교육을 필요로 하지 않으며, 간단한 지시를 따르거나 단순한 반복활동에 종사하기 위해서 필요한 능력 이상을 요구하지 않는다.

CHAPTER 06
직무의 이해

1 2 3 完

/106　　　　　　　　　　　　　　　　　　　　　　　　　　기출 ★

직무분석의 목적에 대하여 설명하시오.

필.수.이.론

직무분석은 직무기술서와 직무명세서를 작성해서 직무평가를 하고자 하는 것이지만, 직무분석을 통해서 얻어진 정보는 조직구성원의 목표달성을 위한 행동을 평가하는 데 매우 중요한 역할을 하며 인사관리 전반을 과학적으로 관리하기 위한 기초를 제공한다. 직무분석은 과학적·합리적인 인사관리의 기초로서 요청되며 다음과 같이 5가지 측면이 있다.
① 인력확보 측면
② 인력평가 및 개발 측면
③ 인력보상 측면
④ 인력유지 측면
⑤ 인력방출 측면

보충설명

① 인력확보 측면 : 해당 기업에 필요한 직무의 종류와 양을 파악하여 인력산정을 가능하게 하고, 필요인력과 인건비를 비교해 충원해야 할 직무의 우선순위를 판단하는 데 유용한 정보를 제공한다.
② 인력평가 및 개발 측면 : 인사고과에서 직무가 요구하는 작업수행자의 능력에 관한 정보는 작업수행자 능력평가의 기준이 되며, 교육·훈련에 대한 명확한 정보를 제공한다. 또한 직무순환에 대한 필요한 정보를 제공하여 직무순환을 통한 경력개발의 효율성을 제고시킨다.

③ 인력보상 측면 : 각 직무의 수행과정에 각 직무의 상대적 가치를 결정하고(직무평가), 인사고과에 의해 특정 종업원을 판단하며, 이 양자의 종합으로 임금의 결정을 가능하게 한다.
④ 인력유지 측면 : 직무수행방법 및 사용 장비에 대한 정보는 작업장에서의 안전사고예방 대책 수립을 용이하게 한다.
⑤ 인력방출 측면 : 인력 감축 시 직무의 가치와 다른 작업자에 의한 대체가능성 등에 대한 정보를 통해 합리적으로 결정할 수 있으며, 직무정보를 활용한 직무구조개선을 통해 직무불만족에 의한 이직을 줄일 수 있다.

107

직무분석 방법으로 최초분석법, 비교확인법, 데이컴법 등이 있다. 이 가운데 최초분석법은 어느 경우에 적합하며, 구체적인 방법에는 어떤 것들이 있는지 4가지 이상 기술하시오.

필.수.이.론

최초분석법은 조사할 직무대상에 관한 참고문헌이나 자료가 드물고, 그 분야에 많은 경험과 지식을 갖춘 사람이 적을 때 직접 작업현장을 방문하여 분석을 실시하는 방법이다. 이 방법에는 면담법, 관찰법, 체험법, 설문지법, 녹화법, 기록법 등이 있다.

직무분석의 방법
- 최초분석법 : 면접법, 질문지법, 관찰법, 결정적 사건기법, 작업일지법
- 비교확인법
- 데이컴법

108

직무분석을 위한 면접 시 면접진행을 위한 지침 및 유의사항을 작성하시오.

필.수.이.론

① 작업자가 말하는 내용에 대하여 의견 대립을 보이지 말아야 한다.
② 노사 간의 불만이나 갈등에 관한 주제에 어느 한 편을 들지 말아야 한다.
③ 직무에서의 임금분류체계에 관심을 보이지 말아야 한다.
④ 면접 내내 정중하고 공손한 태도를 보여야 한다.
⑤ 작업자를 얕보는 투로 이야기하지 말아야 한다.
⑥ 면접자의 개인적인 견해나 선호가 개입되지 말아야 한다.
⑦ 사적인 감정을 배제해야 하며, 조직이나 작업방법에 대해 비판하지 말고 변화나 개선을 제안하지 말아야 한다.
⑧ 상사나 감독자의 허락을 먼저 받고 작업자와 면접한다.
⑨ 완결된 분석에 대해 검토하는 과정을 거친다.

109

직무분석의 구조적 면접법, 비구조적 면접법에 대한 각각의 의미와 장·단점을 쓰시오.

필.수.이.론

(1) **구조화 면접법** : 질문 내용을 미리 준비해 두고 순서에 따라 면접을 진행한다.
    ① 장점 : 짧은 시간에 많은 정보를 얻을 수 있다.
    ② 단점 : 심층적인 정보나 상황변화에 따른 정보를 얻기가 어렵다.

(2) **비구조화 면접법** : 사전에 결정된 질문이 없이 응답자의 반응에 따라 융통성 있게 면접을 진행한다.
    ① 장점 : 심층적 정보를 얻을 수 있다.
    ② 단점 : 짧은 시간에 다량의 정보를 얻기가 어렵다.

110

직무분석방법 중에서의 결정적 사건법(중요사건기술법)의 단점을 3가지 (이상) 쓰시오.

필.수.이.론

① 시간 소비적이다.
② 특별히 훈련받은 사람이 필요하다.
③ 임무와 관련 없는 데이터도 생성 가능하다.
④ 일상적인 수행에 관한 정보가 없다.
⑤ 응답자에 의한 사건의 왜곡이 발생할 수 있다.
⑥ 추론 과정에서 주관성이 개입될 수 있다.
⑦ 해당 직무에 관한 포괄적인 정보를 얻기가 어렵다.

111

직무기술서에 포함되는 정보 5가지를 적으시오.

필.수.이.론

① 직무명
② 직무활동과 절차
③ 작업조건과 물리적 환경
④ 사회적 환경
⑤ 고용의 조건

112

직업적응 이론(TWA)에서 중요하게 다루는 6가지 직업가치를 쓰시오.

필.수.이.론

① 이타심(altruism) : 타인을 돕고 그들과 함께 하려는 욕구이다. 이 가치의 하위 개념인 욕구척도로는 동료나, 사회봉사, 도덕성 등이 있다.
② 지위(status) : 타인에 대해 자신이 어떻게 지각되는지와 사회적 명성에 관한 욕구이다. 이 가치의 하위 개념인 욕구척도에는 발전가능성, 지휘권, 지위, 인정 등이 있다.
③ 성취(achievement) : 자신의 능력을 발휘하고 성취감을 얻는 일을 하려는 욕구이다. 이 가치의 하위 개념인 욕구척도에는 능력, 성취감 등이 있다.
④ 안전성(safety) : 혼란스러운 조건이나 환경을 피하고, 정돈되어 예측 가능한 환경에서 일하고 싶은 욕구이다. 이 가치의 하위 개념인 욕구척도에는 공정성, 업무지원, 직무교육 등이 있다.
⑤ 편안함(comfort) : 직무에 대해 스트레스를 받지 않고 편안한 작업환경을 바라는 욕구이다. 이 가치의 하위 개념인 욕구척도로는 활동성, 독립성, 다양성, 보상, 안정성, 근무환경 등이 있다.
⑥ 자율성(autonomy) : 자신의 의지대로 일할 기회를 가지며 자유롭게 생각하고 결정하고자 하는 욕구이다. 이 가치의 하위개념인 욕구척도로는 자율성, 재량권, 창의성 등이 있다.

롭퀴스트와 데이비스 이론의 배경

- 특성-요인이론의 성격을 지니는 복잡한 이론으로 개인의 특성에 해당하는 욕구와 능력을 환경에서의 요구사항과 연관 지어 직무만족이나 직무유지 등의 진로행동을 설명하려는 이론이다.
- 미네소타 대학의 직업적응계획의 일환으로 연구되었으며 작업특성과 작업환경을 통합시키는 데 사용되어 왔다.
- 이 이론은 개인과 환경 사이의 일치라는 개념에 기초를 둔다.
- 이것은 개인과 환경 사이의 조화로운 관계성, 환경에 대한 개인 그리고 개인에 대한 환경의 적합성, 개인과 환경 사이의 일치, 개인과 환경 사이의 상호보완적인 관계성으로 기술될 수 있다.
- 일치라는 것은 개인과 환경이 공동으로 반응 하는 것을 말한다. 개인은 환경에서 살아남기 위해서 어느 정도 일치를 성취해야만 한다(개인과 환경 간의 상호작용 강조).

113

직업적응 이론은 개인이 환경과 상호작용하는 특성을 나타내는 4가지 성격유형요소를 가정한다. 이 성격유형요소들 중 3가지 이상 제시하고 설명하시오.

필.수.이.론

직업적응 이론은 개인과 환경 사이의 일치라는 개념에 기초를 두고 있다. 특성요인 이론의 성격을 지닌 복잡한 이론으로 개인의 특성에 해당하는 욕구와 능력을 환경에서의 요구사항과 연관지어 직무만족이나 직무유지 등의 진로행동을 설명하려는 이론이다. 직업적응 이론에서는 개인과 환경이 상호작용하는 일시적 특성을 성격이라 한다. 이 이론의 4가지 성격유형을 기술하면 다음과 같다.

① 민첩성(celerity) : 민첩성은 환경에 대한 반응 속도로 개인이 환경에 얼마나 빨리 상호작용을 시작하는지와 관련되며 정확성보다는 속도를 중시한다. 목표를 세우고 실행력이 빠르면 민첩성이 높고 목표는 세웠으나 실행을 미룰 경우 민첩성이 떨어진다고 볼 수 있다.
② 역량(pace) : 근로자의 평균 활동 수준으로 과제를 해나가는 정도, 개인이 환경에 반응하고 상호작용하는 활동 수준, 강도를 말한다. 직무완료가 빠른 사람이 있는 반면 몇 날 며칠이 지나도 직무가 완료되지 않는 사람이 있는데 이때 빠르게 업무를 끝내는 사람이 속도가 빠르다고 한다.
③ 리듬(rhythm) : 활동에 대한 다양성으로 과제를 해나가는 속도의 규칙성과 패턴을 말하며 개인이 환경과 상호작용하는 속도가 얼마나 꾸준하고 주기적으로 나타나는가를 의미한다. 어떤 사람은 장시간 업무에 몰입하기도 하고 어떤 사람은 중간 중간에 쉬는 사람이 있다.
④ 지속성(endurance) : 다양한 활동 수준의 기간으로 개인이 환경과 얼마나 오랫동안 상호작용하는가를 의미한다. 어떤 사람은 장시간 직무에 몰입하기도 하고 어떤 사람은 짧은 시간 몰입하고 그러한 차이이다.

1 2 3 完

/ 114 기출 ★

직업적응 이론에서 직업적응 방식 측면에 대하여 설명하시오.

필.수.이.론

직업적응 이론에서는 개인의 적응과정을 이해하기 위해 불만족한 환경에서 개인이 어떻게 대처하는가를 살펴본다. 개인과 환경의 불만족은 시스템 내에서의 불균형을 의미하며, 누구나 불균형을 균형으로 변화시키고자 노력하는데 즉, 여기서 불균형은 불만, 균형은 만족을 불러일으킨다. 만족(균형)은 행동을 유지하는 동기화이고 불만족(불균형)은 적응행동을 하는 동기화가 된다.
직업적응 이론은 적응유형 변인인 융통성(유연성)과 인내력이 개인의 만족과 조직의 만족 그리고 적응을 매개한다고 가정한다.

① 융통성(flexibility) : 개인의 작업환경과 개인적 환경 간의 부조화를 참아내는 정도로 개인의 가치와 직업환경의 보상이 서로 불일치할 때 그러한 상태를 견뎌내는 능력을 융통성이라고 한다. 즉, 융통성이 높은 개인 혹은 환경은 가치와 보상이 불일치할 때 융통성을 발휘하지만 융통성이 낮은 경우 견뎌내지 못하고 적응단계로 넘어간다.
② 끈기/인내력(perseverance) : 환경이 자신에게 맞지 않을 때 개인이 얼마나 오랫동안 견뎌낼 수 있는지를 의미한다. 인내력이 높은 경우 불일치하더라도 상호작용하지만 인내력이 낮을 경우 작은 불일치에도 상호작용을 멈추고 적응단계로 넘어간다.
③ 적극성 : 개인이 작업환경을 개인적 방식과 좀 더 조화롭게 만들어 가려고 노력하는 정도를 의미한다.
④ 반응성 : 개인이 작업성격의 변화로 인해 작업환경에 반응하는 정도를 의미한다.

115 기출 ★★

Lofquist와 Davis의 직업적응 이론에 기초하여 개발한 직업적응과 관련된 검사도구를 3가지 이상 쓰시오.

필.수.이.론

① 미네소타 중요성 질문지(MIQ ; Minnesota Importance Questionnaire) : 개인이 일의 환경에 대하여 갖는 20개 욕구와 가치관을 측정하는 도구로, 190개 문항으로 구성되어 있다.
② 미네소타 직업설명 질문지(MJDQ ; Minnesota Job Description Questionnaire) : 일의 환경이 MIQ에서 정의한 20개의 욕구를 만족시켜 주는 정도를 측정하는 도구로, 하위척도는 MIQ와 동일하다.
③ 미네소타 만족도 질문지(MSQ ; Minnesota Satisfaction Questionnaire) : 직무만족의 원인이 되는 일의 강화요인을 측정하는 도구로 능동성, 다양성, 발전가능성, 회사정책, 책임질 기회 등 26개 척도로 구성되어 있다.
④ 미네소타 충족 척도(MSS ; Minnesota Satisfactoriness Scales)
⑤ 직무기술지표(JDQ ; Job Description Questionnaire)

116 기출 ★★

초기, 중기, 말기 경력단계별 경력개발 프로그램을 쓰시오.

필.수.이.론

(1) 경력 초기단계
　　① 인턴십
　　② 사전직무 안내
　　③ 종업원 오리엔테이션

(2) 경력 중기단계
　　① 경력상담
　　② 직무순환제도
　　③ 최근 첨단기술 및 특정 직무분야 교육

(3) 경력 말기단계
　　① 은퇴 준비 워크숍
　　② 파트타임제도
　　③ 직무 재구조 프로그램

CHAPTER 07
직무와 스트레스

> **117** 기출 ★
> 정신분석적 상담은 내담자의 자각을 증진시키고 직업적인 방법으로 불안을 통제할 수 없을 때 무의식적으로 방어기제를 사용한다. 방어기제의 종류를 5가지 이상 쓰시오.

필.수.이.론

(1) 보상
자신의 결함이나 무능에 의해 생긴 열등감이나 긴장을 해소시키기 위하여 장점 같은 것으로 결함을 보충하려는 행동이다.
예 학업성적이 좋지 못한 학생이 열심히 운동하는 행동

(2) 합리화
① 자신의 실패나 약점을 그럴듯한 이유를 들어 정당화하려는 자기기만의 방어기제이다.
② 여우와 신포도형 : 자기가 도달할 수 없는 목표를 부정하거나 과소평가함으로써 자기의 실패나 단점을 위장하는 방법이다.
  예 A 회사 취업에 실패하고도 '원래 A 회사는 원하는 직장이 아니다'라고 말하는 경우
③ 달콤한 레몬형 : 자기 자신의 현재 상태와 능력의 가치를 타당시하거나 과대시하여 자기만족을 얻으려는 방법이다.
  예 지방으로 좌천된 공무원이 도시보다 전원생활이 더 좋다고 말하는 경우

(3) 투사
자신의 불만이나 불안을 해소시키기 위해서 남에게 뒤집어씌우는 식의 적응기제이다.
예 교사를 싫어하는 학생이 교사가 자기를 미워한다고 하는 경우

(4) 동일시
자기가 실현할 수 없는 적응을 타인이나 어떤 집단에서 발견하고 자신을 타인이나 집단과 동일시함으로써 욕구를 만족시키는 기제이다.
예 자기의 동창생이 국회의원이라고 으스대는 경우

(5) 승화
억압당한 욕구가 사회적·문화적으로 가치 있는 목적으로 향하도록 노력함으로써 욕구를 충족하는 기제이다.
예 결혼에 실패한 여성이 고아들에게 열정을 쏟는 경우

(6) 치환(전위, 대치)
어떤 감정이나 태도를 취해보려고 하는 대상을 다른 대상으로 바꾸어 향하게 하는 적응기제이다.
예 부모에 대한 반항적 태도가 친구에게 대치되는 경우

(7) 반동형성
자기가 가지고 있는 어떤 욕망이나 경향에 대해 열등감을 가지게 될 때 그것을 억압 또는 은폐하기 위해 그것과 정반대의 욕구나 행동경향을 강조하는 기제이다.
예 외설만화에 심취된 학생이 외설만화 퇴치운동에 적극 참여하는 경우

> **방어기제**
> 자아가 위협받는 상황에서 무의식적으로 자신을 속이거나 상황을 다르게 해석하여 감정적 상처로부터 자신을 보호하려는 심리의식이나 행위를 가리키는 정신분석 용어이다.

118

직무스트레스 요인에 대하여 설명하시오.

필.수.이.론

(1) 과제특성
① 복잡한 과제는 일반적으로 정보과부하 조건을 요구하기 때문에 상대적으로 높은 인지활동을 요구하며, 이러한 조건은 스트레스를 높이는 조건이 될 수 있다.
② 특히 지루하게 반복되는 과업수행에서 오는 단조로움은 기계화 및 자동화 시대에 살고 있는 오늘날 가장 위험한 스트레스 요인이 될 수 있다.

(2) 역할갈등과 역할모호성
① 역할갈등은 역할담당자가 자신의 직위와 역할전달자의 역할기대가 상충되는 상황에서 지각하는 심리적 상태로 정의된다.
② 역할모호성은 개인의 역할이 명확하지 않을 때 발생한다. 예컨대 개인의 책임한계나 직무의 목표가 명료하지 않을 때 발생한다.

(3) 산업의 조직문화와 풍토
① 미국과 같은 개인주의 문화권과 우리나라와 같은 집합주의 문화권은 조직문화에 있어 큰 차이가 있다.
② 개인주의 문화권의 근로자들은 채용장면에서 개인의 성취력이 가장 중요한 요소로 작용하기 때문에 집합주의 사회에서처럼 친족이나 연고가 중요하게 작용하지 않는다.
③ 집합주의 문화권에서 개인과 조직 간의 관계를 도덕적인 관점에서 이해하려 하며 집합주의 문화권에서는 관리자나 동료 또는 경영주와의 유대 때문에 조직에 몰입하는 데 반해 개인주의 문화권에서는 직무 자체나 보상과 같은 개인적 보상 때문에 조직에 몰입한다.

119

직무스트레스 조절변인 3가지를 쓰고 설명하시오.

필.수.이.론

① 행동유형(A, B유형)
A형 행동은 B형에 비하여 불필요한 스트레스에 과다하게 노출되는 생활방식과 그 스트레스에 관하여 폭발적인 감정반응을 일으킨다.
② 사회적 지원
개인들이나 집단들과의 공식적, 비공식적인 접촉을 통해 받는 위로, 지원 또는 정보로 정의된다.
③ 통제의 위치에 대한 신념
내재론자가 외재론자보다 스트레스 상황을 보다 효과적으로 극복하는 경향이 있다.

120

직무스트레스로 나타나는 직장에서의 행동변화 요인에 대하여 설명하시오.

필.수.이.론

① 직무수행 감소
② 결근 및 이직
③ 직무 불만족

> **스트레스 결과**
>
> **(1) 개인적 결과**
>   ① 심장병 및 심장마비
>   ㉠ 관상동맥성 심장병은 스트레스와 연관이 있는 것으로 알려져 있으며, 특히 A형 성격이 심장병과 매우 관련이 깊다고 한다.
>   ㉡ 1981년 미국심장협회에서는 A형 성격이 심장병에 대한 위험요인으로 분류되어야 한다고 주장함으로써 특성 성격요인의 중요성을 인정하였다.
>   ㉢ 슐츠는 흡연, 비만, 운동 부족과 같은 물리적 요인들이 심장병을 일으킬 수 있지만 이런 요인들은 전체 사례의 25%를 넘지 못하며, 심장병의 주원인은 A형 성격과 관련된 스트레스에 있다고 주장함으로써 심장병과 스트레스와의 관계를 명확히 하였다.
>   ㉣ 몇 가지 장기적인 연구에 의하면, A형 성격의 사람들이 B형 성격의 사람들보다 심장병에 걸릴 확률이 5배 높다는 증거가 제시되고 있다.
>   ② 암
>   ㉠ 셀리에는 스트레스에 만성적으로 노출되면 암세포와 같이 이상세포를 흡수·파괴하는 면역조직이 억제된다는 사실을 발견하였다.
>   ㉡ 스트레스에 의해 생기는 생리적 약점은 이상세포를 증식시키고 암세포를 발전시키는 좋은 조건을 만들어 암환자의 면역기능을 조사해 보면 그 조건이 약화되어 있다는 사실을 발견하게 된다.
>   ㉢ 8천 명의 암환자를 대상으로 연구한 보고에 의하면 환자의 대부분이 시끄럽고 공격적이며 지나치게 내성적인 특성이 있었다.
>   ㉣ 그러나 상당한 스트레스 상황에 노출된다 하더라도 발병되지 않는 사람도 있는데, 이를 통해 스트레스 상황에 대한 반응 양식이 개인마다 다르다는 것을 알 수 있다.
>   ㉤ 예를 들면, 우울한 여성이 명랑한 여성보다 암에 걸리기 쉬운데, 리센은 과부가 가장 높은 암 발병률을 보이고 이혼녀가 그 다음으로 발병률이 높음을 증명하였다.

ⓑ 이들 암환자들은 체념, 절망감, 초조감 같은 감정표현이 높았으며 이러한 감정은 암 선고를 받기 6개월 이내에 발생하였다.
　③ 근골격질환
　　　㉠ 1983년 미국 산업안전 및 건강연구소의 보고에 의하면 산업현장에서 발생한 대표적인 질환 가운데 하나가 근골격과 관련된 질환이다.
　　　㉡ 미국의 경우 전체 노동인구의 50%가 작업과 관련된 상지 질환으로 고생하는 것으로 알려졌다.
　　　㉢ 이러한 근골격질환은 남성 근로자들보다도 여성 근로자들에게서 특히 많이 나타나며, 이는 신체조건에 대한 차이보다는 여성 근로자들의 작업조건 때문인 것으로 설명된다.
　　　㉣ 남성 근로자들은 관리직 등과 같은 보다 높은 지위로 자리를 옮기지만 여성 근로자들은 이러한 단순작업에 보다 오래 남아서 일을 하기 때문에 위험성이 상대적으로 매우 높다는 것이다.
　④ 궤양
　　　㉠ 위나 십이지장에 달의 분화구 같은 손상이나 구멍이 뚫려 있는 상태를 궤양이라고 한다.
　　　㉡ 위벽을 보호하는 점막층을 침식시켜 위에 상처를 일으키는 이러한 궤양도 스트레스와 밀접한 관계가 있다.
　　　㉢ 쥐를 이용한 실험결과, 위는 스트레스 의해 크게 손상을 입는다는 사실이 입증되었다.
　　　㉣ 동물과 마찬가지로 사람들도 스트레스를 받게 되면 궤양이 유발된다.
　⑤ 성적 관심 감퇴
　　　㉠ 성적 관심이 감소되는 것도 스트레스와 관계가 있다. 잘못 관리된 스트레스의 결과로서 성적 기능장애가 일어나거나 성적 관계를 즐기는 능력이 감소될 수 있다.
　　　㉡ 스트레스는 남녀 모두에게 성 호르몬을 감소시킬 수 있다. 이러한 호르몬의 감소는 성적 관계의 흥미를 떨어뜨리게 된다.

(2) 조직의 결과
　① 직무수행 감소
　　　㉠ 스트레스가 직무수행을 감소시킨다는 논리는 이미 금세기 초 예르케스-도드슨 곡선에 의해 입증된 바 있다.
　　　㉡ 개인의 초기 수행실적은 스트레스 수준이 증가함에 따라 높아지지만, 일정 시점 이후에 스트레스 수준이 증가하면 수행실적은 오히려 감소한다는 이른바 역U형 가설이 일반적 개념으로 받아들여지고 있다.
　　　㉢ 스트레스 수준이 낮으면 수행실적도 낮아진다는 것은 통기개념으로 설명할 수 있는데, 스트레스 수준이 낮으면 동기수준도 함께 낮아져서 과제해결과는 관계없는 문제에 보다 쉽게 관심을 전화시키기 때문에 수행실적이 떨어진다는 것이다.

② 스트레스 수준이 지나치게 높을 때도 마찬가지로 수행실적이 감소되는데 그 이유는 두 가지 측면에서 설명된다.
- 첫째, 높은 수준의 스트레스 조건에서는 문제를 해결하려는 동기수준이 매우 높기 때문에 작업자의 지각의 범위가 좁아진다. 이러한 지각범위의 협소화는 수행에 도움을 줄지도 모르는 광범위한 관련 정보에 대해서는 무관심하고 지극히 분명한 단서에만 관심을 두기 때문에 수행실적이 낮아질 수밖에 없다.
- 둘째, 높은 스트레스 수준에서는 상당한 정도의 불안이 생기기 마련이며, 이에 따라 부정적인 생리학적 변화가 자동으로 발생하게 된다. 이러한 경우 과제를 수행하기보다는 불안을 감소시키려는 동기가 앞서기 때문에 수행이 감소될 수밖에 없다.

② 결근 및 이직
㉠ 지각이나 결근 등은 스트레스로 인한 가장 명백한 손실 가운데 하나이다. 결근은 여러 가지 다양한 조건에 의해 일어나지만 심리적 건강이 좋지 않을 때 주로 일어난다.
㉡ 일반적으로 직무스트레스 수준과 결근의 빈도 및 기간 간에는 정적 연관성이 있는 것으로 밝혀졌으며, 이러한 결근이 지속되면 이직으로 전환될 가능성이 높다.

③ 직무 불만족
㉠ 직무스트레스는 직무 만족에 직접적인 영향을 준다.
㉡ 직무스트레스와 직무 불만족의 상관관계에 대한 실증적 연구들을 종합해 보면 직무스트레스가 높을수록 직무 불만족도 그만큼 높아진다.
㉢ 모든 직무 관련 스트레스는 직무 만족과 부적 관계에 있으며, 따라서 모든 스트레스는 좋지 않은 것이라고 단정할 수 있다.

PART 03
노동시장론

CHAPTER 01 노동시장의 이해
CHAPTER 02 임금론
CHAPTER 03 실업론
CHAPTER 04 노사관계론

CHAPTER 01
노동시장의 이해

제1절 노동수요이론

1 2 3 完

/001 기출 ★
노동수요의 특성을 2가지만 쓰고 간단히 설명하시오.

필.수.이.론

① 유발수요(파생수요)
노동수요는 독립적인 수요가 아니고, 노동을 생산요소로 사용하여 만든 최종생산물에 대한 수요로부터 유발 또는 파생되는 수요이다. 따라서 노동수요는 최종생산물의 가격, 총 수요의 크기 등에 의해 영향을 받는다.

② 결합수요
노동수요는 그 자체에 따른 독립적인 수요가 아니라, 다른 생산요소, 예컨대 자본(자본설비·기계설비)에 대한 수요와 결합되어 이루어진다. 따라서 노동수요는 생산비용을 최소화시킬 수 있는 자본설비와의 적정결합률, 기술수준, 자동화 단계에 따른 제약 등에 의해 영향을 받게 된다.

1 2 3 完

/002 기출 ★★
노동수요 결정요인 6가지를 쓰시오.

필.수.이.론

① 노동의 가격(임금)
② 다른 생산요소의 가격

③ 노동을 생산요소로 사용하여 만든 최종생산물에 대한 총수요의 크기
④ 노동을 생산요소로 사용하여 만든 최종생산물의 가격
⑤ 노동생산성의 변화
⑥ 생산기술방식의 변화(기술진보)

노동수요 결정요인과 상관관계

(1) 노동의 가격(임금)
노동의 가격 즉, 임금이 상승하면 노동수요는 감소하고, 임금이 하락하면 노동수요는 증가한다. 따라서 노동수요와 임금 간에는 반비례(-)관계가 성립한다.

(2) 다른 생산요소의 가격
① 노동수요는 다른 생산요소, 예컨대 자본(자본설비·기계) 등과 결합되어 이루어지는 결합수요의 특성을 갖기 때문에 노동과 결합되어 사용되는 다른 생산요소의 가격으로부터 영향을 받는다.
② 즉 노동 이외의 다른 생산요소, 예컨대 자본의 가격이 상승하면 자본에 대한 수요가 감소하면서 자본과 대체관계에 있는 노동수요는 증가하게 된다.

(3) 노동을 생산요소로 사용하여 만든 최종생산물에 대한 총수요의 크기
① 노동수요는 노동을 생산요소로 사용하여 만든 최종생산물에 대한 수요로부터 유발 또는 파생되는 수요이므로 생산물시장에서의 상품에 대한 수요결정요인 즉, 당해 상품의 가격이나 대체관계에 있는 다른 상품의 가격, 당해 상품 수요자의 총 수·소득수준 또는 기호의 변화 등으로부터 영향을 받는다.
② 예컨대 노동을 생산요소로 사용하여 만든 최종생산물에 대한 총수요의 크기가 증가하면 그 최종생산물에 대한 수요가 증가하게 되어 유발수요인 노동수요도 증가한다.

(4) 노동을 생산요소로 사용하여 만든 최종생산물의 가격
노동수요는 유발수요의 성질을 가지므로 노동을 생산요소로 사용하여 만든 최종생산물의 가격이 하락하면 그 상품에 대한 수요가 증가하여 노동수요도 증가한다.

(5) 노동생산성의 변화
일반적으로 노동생산성이 증가하면 숙련도가 높아져 단위시간당 생산량이 늘어나므로 그에 따라 추가적인 노동수요는 감소하게 될 것이다.

(6) 생산기술방식의 변화(기술진보)
노동은 기계나 자동화 설비로 대체하는 생산기술방식의 변화(자본집약적 기술진보)가 일어나면 노동수요는 감소하게 될 것이다.

003

노동수요곡선을 이동시키는 요인 4가지를 쓰시오.

필.수.이.론

① 다른 생산요소의 가격
② 노동을 생산요소로 사용하여 만든 최종생산물에 대한 총수요의 크기
③ 노동생산성의 변화
④ 생산기술방식의 변화

> **노동수요곡선을 이동시키는 요인(노동수요의 변화요인)**
>
> **(1) 다른 생산요소의 가격**
> 노동수요는 결합수요의 특성을 갖기 때문에 노동과 결합되어 사용되는 다른 생산요소, 예컨대 자본(자본설비·기계설비·자동화설비·전산설비 등)의 가격이 하락하면 자본에 대한 수요가 증가하면서 자본과 대체관계에 있는 노동의 수요가 감소하게 되어 노동수요곡선이 좌측으로 이동하게 된다.
>
> **(2) 노동을 생산요소로 사용하여 만든 최종생산물에 대한 총수요의 크기**
> 노동을 생산요소로 사용하여 만든 최종생산물에 대한 총수요의 크기가 작아지면 당해 생산물에 대한 수요가 감소하게 되면서 노동수요도 감소한다. 그 결과 노동수요곡선은 좌측이동하게 된다.
>
> **(3) 노동생산성의 변화**
> 일반적으로 노동생산성이 향상되면 노동수요는 감소하게 되고, 따라서 노동수요곡선은 좌측으로 이동하게 된다.
>
> **(4) 생산기술방식의 변화(기술진보)**
> 노동을 기계나 자동화 설비 등 자본설비로 대체하는 생산기술방식의 변화(자본집약적 기술진보)가 일어나면 노동수요는 감소하게 될 것이고, 따라서 노동수요곡선은 좌측으로 이동하게 된다.

004

노동수요곡선을 좌측으로 이동시키는 요인 4가지를 쓰고 설명하시오.

필.수.이.론

① 다른 생산요소(예컨대 자본의 가격 하락)
  노동과 결합되어 사용되는 다른 생산요소, 예컨대 자본의 가격이 하락하면 자본에 대한 수요가 증가하면서 자본과 대체관계에 있는 노동의 수요가 감소하게 되어 노동수요곡선이 좌측으로 이동하게 된다.

② 노동을 생산요소로 사용하여 만든 최종생산물에 대한 총수요의 크기 감소
  노동을 생산요소로 사용하여 만든 최종생산물에 대한 총수요의 크기가 작아지면 당해 생산물에 대한 수요가 감소하게 되면서 노동수요도 감소하는 결과 노동수요곡선은 좌측이동하게 된다.

③ 노동생산성의 향상
  일반적으로 노동생산성이 향상되면 노동수요는 감소하게 되고, 따라서 노동수요곡선은 좌측으로 이동하게 된다.

④ 노동을 자본설비로 대체하는 생산기술방식의 변화(자본집약적 기술진보)
  노동을 자본설비로 대체하는 생산기술방식의 변화(자본집약적 기술진보)가 일어나면 노동수요는 감소하게 될 것이고, 따라서 노동수요곡선은 좌측으로 이동하게 된다.

005

아래의 예를 보고 한계생산물체감 법칙의 개념과 원인을 쓰시오(노동 1단위 : 150원, 생산품 1개 : 100원).

노동	1단위	2단위	3단위	4단위	5단위
생산량	2	4	7	8.5	9

필.수.이.론

① 한계생산물체감 법칙의 개념

다른 생산요소는 고정되어 있다는 가정하에, 기업이 노동이라는 생산요소만을 추가투입하게 되면, 총생산량은 2개, 4개, 7개, 8.5개, 9개로 증가하지만, 노동의 한계생산물(즉, 노동을 1단위 추가투입하였을 때 늘어나는 총생산물의 증가분)은 2개, 3개, 1.5개, 0.5개 등으로 처음에는 증가하다가 점차 감소하게 된다. 이를 한계생산물체감의 법칙이라고 한다.

② 한계생산물체감 법칙의 원인

기업이 상품을 생산하기 위해서는 여러 생산요소가 요구되는데, 다른 생산요소(예컨대 자본 등의 물적 설비)는 고정시킨 채 노동이라는 생산요소의 투입만을 계속 증가시키게 되면, 일정수준까지는 분업과 기계사용 등의 효과로 한계생산물이 증가하지만, 그 수준을 넘어서면 생산기계설비와 같은 자본이 고정되어 있는 결과 노동의 효율성이 떨어져 노동의 한계생산성은 체감하게 된다.

005-1 기출 ★★★★★

완전경쟁시장에서 A제품을 생산하는 어떤 기업의 단기 생산함수가 다음과 같다고 할 때, 이 기업의 이윤극대화를 위한 최적의 고용량을 도출하고, 그 근거를 설명하시오(생산물 단가는 100원, 노동 1단위당 임금은 150원).

노동투입량	0단위	1단위	2단위	3단위	4단위	5단위	6단위
총생산량	0개	2개	4개	7개	8.5개	9개	9개

005-2 기출 ★★

다음 기업의 최적고용단위를 구하시오(노동 1단위당 임금 : 150원, 생산물단가 : 100원).

노동투입량	0단위	1단위	2단위	3단위	4단위	5단위	6단위
총생산량	0개	2개	4개	7개	8.5개	9개	9개

필.수.이.론

① 기업이 이윤을 극대화하기 위해서는 (노동의)한계비용과 (노동의)한계수입생산이 같아질 때까지 고용을 하면 된다. 즉, 기업의 이윤극대화 조건은 '(노동의)한계비용 = (노동의)한계수입생산'이다.

② 그런데, 노동의 한계비용은 '노동 1단위당 임금(W)'이고, 노동의 한계수입생산(MRP_L)은 '한계수입 × 한계생산량'인데 완전경쟁시장에서 한계수입은 '제품 1단위당 가격(= P)'과 같으므로 노동의 한계수입생산(MRP_L)은 '재화의 가격 × 한계생산량, 즉 한계생산물가치(VMP_L)'와 같다.

③ 결국 완전경쟁시장에서의 기업의 이윤극대화 조건은 다음과 같다.

> (노동의)한계비용 = (노동의)한계수입생산
> 　　임금(W) = 한계생산물가치(VMP_L)
> 　　　　　 = 한계생산량(MP_L) × 재화의 가격(P)

④ 따라서, '노동 1단위당 임금은 150원'이고, A제품의 가격이 100원이라면, '150원 = 한계생산량 × 100원'이므로, 한계생산량이 1.5개가 되는 4단위까지 노동을 고용하면 기업은 이윤을 극대화하게 된다.

006

기출 ★★★★

다음의 물음에 답하시오(계산식도 함께 쓰시오).
K제과점 근로자의 수와 하루 케이크 생산량이 다음과 같다(케이크 한 개 값은 10,000원).

종업원 수	케이크 생산량
0	0
1	10
2	18
3	23
4	27

(1) 근로자 수가 2명일 때, 노동의 한계생산은?
(2) 근로자 수가 3명일 때, 노동의 한계수입생산은?
(3) 근로자 1인당 임금이 하루 80,000원일 때, 이윤극대화를 위한 K제과점의 고용근로자와 케이크 생산량은?

필.수.이.론

(1) 근로자 수가 2명일 때, 노동의 한계생산은?

$$\text{노동의 한계생산물} = \frac{\text{총생산량의 변화분}}{\text{노동투입량의 변화분}} = \frac{\Delta 8}{\Delta 1} = 8개$$

(2) 근로자 수가 3명일 때, 노동의 한계수입생산은?

노동의 한계수입생산(MRP_L) = 노동의 한계수입($MR_L = P$) × 노동의 한계생산량(MP_L)
= 10,000 × 5
= 50,000원

(3) 근로자 1인당 임금이 하루 80,000원일 때, 이윤극대화를 위한 K제과점의 고용근로자와 케이크 생산량은?

① 완전경쟁시장하에서, 고용의 이윤극대화 조건은 '노동의 한계비용(= 노동 1단위당 임금)과 노동의 한계수입생산(= 한계생산물가치 = 한계생산량 × 제품가격)이 같아질 때까지 고용을 하는 것'이다.
② 즉, 이윤극대화 조건은 『노동 1단위 임금 = 한계생산량 × 제품가격』이다.
③ 근로자 1인당 임금은 80,000원이고, 케이크 한 개의 가격은 10,000원이므로, 이윤극대화 조건은 『80,000원 = 한계생산량 × 10,000원』이다.
④ 따라서, 한계생산량이 8개가 되는 2명을 고용할 때 K제과점은 이윤을 극대화하게 되며, 이때의 케이크 총생산량은 18개이다.

007　기출 ★★★★

K회사의 근로자 수와 하루 의자 생산량이 다음과 같다. 아래의 물음에 답하시오(임금은 10,000원이고, 의자가격은 2,000원일 때).

종업원 수	0	1	2	3	4	5
의자 총생산량	0	10	18	23	27	30

(1) 근로자 수가 2명일 때 노동의 한계생산량을 구하시오.
(2) K회사가 이윤극대화를 추구할 때 고용할 근로자 수와 의자의 한계생산량을 구하시오.
(3) 근로자 수가 5명일 때 평균생산량을 구하시오.

필.수.이.론

(1) 근로자 수가 2명일 때 노동의 한계생산량을 구하시오.

$$\text{노동의 한계생산물} = \frac{\text{총생산량의 변화분}}{\text{노동투입량의 변화분}} = \frac{\Delta 8}{\Delta 1} = 8개$$

(2) K회사가 이윤극대화를 추구할 때 고용할 근로자 수와 의자의 한계생산량을 구하시오.

① 완전경쟁시장하에서, 고용의 이윤극대화 조건은 '노동의 한계비용(= 노동 1단위당 임금)과 노동의 한계수입생산(= 한계생산물가치 = 한계생산량 × 제품가격)이 같아질 때까지 고용을 하는 것'이다.
② 즉, 이윤극대화 조건은 『노동 1단위 임금 = 한계생산량 × 제품가격』이다.
③ 근로자 1인당 임금은 10,000원이고, 의자 한 개의 가격은 2,000원이므로, 이윤극대화 조건은 『10,000원 = 한계생산량 × 2,000원』이다.
④ 따라서, 한계생산량이 5개가 되는 3명을 고용할 때 K회사는 이윤을 극대화하게 되며, 이때 의자의 한계생산량은 5개이다.

(3) 근로자 수가 5명일 때 평균생산량을 구하시오.

$$\text{노동의 평균생산량} = \frac{\text{총생산량}}{\text{노동투입량}} = \frac{30}{5} = 6개$$

008

다음 표를 보고 물음에 답하시오.

노동공급	임금	한계수입생산
5	6	62
6	8	50
7	10	38
8	12	26
9	14	14
10	16	2

※ 본 문제의 경우, 표 내용 중 '노동공급'은 '노동투입량'의 의미로 해석되며, '임금' 역시 '시간당 임금'과 '총임금'의 2가지로 해석될 수 있다(저자 주석).

(1) 노동공급이 7단위일 때 한계노동비용을 구하시오(단, 계산과정을 제시하시오).
(2) 이윤극대화가 이루어지는 노동공급과 임금을 구하시오(단, 계산과정을 제시하시오).

필.수.이.론

※ 문제의 표에서 제시한 임금을 시간당 임금으로 본다면,

(1) 노동공급이 7단위일 때 한계노동비용을 구하시오(단, 계산과정을 제시하시오).

① 한계노동비용 = $\dfrac{총노동비용의\ 변화분}{노동투입량의\ 변화분}$ 이다.

② 노동공급이 6단위일 때의 총노동비용(노동공급량 × 노동1단위당 임금)은 6 × 8 = 48이고, 노동공급이 7단위일 때의 총노동비용(노동공급량 × 노동1단위당 임금)은 7 × 10 = 70 이므로,

③ 노동공급이 7단위일 때의 한계노동비용 = $\dfrac{\Delta 22}{\Delta 1}$ = <u>22</u>

(2) 이윤극대화가 이루어지는 노동공급과 임금을 구하시오(단, 계산과정을 제시하시오).

① 완전경쟁시장하에서, 고용의 이윤극대화 조건은 '한계노동비용과 노동의 한계수입생산(= 한계생산물가치)이 같아질 때까지 고용을 하는 것'이다.

② 문제의 표 내용에서 한계노동비용을 구해 보면, 다음과 같다.

노동공급	시간당 임금	총임금	한계노동비용	한계수입생산
5	6	30		62
6	8	48	18	50
7	10	70	22	38
8	12	96	26	26
9	14	126	30	14
10	16	160	34	2

③ 따라서 이윤극대화를 달성하는 한계노동비용과 한계수입생산(=한계생산물가치)이 같아지는 고용수준은 노동공급이 8, 시간당 임금이 12일 때이다.

➕ (문제 해석에 따른 두 번째 관점에 의한) 보충해설

만일 문제의 표에서 제시한 임금을 총임금으로 본다면,

(1) 노동공급이 7단위일 때의 한계노동비용 = $\dfrac{\Delta 2}{\Delta 1}$ = 2

(2) 이윤극대화가 이루어지는 노동공급은 한계노동비용과 노동의 한계수입생산이 같아지는 고용수준이므로 노동공급이 10, 이때의 (총)임금은 16이다.

노동공급	총임금	한계노동비용	한계수입생산
5	6		62
6	8	2	50
7	10	2	38
8	12	2	26
9	14	2	14
10	16	2	2

1 2 3 完

/009　　　　　　　　　　　　　　　　　　　　　　　　　　기출 ★★★

노동수요의 탄력성과 노동공급의 탄력성을 산출하는 공식을 쓰시오.

필.수.이.론

① 노동수요의 탄력성 산출 공식

$$\text{노동수요의 임금탄력성} = \frac{\text{노동수요량의 변화율}}{\text{임금의 변화율}}$$

② 노동공급의 탄력성 산출 공식

$$\text{노동공급의 임금탄력성} = \frac{\text{노동공급량의 변화율}}{\text{임금의 변화율}}$$

보충설명

(1) 노동수요의 임금에 대한 탄력성

① 노동수요의 임금에 대한 탄력성이란 노동의 가격 즉, 임금의 변화율(%)에 대응하는 노동수요량의 변화율(%)을 말한다.

② 즉, 노동수요의 임금탄력성 = $\dfrac{\text{노동수요량의 변화율}}{\text{임금의 변화율}}$

(2) 노동공급의 임금에 대한 탄력성

① 노동공급의 임금에 대한 탄력성은 임금의 변화율(%)에 대응하는 노동공급량의 변화율(%)을 말한다.

② 즉, 노동공급의 임금탄력성 = $\dfrac{\text{노동공급량의 변화율}}{\text{임금의 변화율}}$

1 2 3 完

010 기출 ★★★★

시간당 임금이 500원일 때 1,000명을 고용하던 기업에서 시간당 임금이 400원으로 감소하였다면 1,100명을 고용할 경우, 이 기업의 노동수요탄력성을 계산하시오(소수점 발생 시 반올림하여 소수 첫째 자리까지 표기하며, 계산과정과 정답을 모두 기재).

필.수.이.론

① 계산과정 : 노동수요의 임금탄력성 = $\dfrac{\text{노동수요량의 변화율}}{\text{임금의 변화율}}$

즉,

$$= \dfrac{\dfrac{\text{노동수요량의 변화분}}{\text{종래의 노동수요량}} \times 100}{\dfrac{\text{임금의 변화분}}{\text{종래의 임금}} \times 100} = \dfrac{\dfrac{100}{1000} \times 100}{\dfrac{100}{500} \times 100} = \dfrac{10}{20} = 0.5$$

② 정답 : 0.5

011　기출 ★★★★

노동수요가 $L_d = 5,000 - 2W$ (L은 근로자 수, W는 시간당 임금)이다. 시간당 임금(W)이 2,000원일 때 노동수요의 임금탄력성의 절댓값과 이때의 근로자의 수입을 구하시오(단, 계산과정을 함께 제시하시오).

필.수.이.론

① 노동수요의 임금탄력성의 절댓값

노동수요함수 즉, $L_d = 5,000 - 2W$ 이고, 임금(W)이 2,000원일 때 노동수요량(L_d)은 5,000 - 2(2,000) = 1,000명이다. 만일 임금(W)이 1,500원으로 하락한다고 가정하면, 이때의 노동수요량은 5,000 - 2(1,500) = 2,000명이 될 것이다. 따라서,

노동수요의 임금탄력성 = $\dfrac{\text{노동수요량의 변화율}}{\text{임금의 변화율}}$

$= \dfrac{\dfrac{\text{노동수요량의 변화분}}{\text{종래의 노동수요량}} \times 100}{\dfrac{\text{임금의 변화분}}{\text{종래의 임금}} \times 100} = \dfrac{\dfrac{1000}{1000} \times 100}{\dfrac{500}{2000} \times 100} = \dfrac{100}{25} = 4$

따라서 노동수요의 임금탄력성의 절댓값은 4이다.

② 시간당 임금(W)이 2,000원일 때 근로자의 수입

시간당 임금(W)이 2,000원일 때, 노동수요량(L_d)은 5,000 - 2(2,000) = 1,000명이고, 임금이 2,000원이므로 근로자의 총수입은 <u>2,000,000원</u>이다.

012　기출 ★★

다음 표를 보고 물음에 답하시오.

구분	임금				
	5,000원	6,000원	7,000원	8,000원	9,000원
A기업의 노동수요량	22	21	20	19	18
B기업의 노동수요량	24	22	20	18	17

(1) 시간당 7,000원에서 8,000원으로 임금 인상 시 두 기업의 임금탄력성을 계산하시오.
(2) 7,000원에서 8,000원으로 노동조합이 임금협상을 시도하고자 할 때 타결가능성이 높은 기업과 그 이유를 설명하시오.

필.수.이.론

(1) 시간당 7,000원에서 8,000원으로 임금 인상 시 두 기업의 임금탄력성을 계산하시오.
　① A기업의 임금탄력성

$$= \frac{\text{노동수요량의 변화율}}{\text{임금의 변화율}}$$

$$= \frac{\frac{\text{노동수요량의 변화분}}{\text{종래의 노동수요량}} \times 100}{\frac{\text{임금의 변화분}}{\text{종래의 임금}} \times 100} = \frac{\frac{1}{20} \times 100}{\frac{1000}{7000} \times 100} = \frac{5}{14.28} = 0.35$$

　② B기업의 임금탄력성

$$= \frac{\text{노동수요량의 변화율}}{\text{임금의 변화율}}$$

$$= \frac{\frac{\text{노동수요량의 변화분}}{\text{종래의 노동수요량}} \times 100}{\frac{\text{임금의 변화분}}{\text{종래의 임금}} \times 100} = \frac{\frac{2}{20} \times 100}{\frac{1000}{7000} \times 100} = \frac{10}{14.28} = 0.70$$

(2) 7,000원에서 8,000원으로 노동조합이 임금협상을 시도하고자 할 때 타결가능성이 높은 기업과 그 이유를 설명하시오.
　① 노동조합이 임금인상 협상을 시도하고자 할 때 타결가능성이 높은 기업은 A기업이다.
　② 이유 : 노동조합의 교섭력이 강할수록 임금상승 시 고용감소의 효과가 작기 때문에 노동수요의 임금탄력성은 비탄력적이다(노동수요의 임금탄력성이 작다). 따라서, 7,000원에서 8,000원으로 노동조합이 임금인상 협상을 시도하고자 할 때 상대적으로 노동수요의 임금탄력성이 비탄력적인(즉, 노동조합의 교섭력이 강한) A기업이 임금인상 타결가능성이 더 높다.

013 기출 ★★

다음 보기의 사례를 읽고 물음에 답하시오.

> A기업은 시간당 임금이 4,000원일 때 20,000시간의 노동을 사용했고, 시간당 임금이 5,000원일 때 10,000시간의 노동을 사용했다. 반면, B기업은 시간당 임금이 6,000원일 때 30,000시간의 노동을 사용했고, 시간당 임금이 5,000원일 때 33,000시간의 노동을 사용했다.

(1) A기업과 B기업의 노동수요의 임금탄력성을 각각 구하시오(단, 소수점 발생 시 반올림하여 소수 둘째 자리로 표현하시오).
(2) A기업의 노동조합과 B기업의 노동조합 중 임금교섭력이 높은 노동조합을 쓰시오.
(3) (2)의 노동조합에서 보다 성공적인 임금협상이 이루어질 수 있는 이유를 설명하시오.

필.수.이.론

(1) A기업과 B기업의 노동수요의 임금탄력성을 각각 구하시오(단, 소수점 발생 시 반올림하여 소수 둘째 자리로 표현하시오).

① A기업의 임금탄력성

$$= \frac{\text{노동수요량의 변화율}}{\text{임금의 변화율}}$$

$$= \frac{\frac{\text{노동수요량의 변화분}}{\text{종래의 노동수요량}} \times 100}{\frac{\text{임금의 변화분}}{\text{종래의 임금}} \times 100} = \frac{\frac{10,000}{20,000} \times 100}{\frac{1000}{4000} \times 100} = \frac{50}{25} = 2.0$$

② B기업의 임금탄력성

$$= \frac{\text{노동수요량의 변화율}}{\text{임금의 변화율}}$$

$$= \frac{\frac{\text{노동수요량의 변화분}}{\text{종래의 노동수요량}} \times 100}{\frac{\text{임금의 변화분}}{\text{종래의 임금}} \times 100} = \frac{\frac{3,000}{30,000} \times 100}{\frac{1,000}{6,000} \times 100} = \frac{10}{16.66} = 0.60$$

(2) A기업의 노동조합과 B기업의 노동조합 중 임금교섭력이 높은 노동조합을 쓰시오.
   B기업

(3) (2)의 노동조합에서 보다 성공적인 임금협상이 이루어질 수 있는 이유를 설명하시오.
   노동조합의 임금교섭력이 높을수록 임금상승 시 고용감소의 효과가 작기 때문에 노동수요의 임금탄력성은 비탄력적이다(노동수요의 임금탄력성이 작다). A기업의 노동수요의 임금탄력성은 2.0이고, B기업의 노동수요의 임금탄력성이 0.60이므로 노동조합이 임금인상 협상을 시도하고자 할 때 상대적으로 노동수요의 임금탄력성이 비탄력적인(즉, 노동수요의 임금탄력성이 작은) B기업이 노동조합의 임금교섭력이 더 높으므로 보다 성공적인 임금협상이 이루어질 수 있다.

014

노동수요의 탄력성 결정요인을 4가지 쓰시오.

필.수.이.론

① 생산물수요의 가격탄력성
② 다른 생산요소와의 대체가능성
③ 노동 이외의 다른 생산요소의 공급탄력성
④ 총생산비용 중 노동비용이 차지하는 비중

노동수요의 임금탄력성 결정요인과 상관관계(힉스-마샬법칙)

(1) 생산물수요의 가격탄력성
① 생산물수요의 가격탄력성이 탄력적일수록 노동수요의 임금탄력성도 탄력적이다.
② 노동수요는 생산물수요로부터 유발·파생되는 수요이므로 노동수요의 탄력성은 최종생산물수요의 가격탄력성에 의해 영향을 받는다. 예컨대 생산물수요의 (가격)탄력성이 탄력적이라면 생산물의 가격상승 시 생산물에 대한 수요는 그보다 더 크게 감소할 것이며, 이는 기업의 노동에 대한 수요를 크게 감소시킬 것이다.

(2) 다른 생산요소와의 대체가능성
① 다른 생산요소, 예컨대 자본과의 대체가능성이 클수록 노동수요의 임금탄력성은 탄력적이다.
② 임금상승 시 노동을 대체할 다른 생산요소로의 대체가능성이 높을수록 즉, 생산요소 간 대체가능성이 높을수록 노동에 대한 수요가 크게 감소할 것이므로 노동수요의 임금에 대한 탄력성은 탄력적이 될 것이며, 반대로 대체가능성이 낮을수록 노동수요는 작게 감소할 것이므로 노동수요의 임금에 대한 탄력성은 비탄력적이 될 것이다.

(3) 노동 이외의 다른 생산요소의 공급탄력성
① 노동 이외의 다른 생산요소, 예컨대 자본공급의 이자율탄력성이 탄력적일수록 노동수요의 임금탄력성도 탄력적이다.
② 노동의 가격인 임금이 상승하여 노동을 다른 생산요소인 자본으로 대체할 경우 자본공급의 이자율탄력성이 탄력적이어서 자본의 가격 즉, 이자율이 조금만 하락해도 많은 자본이 공급될 수 있다면 노동을 자본으로 대체하는 것이 용이해지므로 노동수요의 임금에 대한 탄력성은 커지게 된다.

(4) 총생산비용 중 노동비용이 차지하는 비중
① 기업의 총생산비용 중에서 노동비용이 차지하는 비중이 클수록 노동수요의 임금탄력성은 탄력적이다.
② 즉 동일한 임금상승률이라 하더라도 총생산비용 중 노동비용이 차지하는 비중이 큰 기업(노동집약적 기업)일수록 생산비 증가율이 높게 되고, 따라서 임금상승으로 인한 상품가격의 인상 압박이 크게 되어 노동수요의 탄력성이 커지게 된다.

1 2 3 完

015　기출 ★★★

노동수요의 탄력성을 탄력적으로 만드는 조건을 3가지 이상 쓰시오.

필.수.이.론

① 생산물수요의 탄력성이 탄력적일수록(클수록) 노동수요의 임금탄력성도 탄력적이다.
② 다른 생산요소, 예컨대 자본과의 대체가능성이 클수록(높을수록) 노동수요의 임금탄력성은 탄력적이다.
③ 노동 이외의 다른 생산요소, 예컨대 자본의 공급탄력성이 탄력적일수록 노동수요의 임금탄력성도 탄력적이다.
④ 총생산비용 중 노동비용이 차지하는 비중이 클수록 노동수요의 임금탄력성은 탄력적이다.

1 2 3 完

016　기출 ★★

노동수요의 탄력성을 산출하는 공식과 노동수요의 탄력성에 영향을 미치는 요인을 4가지 쓰시오.

필.수.이.론

(1) 노동수요의 탄력성을 산출하는 공식

$$\text{노동수요의 임금탄력성} = \frac{\text{노동수요량의 변화율}}{\text{임금의 변화율}}$$

(2) 노동수요의 탄력성에 영향을 미치는 요인
　　① 생산물수요의 가격탄력성
　　② 다른 생산요소와의 대체가능성
　　③ 노동 이외의 다른 생산요소의 공급탄력성
　　④ 총생산비용 중 노동비용이 차지하는 비중

1 2 3 完

017
기출 ★

기업의 장기에서의 노동수요의 탄력성을 설명하시오.

필.수.이.론

① 경제학에서 '단기'란 변화시킬 수 있는 가변요소(예 노동·원자재 등)와 변화시킬 수 없는 고정요소(예 토지·건물·기계 등의 생산설비 등)가 함께 존재하는 기간을 말하며, '장기'란 가변요소만 존재하는 기간 즉, 단기에서의 고정요소까지도 변화시킬 수 있는 기간을 말한다.

② 기업은 단기에서는 임금이 변화할 때 고정된 자본설비하에서 가변요소만을 변화시켜 노동수요량을 조절하는 데 반하여, 장기에서는 단기에서의 고정요소(예컨대 자본설비)까지 모두 변화시키면서 노동수요량을 조절할 수 있다.

③ 따라서 임금상승에 따른 기업의 노동수요량은 단기에 비하여 장기에서 더 크게 감소하게 될 것이고, 따라서 단기에 비하여 장기에 노동수요의 임금에 대한 탄력성이 더 탄력적이며, 이는 단기에 비하여 장기의 노동수요곡선이 더 완만한 기울기를 갖게 됨을 의미한다.

> 경제학에서의 '단기'와 '장기'
>
> 1. 단기와 장기의 개념
> (1) 단기
>   ① 가변요소와 고정요소가 함께 존재하는 기간
>   ② 고정요소인 토지·건물·기계 등의 생산설비는 변동시킬 수 없지만, 가변요소인 노동·원자재 등의 투입을 변화시켜 가면서 생산량을 증감시킬 수 있는 기간
>
> (2) 장기
>   ① 가변요소만 존재하는 기간 또는 고정요소가 존재하지 않는 기간
>   ② 단기의 고정요소까지도 변화시켜 가면서 생산량을 증감시킬 수 있는 기간
>
> 2. 기업의 단기노동수요곡선
> (1) 완전경쟁시장에서 기업의 단기노동수요곡선은 노동의 한계생산물가치곡선과 동일하다.
>
> (2) 노동의 한계생산물가치(VMP_L) = 한계생산물(MP_L) × 생산물의 가격(P)
>
> (3) 한계생산물체감의 법칙
>
> (4) 완전경쟁시장에서의 기업의 이윤극대화 조건
>   한계생산물가치가 임금과 같아지는 지점까지 생산하는 것이다.
>   즉, 한계생산물가치(VMP_L : MP_L × P) = 임금(W)

3. 기업의 장기노동수요곡선
(1) 의미
장기에서는 노동의 한계생산물가치곡선이 기업의 노동수요곡선이 아니다. 장기에는 임금이 하락하게 되면 기업은 고용량뿐만 아니라, 다른 생산요소의 투입량도 함께 변화시키기 때문이다.

(2) 임금 하락이 고용량에 미치는 효과 - 대체효과와 규모효과
① 대체효과(임금↓ ⇒ 고용량↑)
하나의 생산요소의 가격이 하락하게 되면 다른 생산요소를 상대적으로 가격이 싸진 생산요소로 대체하는 효과를 말한다. 즉, 임금이 하락하게 되면 기업은 자본 대신 상대적으로 가격이 싸진 노동을 더 많이 투입하는 경우가 이에 해당한다.
② 규모효과(임금↓ ⇒ 고용량↑)
임금이 하락하게 되면 생산비용이 감소하게 되어 기업은 생산량을 증가시키고 이 과정에서 고용량이 늘어나는 효과를 말한다. 이를 산출량효과라고도 한다.

(3) 장기노동수요곡선의 특징
임금이 하락하게 되면 기업은 대체효과와 규모효과(산출량효과)를 통하여 저렴해진 노동을 더 많이 투입할 뿐만 아니라 생산량을 증가시켜서 고용량을 늘리게 되므로, 장기노동수요곡선은 단기에 비하여 상대적으로 더 탄력적이고 곡선의 기울기는 더 완만한 형태를 띤다.

018
기출 ★★

산업의 단기노동수요가 외부조건의 변동에 따라 변화하는 과정을 설명하시오.

필.수.이.론

① 산업의 노동수요탄력성은 개별기업의 노동수요탄력성에 비해 상대적으로 더 비탄력적이다(따라서 산업의 노동수요곡선은 개별기업의 노동수요곡선에 비해 상대적으로 더 가파른 형태를 띤다).
② 단기의 노동수요탄력성은 장기에 비하여 상대적으로 더 비탄력적이다. 그 이유는 기업의 입장에서 모든 생산요소가 가변요소화되는 장기에는 노동수요량과 더불어 생산설비 등도 함께 변화시킬 수 있지만, 단기에는 생산설비 등이 고정요소로 존재하므로 기업은 가변요소인 노동수요량의 조절을 통해 생산량을 조절할 수 있기 때문이다.
③ 노동수요곡선은 외부조건 즉, 노동수요 결정요인들 중 임금 이외의 요인들(다른 생산요소의 가격, 노동에 의하여 생산되는 상품에 대한 소비자의 수요의 크기, 노동생산성의 변화 등)의 변동에 따라 노동수요량이 늘어나면 우측으로, 노동수요량이 감소하면 좌측으로 이동한다.

019

고임금의 경제효과가 존재할 경우와 존재하지 않을 경우에 임금 상승이 고용에 미치는 효과가 어떻게 다른지 또 그 이유는 무엇인지 설명하시오.

필.수.이.론

① 고임금의 경제효과가 존재하는 경우란 임금이 상승함에 따라 노동생산성이 상승하는 효과가 나타나는 경우를 말한다. 반면에 임금이 상승했음에도 불구하고 노동생산성이 상승하지 않은 경우를 고임금의 경제효과가 존재하지 않는 경우라고 한다.

② 고임금의 경제효과가 존재하는 경우는 고임금 경제효과가 존재하지 않을 경우보다 임금 상승 시 고용감소 효과가 상대적으로 더 작게 나타난다. 그 이유는 고임금 경제효과가 존재하면 임금이 상승함에 따라 노동생산성도 증가하게 되므로 고임금의 경제효과가 존재하지 않을 때보다 노동수요가 상대적으로 더 적게 감소하기 때문이다.

보충설명

(1) 고임금 경제효과가 존재하는 경우란 임금이 상승함에 따라 노동생산성이 상승하는 효과가 나타나는 경우를 말한다. 이를 '효율성 임금효과'라고도 한다. 반면에 임금이 상승했음에도 불구하고 노동생산성이 상승하지 않은 경우를 고임금의 경제효과가 존재하지 않는 경우라고 한다.

(2) 일반적으로 임금이 상승하게 되면 노동수요는 감소한다. 이때 고임금 경제효과가 존재하면 임금이 상승함에 따라 노동생산성도 증가하게 되므로 고임금 경제효과가 존재하지 않을 때보다 노동수요가 상대적으로 더 적게 감소한다.

(3) 따라서 고임금 경제효과가 존재하는 경우는 고임금 경제효과가 존재하지 않을 경우보다
① 임금 상승 시 고용감소 효과가 상대적으로 더 작게 나타난다.
② 노동수요의 임금탄력성은 상대적으로 더 비탄력적이다.
③ 노동수요곡선의 기울기는 상대적으로 더 가파르다.

제2절 노동공급이론

020 기출 ★★★★★

노동공급의 결정요인을 5가지 (이상) 쓰시오.

◀ 필.수.이.론

① 시장임금수준
② 총인구의 크기
③ 총인구 중 생산가능인구(경제활동가능인구)의 크기
④ 경제활동참가율(생산가능인구 중 경제활동인구가 차지하는 비중)
⑤ 노동공급시간
⑥ 노동생산성(노동의 질)
⑦ 교육·훈련

021
노동공급을 결정하는 요인을 대별하여 4가지 이상 설명하시오.

필.수.이.론

① 임금
시장임금수준이 높아질수록 노동공급은 증가하게 된다. 반면에 의중임금(주관적 요구임금, 보상요구임금)이 높아질수록 노동공급은 감소하게 된다.

② 총인구의 크기
한 나라의 총인구의 크기가 클수록 노동공급은 증가하게 된다.

③ 생산가능인구(경제활동가능인구)의 크기
총인구 중 15세 이상 생산가능인구의 크기가 커질수록 노동공급은 증가하게 된다.

④ 경제활동참가율
15세 이상의 생산가능인구(경제활동가능인구) 중 경제활동인구가 차지하는 비중, 즉 경제활동참가율이 높을수록 노동공급은 증가하게 된다.

⑤ 근로시간(노동공급시간)
경제활동참가율이 같더라도 노동시간의 길이에 따라 실제 현장에 공급되는 노동력의 크기는 달라진다. 예컨대 노동시간이 많을수록 노동공급의 크기는 커진다. 이러한 노동시간에 영향을 미치는 요인으로는 산업구조, 노동제도(예컨대 노동법상의 법정근로시간 등), 노동관행, 소득수준, 노동조합의 존재 여부나 조직력의 강약 여부 등을 들 수 있다.

⑥ 노동의 질(노동생산성)
노동의 질(노동생산성)이 높을수록 더 높은 임금을 받을 수 있으므로 노동공급은 증가한다.

⑦ 교육·훈련
인적자본투자이론에 따르면 교육·훈련 등 인적자본에 대한 투자를 많이 할수록 근로자의 노동생산성이 높아지므로 높은 임금을 받게 되어 노동공급이 증가한다.

1 2 3 完

022　　　　　　　　　　　　　　　　　　　　기출 ★★★★★★★★

실업률과 임금근로자의 수를 구하시오(소수 둘째 자리에서 반올림. 계산과정을 제시하시오)

- 15세 이상 생산가능인구 : 35,986천명
- 비경제활동인구 : 14,716천명
- 취업자 : 20,148천명
  (자영업자 5,645천명, 무급가족종사자 1,684천명, 상용근로자 6,113천명, 임시근로자 4,481천명, 일용근로자 2,225천명)

022-1　　　　　　　　　　　　　　　　　　기출 ★★★

특정시기의 고용동향이 다음과 같을 때 임금근로자는 몇 명인지 계산하시오(계산과정을 제시하시오).

- 15세 이상 생산가능인구 : 35,986천명
- 비경제활동인구 : 14,716천명
- 취업자 : 20,148천명
  (자영업자 5,645천명, 무급가족종사자 1,684천명, 상용근로자 6,113천명, 임시근로자 4,481천명, 일용근로자 2,225천명)

필.수.이.론

(1) 실업률

① 실업률 = $\dfrac{\text{실업자 수}}{\text{경제활동인구 수}} \times 100$

② 경제활동인구 = 15세 이상 생산가능인구 - 비경제활동인구
　　　　　　　 = 35,986천명 - 14,716천명
　　　　　　　 = 21,270천명

③ 실업자 = 경제활동인구 - 취업자
　　　　 = 21,270천명 - 20,148천명
　　　　 = 1,122천명

④ 따라서 실업률 = $\dfrac{1,122\text{천명}}{21,270\text{천명}} \times 100 = 5.275... = \underline{5.3\%}$

(2) 임금근로자 수
① 취업자 = 임금근로자 + 비임금근로자
② 그러므로, 임금근로자 = 취업자 - 비임금근로자(자영업자 + 무급가족종사자)
= 20,148천명 - (5,645천명 + 1,684천명)
= 12,819천명
또는 임금근로자 = 상용근로자 + 임시근로자 + 일용근로자
= 6,113천명 + 4,481천명 + 2,225천명
= 12,819천명

1 2 3 完

/ 023   기출 ★★★★

다음 국가의 고용동향이 다음과 같을 때 경제활동참가율을 구하시오(소수점 셋째 자리에서 반올림하시오).

(단위 : 천명)

15세 이상 인구	비경제활동인구	취업자 수	자영업자
35,986	14,716	20,148	5,645

필.수.이.론

(1) 경제활동참가율 = $\dfrac{경제활동인구\ 수}{15세\ 이상\ 생산가능인구\ 수} \times 100$

(2) 경제활동인구 수 = 15세 이상 인구 - 비경제활동인구
= 35,986천명 - 14,716천명
= 21,270천명

따라서 경제활동참가율은 $\dfrac{21,270천명}{35,986천명} \times 100 = 59.106\ldots = \underline{59.11\%}$

024

가상적인 국가의 고용동향(20x9년 7월)이 다음과 같다.

(단위 : 천명)

경제활동인구	비경제활동인구	임금근로자	비임금근로자
350	150	190	140

(1) 실업률을 구하시오.
(2) 경제활동참가율을 구하시오.
(3) 자영업자가 90천명일 때 무급종사자 수는 최소 얼마인가?
(4) 경제활동가능인구 중에서 취업자가 차지하는 비율은?

필.수.이.론

(1) 실업률을 구하시오.

① 실업률 = $\dfrac{\text{실업자 수}}{\text{경제활동인구 수}} \times 100$

② 실업자 = 경제활동인구 - 취업자(임금근로자 + 비임금근로자)
   = 350 - (190 + 140) = 20

③ 따라서 실업률 = $\dfrac{20}{350} \times 100 = 5.714… = \underline{5.7\%}$

(2) 경제활동참가율을 구하시오.

① 경제활동참가율 = $\dfrac{\text{경제활동인구}}{\text{15세 이상 생산가능인구}} \times 100$

② 15세 이상 생산가능인구 = 경제활동인구 + 비경제활동인구
   = 350 + 150
   = 500

③ 따라서 경제활동참가율 = $\dfrac{350}{500} \times 100 = 70.00 = \underline{70.0\%}$

(3) 자영업자가 90천명일 때 무급종사자 수는 최소 얼마인가?

① 비임금근로자 = 자영업자 + 무급(가족)종사자
②   140   =   90   + 무급종사자 수
③ 그러므로 무급종사자 수 = 140 - 90 = 50천명(50,000명)

(4) 경제활동가능인구 중에서 취업자가 차지하는 비율은?
① 고용률 : 15세 이상 생산가능인구 중에서 취업자가 차지하는 비율
② 고용률 = $\dfrac{\text{취업자 수(임금근로자 + 비임금근로자)}}{15\text{세 이상 생산가능인구}} \times 100$

$= \dfrac{330}{500} \times 100 = 66.00 = 66.0\%$

---

025 기출 ★★★★

A국의 만 15세 이상 인구(생산가능인구)가 100만명이고, 경제활동참가율이 70%, 실업률이 10%라고 할 때, A국의 실업자 수를 계산하시오(단, 계산과정을 함께 제시하시오).

필.수.이.론

(1) 경제활동참가율 = $\dfrac{\text{경제활동인구}}{15\text{세 이상 생산가능인구}} \times 100$

$70\% = \dfrac{\text{경제활동인구}}{100\text{만명}} \times 100$

그러므로, 경제활동인구 수 = 70만명

(2) 실업률 = $\dfrac{\text{실업자 수}}{\text{경제활동인구 수}} \times 100$

$10\% = \dfrac{\text{실업자 수}}{70\text{만명}} \times 100$

그러므로, A국의 실업자 수 = 7만명

| 1 | 2 | 3 | 完 |

026 　　　　　　　　　　　　　　　　　　　　　　　　　　기출 ★★

고용률이 50%, 실업률이 10%(실업자 500,000명)일 때, 경제활동인구와 비경제활동인구 수를 구하시오(계산식도 제시).

필.수.이.론

(1) 실업률 = $\dfrac{\text{실업자 수}}{\text{경제활동인구 수}} \times 100$

　　즉, $10\% = \dfrac{500,000}{\text{경제활동인구 수}} \times 100$

　　따라서 경제활동인구 수 = 5,000,000명

(2) 비경제활동인구 = 15세 이상 생산가능인구 - 경제활동인구

　　① 고용률 = $\dfrac{\text{취업자}}{\text{15세 이상 생산가능인구}} \times 100$

　　② 취업자 수 = 경제활동인구 - 실업자
　　　　　　　 = 5,000,000 - 500,000 = 4,500,000명

　　③ 따라서, $50\% = \dfrac{4,500,000}{\text{15세 이상 생산가능인구}} \times 100$

　　　따라서, 15세 이상 생산가능인구 = 9,000,000명

　　④ 그러므로, 비경제활동인구 = 9,000,000 - 5,000,000
　　　　　　　　　　　　　　　 = 4,000,000명

1 2 3 完

027 기출 ★★

고용률이 50%, 비경제활동인구가 400명, 실업자 수가 50명일 때, 실업률을 구하시오(계산식도 제시).

필.수.이.론

(1) 고용률 = $\dfrac{\text{취업자}}{\text{생산가능인구}} \times 100$

$50\% = \dfrac{\text{취업자}}{\text{경제활동인구(취업자 + 실업자) + 비경제활동인구}} \times 100$

즉, $50\% = \dfrac{\text{취업자}}{\text{취업자} + 50 + 400} \times 100$

따라서, 취업자 수 = 450명이고,
경제활동인구는 취업자 + 실업자이므로 500명이다.

(2) 실업률 = $\dfrac{\text{실업자 수}}{\text{경제활동인구 수}} \times 100$

$= \dfrac{50}{500} \times 100 = 10.0\%$

028

다음의 표를 보고 답하시오.

(단위 : 천명)

구분	15~19세	20~24세	25~29세	30~50세
생산가능인구	3,284	2,650	3,846	22,982
경제활동인구	203	1,305	2,797	17,356
취업자	178	1,181	2,598	16,859
실업자	25	124	199	497
비경제활동인구	3,082	1,346	1,049	5,627

(1) 30~50세의 고용률(%)을 계산하시오(소수점 둘째 자리에서 반올림하시오).
(2) 30~50세의 고용률을 29세 이하의 고용률과 비교하여 분석하시오.

필.수.이.론

(1) 30~50세의 고용률(%)을 계산하시오(소수점 둘째 자리에서 반올림하시오).

① 고용률 $= \dfrac{\text{취업자}}{\text{생산가능인구}} \times 100$

② 따라서, 30~50세의 고용률 $= \dfrac{30\text{~}50\text{세의 취업자}}{30\text{~}50\text{세의 생산가능인구}} \times 100$

$= \dfrac{16,859}{22,982} \times 100 = 73.357\ldots = 73.4\%$

(2) 30~50세의 고용률을 29세 이하의 고용률과 비교하여 분석하시오.

① 30~50세의 고용률 : 73.4%
② 29세 이하의 고용률 :

$= \dfrac{3,957(178 + 1,181 + 2,598)}{9,780(3,284 + 2,650 + 3,846)} \times 100 = 40.460\ldots = 40.5\%$

③ 위 통계상 30~50세 고용률이 73.4%이고, 29세 이하의 고용률은 40.5%로서, 30~50세 고용률이 29세 이하의 고용률보다 32.9% 포인트 더 높다. 이는 연령별로 볼 때, 30~50세 연령대가 생산가능인구 중에서 취업활동으로서의 경제활동을 가장 활발히 하고 있음을 보여준다.

위 통계상 연령대별 고용률을 계산해 보면,
- 15~19세 고용률 : 5.4%,
- 20~24세 고용률 : 44.6%,
- 25~29세 고용률 : 67.6%,
- 20~29세 고용률 : 56.1%

029

아래의 통계자료를 보고 경제활동참가율, 실업률, 고용률을 구하시오(소수점 둘째 자리에서 반올림, 계산과정을 포함하여 설명).

(단위 : 천명)

- 전체인구 : 500
- 15세 이상 인구 : 400
- 취업자 : 200
- 실업자 : 20
- 정규직 직업을 구하려고 하는(정규직을 희망하는) 단시간근로자 : 10

필.수.이.론

(1) 경제활동참가율

① 경제활동참가율 = $\dfrac{\text{경제활동인구}}{\text{15세 이상 생산가능인구}} \times 100$

② 이때, '정규직 직업을 구하려는 단시간근로자 10천명'은 통계상 취업자로 분류되므로 취업자 수는 200천명 + 10천명 = 210천명이다.
따라서, 경제활동인구
= 취업자(취업자 + 정규직 직업을 구하려고 하는 단시간근로자) + 실업자
= (200 + 10) + 20 = 230

③ 그러므로, 경제활동참가율 = $\dfrac{230}{400} \times 100 = 57.499... = 57.5\%$

(2) 실업률

① 실업률 = $\dfrac{\text{실업자}}{\text{경제활동인구}} \times 100$

② 그러므로, 실업률 = $\dfrac{20}{230} \times 100 = 8.695... = 8.7\%$

(3) 고용률

① 고용률 = $\dfrac{\text{취업자}}{\text{생산가능인구}} \times 100$

② 그러므로,

$$고용률 = \frac{취업자(취업자 + 정규직\ 직업을\ 구하려고\ 하는\ 단시간근로자)}{생산가능인구} \times 100$$

$$= \frac{210}{400} \times 100 = 52.5\%$$

> **'정규직 직업을 구하려는 단시간근로자 10천명'을 어떻게 해석하느냐의 문제 [저자 주석]**
> '취업자'를 200천명 제시하고 별도로 '정규직 직업을 구하려는 단시간근로자 10천명'을 제시하였기 때문에 2가지 해석이 나올 수 있습니다.
>
> 1. '정규직 직업을 구하려는 단시간근로자 10천명'은 통계상 취업자로 보므로 제시된 '취업자' 200천명 안에 이미 포함된 것으로 해석해서 문제를 푸는 것이 그 하나입니다.
>   그렇게 되면 경제활동참가율이나 고용률을 구함에 있어 취업자 수를 200천명으로 계산하게 됩니다.
> 2. 또 하나의 해석은 '정규직 직업을 구하려는 단시간근로자 10천명'은 통계상 취업자로 분류되므로 총 취업자 수는 200천명 + 10천명으로 보아서 210천명으로 계산하는 것입니다.
>
> 만일 1의 해석으로 답을 기재하는 경우, 답안에 '정규직 직업을 구하려는 단시간근로자 10천명'은 통계상 취업자로 보므로 제시된 취업자 200천명 안에 이미 포함된 것으로 본다'라고 쓰고 취업자를 200천명으로 계산합니다.
> 혹은 2의 해석으로 답을 기재하는 경우, 취업자 수를 계산할 때 답안에 '정규직 직업을 구하려는 단시간근로자 10천명'은 통계상 취업자로 분류되므로 취업자 수는 200천명 + 10천명 = 210천명이다'라고 쓰고 계산합니다.

/030

불경기 시 부가노동자와 실망노동자 수의 증가가 실업률에 미치는 효과를 비교 설명하시오.

✈ 필.수.이.론

① 실망노동자 가설에 따르면, 경기침체(불경기) 시 취업이 특히 어려워지는 것에 실망한 일부 실업자들이 구직활동 자체를 포기함으로써 경제활동인구에서 비경제활동인구로 편입되어 통계상 실업률과 경제활동참가율이 감소하는 효과가 나타난다고 한다. 이에 반하여 부가노동자 가설에 따르면, 경기침체(불경기) 시 해고나 근로시간 단축 등이 늘어나면서 가계소득이 감소될 우려가 있을 때에 이를 보충하기 위해 지금까지 비경제활동인구였던 전업주부나 무급자원봉사자, 학생 등의 일부가 구직활동과 취업활동에 나서게 됨으로써 부가노동자들의 경제활동 참가가 증가하여 실업률과 경제활동참가율이 증가하는 효과가 나타난다고 한다.

② 따라서 이들 가설에 따르면, 경기침체(불경기) 시 실망노동자수의 증가는 실업률을 감소시키는 효과가 나타나는 데 반하여, 부가노동자수의 증가는 실업률을 증가시키는 효과가 나타난다고 한다.

> **실망노동자 효과와 부가노동자 효과**
>
> (1) 실망노동자 가설에 따르면 경기침체 시 취업 기회가 특히 줄어듦에 따라 실업자 중 일부가 구직활동 자체를 포기함으로써 경제활동인구가 줄어든다고 한다.
> 이 가설에 따르면 고용이 감소될 때에는 경쟁력이 있는 노동자는 실업자의 상태로 남게 되나(즉, 구직활동을 포기하지 않으나), 상대적으로 경쟁력이 떨어지는 노동자는 취업의 희망이 불투명하기 때문에 구직활동 자체를 포기함으로써 경제활동인구에서 비경제활동인구로 편입되어 실업자에도 포함되지 않는 결과, 실망노동자 효과가 클수록 통계상 실업률과 경제활동참가율이 감소하는 현상이 나타난다.
>
> (2) 부가노동자 가설에 따르면 경기침체 시 해고가 늘어나면서 가계소득이 감소될 우려가 있을 때에 이를 보충하기 위해 지금까지 비경제활동인구였던 전업주부나 무급자원봉사자, 학생 등의 일부가 구직활동과 취업활동에 나서게 됨으로써 경제활동인구(실업자 + 취업자)가 증가한다고 한다.
> 이와 같이 경기침체(불황) 시 부가노동자들의 경제활동 참가가 증가하여 실업률과 경제활동참가율이 높아지는 것을 부가노동자 효과라고 한다.

031

1997년 실업률은 2.6%였고, 1998년에는 IMF로 인해 6.8%로 증가하였으나 경제활동참가율은 97년 62.2%에서 60.1%로 하락하였다. 경기침체는 경제활동참가율을 감소시키거나 증가시키는데 이 경우는 감소된 경우이다. 이러한 경우를 일컫는 경제용어와 그 내용을 쓰시오.

구분	실업률	경제활동참가율
1997년	2.6%	62.2%
1998년	6.8%	60.1%
	4.2% 증가	2.1% 하락

필.수.이.론

① 경제용어
  실망노동자 효과
② 내용
  실망노동자 효과란, 경기침체(불경기)시 취업이 특히 어려워지는 것에 실망한 일부 실업자들이 구직활동 자체를 포기함으로써 경제활동인구에서 비경제활동인구로 편입되어 통계상 실업률과 경제활동참가율이 감소하는 효과를 말한다.

032 후방굴절형 노동공급곡선을 그리고 간단히 설명하시오.

필.수.이.론

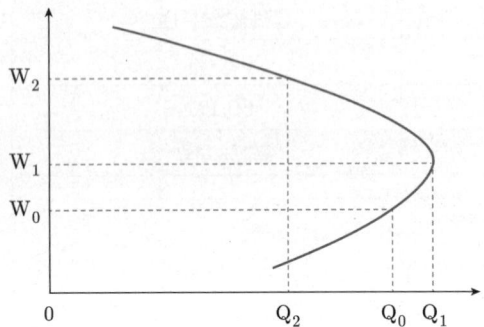

(1) 임금상승의 효과

① 소득효과
  ㉠ 임금이 상승하게 되면 근로자의 근로소득이 증가하게 되고, 근로소득의 증가는 실질소득(구매력)을 증가시켜 노동시간을 줄이더라도 구매력의 감소가 나타나지 않는 결과, 노동시간을 줄이고 대체관계에 있는 여가를 더 소비하려는 경향이 나타난다. 이처럼 임금상승이 개인의 실질소득을 증가시켜 여가를 더 소비하게 하는 효과를 임금상승의 소득효과라고 한다.
  ㉡ 즉 소득효과란 임금인상 시 노동공급시간을 줄이고, 여가시간을 늘리는 효과를 말한다.

② 대체효과
  ㉠ 임금이 상승하게 되면 여가에 대한(즉, 일을 하지 않는 데 대한) 상대적 기회비용이 증가하게 된다. 그러면 소비자는 상대적으로 비싸진 여가시간을 상대적으로 가격이 싸진 노동시간으로 대체하려는 경향을 띠는데, 이는 여가의 절약이라는 형태로 나타날 것이다. 따라서 근로자는 여가시간을 추가소득을 얻기 위한 노동시간으로 대체하게 된다. 이를 임금상승의 대체효과라고 한다.
  ㉡ 즉 대체효과는 임금인상 시 노동공급시간을 늘리고 여가시간을 줄이는 효과를 말한다.

(2) 노동공급곡선이 후방굴절하는 이유

임금이 인상되는 경우 임금인상의 효과로서 나타나는 소득효과와 대체효과의 크기에 따라 근로자의 노동시간은 늘어날 수도 있고, 줄어들 수도 있다.

① 만일 소득효과와 대체효과 중 대체효과가 더 크다면 임금상승($W_0 \to W_1$) 시 근로자의 노동시간은 증가($Q_0 \to Q_1$)하게 될 것이고(노동공급곡선은 우상향),
② 만일 대체효과보다 소득효과가 더 크다면 임금상승($W_1 \to W_2$) 시 노동시간이 감소($Q_1 \to Q_2$)하게 될 것이다(노동공급곡선은 후방굴절).

033 기출 ★★

법정근로시간이 44시간에서 40시간으로 줄어들었고, 임금할증률(특정 근로시간에 대해 임금을 할증해서 더 지급하는 비율)이 일정하게 적용될 때 근로자의 소득과 노동공급에는 어떠한 영향을 미치는지 여가와 소득을 비교해서 설명하시오.

필.수.이.론

(1) 법정근로시간의 단축은 임금할증률이 일정하게 적용될 때 임금(소득)수준에 따라 근로자의 노동공급량에 영향을 미치게 된다. 즉 법정근로시간의 감소 시 근로자는 여가와 소득에 대한 선호 정도의 크기에 따라서 늘어난 법정근로시간 외의 시간을 여가에 활용하거나 추가 소득을 얻기 위하여 추가적으로 근로를 공급하게 된다.

(2) 법정근로시간의 단축이 노동공급에 미치는 영향
① 대체효과에 의하면 노동공급은 증가한다.
② 소득효과에 의하면 노동공급은 감소한다.
③ 대체효과와 소득효과의 크기를 비교하였을 때, 만일 대체효과가 소득효과보다 크다면 노동공급은 증가할 것이고, 반대로 소득효과가 대체효과보다 크다면 노동공급은 감소할 것이다.

034

"임금률이 상승함에 따라 노동공급은 우상향한다."는 명제가 참인지, 거짓인지, 불확실한지를 판정하고, 여가와 소득의 선택모형에 의거해서 판정이유를 설명하시오.

필.수.이.론

(1) 판정
  불확실

(2) 판정이유
① 임금이 상승하면 근로자의 실질소득이 증가하는 결과, 노동시간을 줄이더라도 실질소득(구매력)의 감소가 나타나지 않게 되므로 근로자가 노동시간을 줄이고 여가시간을 늘리는 소득효과가 나타난다. 반면에 임금이 상승하면 여가의 기회비용이 증가하게 됨으로써 상대적으로 비싸진 여가시간을 (상대적으로 가격이 싸진) 노동시간으로 대체하는 즉, 노동시간을 늘리는 대체효과도 나타난다.
② 만일 이러한 소득효과와 대체효과 중 대체효과가 더 크다면 임금상승 시 노동시간이 증가하는 결과 노동공급곡선은 우상향하므로 위 명제는 참이지만, 대체효과보다 소득효과가 더 크다면 임금상승 시 노동시간이 감소하는 결과 노동공급곡선은 후방굴절하므로 위 명제는 거짓이다.
③ 그러나 소득효과와 대체효과 중 어느 효과가 더 크게 나타나는지를 알 수 없으므로 "임금률이 상승함에 따라 노동공급은 우상향한다"는 명제는 불확실하다.

| 1 | 2 | 3 | 完 |

035 기출 ★★

"여가가 열등재일 경우 노동공급곡선은 우상향한다"는 명제가 참인지, 거짓인지, 불확실한지를 판정하고, 여가와 소득의 선택모형에 의거해서 판정이유를 설명하시오.

필.수.이.론

(1) 판정

참

(2) 판정이유

① 열등재란 소득이 증가함에 따라 소비가 감소하고, 소득이 감소하면 소비가 증가하는 재화를 말한다.
② 임금상승 시 노동시간을 늘리는 대체효과는 여가가 우등재인지 열등재인지에 상관없이 항상 노동공급을 증가시킨다.
③ 그러나 소득효과는 여가가 우등재(정상재)인지 열등재인지에 따라 달라진다.
  ㉠ 여가가 우등재(정상재)일 때에는 임금상승 시 실질소득의 증가로 우등재인 여가의 소비가 증가함에 따라 대체관계에 있는 노동의 공급이 감소하지만,
  ㉡ 여가가 열등재일 때에는 임금상승을 통한 실질소득 증가 시 여가의 소비가 감소하므로 노동공급은 증가한다.
④ 따라서 여가가 열등재일 때는 임금상승 시 대체효과뿐만 아니라, 소득효과도 노동공급을 증가시키므로 노동공급곡선은 항상 우상향하며 후방굴절 노동공급곡선은 도출될 수 없다. 따라서 "여가가 열등재일 경우 노동공급곡선은 우상향한다"는 명제는 참이다.

036

소득-여가 선택모형에서 소득효과와 대체효과의 의미를 쓰고, 여가가 열등재일 때 소득증가에 따른 노동공급의 변화를 설명하시오.

필.수.이.론

(1) 소득효과와 대체효과의 의미
① 소득효과란 임금상승 시 근로자의 실질소득이 증가함에 따라 노동시간을 줄이더라도 실질소득(구매력)의 감소가 나타나지 않게 되므로 근로자가 노동시간을 줄이고 여가시간을 늘리는 효과를 말한다.
② 대체효과란 임금상승 시 여가의 기회비용이 증가하는 결과 상대적으로 비싸진 여가시간을 (상대적으로 가격이 싸진) 노동시간으로 대체함으로써 노동시간을 늘리는 효과를 말한다.

(2) 여가가 열등재일 때 소득증가에 따른 노동공급의 변화
① 열등재란 소득이 증가함에 따라 소비가 감소하고, 소득이 감소하면 소비가 증가하는 재화를 말한다.
② 여가가 열등재일 때 임금상승을 통한 소득증가 시, 대체효과는 여가가 우등재인지 열등재인지와 상관없이 항상 노동공급을 증가시키는 데 반하여, 소득효과는 여가가 열등재일 때에는 임금상승을 통한 소득증가 시 여가의 소비가 감소하므로 노동공급은 증가한다.
③ 따라서 여가가 열등재일 때는 임금상승 시 대체효과뿐만 아니라, 소득효과도 노동공급을 증가시키는 방향으로 나타나므로 노동공급은 증가하게 된다(노동공급곡선은 우상향한다).

| 1 | 2 | 3 | 完 |

037　　　　　　　　　　　　　　　　　　　　　　　　　　기출 ★★

중소기업에 다니고 있는 甲씨는 자식이 없는 고모로부터 세금을 제외하고 약 40억원의 유산을 증여받았다. 甲씨가 계속해서 경제활동을 할 것인가를 결정하기 위해서 노동자의 여가와 소득의 선택모형을 활용하였을 때 어떤 결정이 나올지, 또 그 이유는 무엇인지에 대해서 설명하시오.

037-1　　　　　　　　　　　　　　　　　　　　　　　　기출 ★★

유산 400억원을 받게 된 남자가 직업을 계속 가져야 할지를 소득과 여가와의 관계를 이용하여 설명하시오.

037-2　　　　　　　　　　　　　　　　　　　　　　　　기출 ★★

연예인 A양이 대기업 외동아들 B씨와 결혼을 할 때 연예인 활동을 계속적으로 할 것인지 소득-여가 모형을 통해서 설명하시오.

필.수.이.론

(1) 대체효과와 소득효과의 의미
① 대체효과란 임금인상 시 여가의 기회비용이 증가함에 따라 상대적으로 비싸진 여가시간을 노동시간으로 대체하는(즉, 노동시간을 늘리는) 효과를 말한다.
② 소득효과란 임금상승 시 근로자의 실질소득이 증가함에 따라 노동시간을 줄이더라도 실질소득(구매력)의 감소가 나타나지 않게 되므로 근로자가 노동시간을 줄이고 여가시간을 늘리는 효과를 말한다.

(2) 위 사례의 해결
① 위 문제의 사례에서 중소기업에 다니고 있는 甲씨가 고모로부터 증여받은 40억원은 비근로소득의 증가이다.
② 이러한 비근로소득의 증가 시에는 근로소득의 증가(임금인상)의 경우와 달리, ㉠ 실질소득(구매력)이 증가하므로 노동시간을 감소시키는 소득효과는 존재하지만, ㉡ 여가의 기회비용은 증가하지 않으므로 노동시간을 증가시키는 대체효과는 존재하지 않는다.
③ 따라서 소득-여가 선택모형에 따르면, 결과적으로 甲씨는 경제활동을 하지 않거나 경제활동을 계속하더라도 근로시간을 줄이는 결정을 할 것이다.

> /038 기출 ★★
>
> 100억원을 유산으로 받은 남자의 경우 노동공급과 여가 선호에 대한 소득효과와 대체효과의 의미를 쓰고, 여가가 우등재(정상재)일 때와 열등재일 때 소득증대에 따른 노동공급의 변화를 설명하시오.

필.수.이.론

(1) 대체효과와 소득효과의 의미
   ① 대체효과란 임금인상 시 여가의 기회비용이 증가함에 따라 상대적으로 비싸진 여가시간을 노동시간으로 대체하는(즉, 노동시간을 늘리는) 효과를 말한다.
   ② 소득효과란 임금상승 시 근로자의 실질소득이 증가함에 따라 노동시간을 줄이더라도 실질소득(구매력)의 감소가 나타나지 않으므로 근로자가 노동시간을 줄이고 여가시간을 늘리는 효과를 말한다.

(2) 위 사례의 해결
   ① 위 문제에서 남자가 유산으로 받은 100억원은 비근로소득이다.
   ② 이러한 비근로소득의 증가 시 ㉠ 여가의 기회비용은 증가하지 않으므로 노동시간을 증가시키는 대체효과는 존재하지 않으며, ㉡ 실질소득(구매력)이 증가하므로 노동시간을 감소시키는 소득효과만 존재한다.
   ③ 이때 존재하는 소득효과의 경우, 여가가 우등재(정상재)라면 비근로소득의 증가 시 실질소득의 증가로 우등재인 여가의 소비가 증가함에 따라 노동공급을 감소시키는 모습으로 나타나지만,
   ④ 여가가 열등재일 때에는 비근로소득의 증가 시 여가의 소비가 감소하므로 노동공급을 증가시키는 모습으로 나타날 것이다.

039 기출 ★★★★
기혼여성의 경제활동참가에 영향을 미치는 요인을 5가지 이상 쓰고 이를 간략히 설명하시오.

039-1 기출 ★★★
기혼여성의 경제활동참가 결정요인 6가지를 쓰고 상관관계를 설명하시오.

필.수.이.론

(1) 임금수준
① 기혼여성의 시장임금 수준이 높을수록 기혼여성의 경제활동참가율은 높아진다.
② 기혼여성의 의중임금(보상요구임금)이 높을수록 기혼여성의 경제활동참가율은 낮아진다.

(2) 교육수준
인적자본투자이론에 따르면 교육수준과 근로조건 특히 임금 간에는 정(+)의 상관관계가 있기 때문에 기혼여성의 교육수준 향상은 임금수준을 증가시켜 기혼여성의 경제활동참가율을 증가시킨다.

(3) 보육시설 등 양육서비스의 도입·확대 여부
자녀를 갖게 되면 육아부담으로 인하여 기혼여성의 경제활동참가는 낮아지는 경향을 보인다. 그러나 보육시설 등 양육서비스의 도입과 확대가 이루어질수록 육아시간을 경제활동으로 대체하게 되어 기혼여성의 경제활동참가가 늘어난다.

(4) 사회적 인식
기혼여성의 경제활동참가를 긍정적으로 여기는 사회적 인식이 강할수록 기혼여성의 경제활동참가율이 높아지는 반면, 기혼여성의 경제활동참가에 대한 부정적인 사회적 인식이 강할수록 기혼여성의 경제활동참가율이 낮아진다.

(5) 배우자나 타 가구원의 경제활동여부 또는 소득수준
배우자나 타 가구원이 경제활동을 하거나 그 임금 또는 소득이 높을수록 기혼여성이 경제활동참가율이 낮아진다.

(6) 자녀의 수와 연령
기혼여성의 자녀의 수가 많을수록, 자녀의 연령이 낮을수록 경제활동참가율이 낮아진다.

(7) 가계생산기술의 발달
세탁기나 진공청소기, 식기세척기 등 가사노동 부담을 줄여주는 가계생산기술의 발달과 보급이 확대될수록 기혼여성의 경제활동참가율이 높아진다.

(8) 고용시장의 형태의 다양화
파트타임제나 단시간근로 등 고용시장의 형태가 다양화될수록 기혼여성의 경제활동참가율은 높아진다.

---

1 2 3 完

/040 기출 ★★★★★

OECD 국가 중 우리나라는 상대적으로 기혼여성의 노동참가율이 적다. 이러한 현상에 영향을 끼치는 요인을 6가지 쓰시오.

/040-1 기출 ★★

기혼여성의 경제활동참가율을 낮게 하는 요인을 6가지 쓰시오.

◆ 필.수.이.론

① 취업가능한 직종의 제한
② 승진 등 고용 차별, 결혼·출산 및 육아문제로 인한 퇴사
③ 육아·가사부담을 줄여주기 위한 사회제도적 지원 부족
④ 노동시장의 유연성 부족(경직성)
⑤ 기혼여성의 경제활동에 대한 부정적인 사회인식
⑥ 기혼여성에 대한 낮은 임금수준

/041

남성과 여성의 연령에 따른 경제활동참가율의 변화를 그래프로 그리고 설명하시오.

필.수.이.론

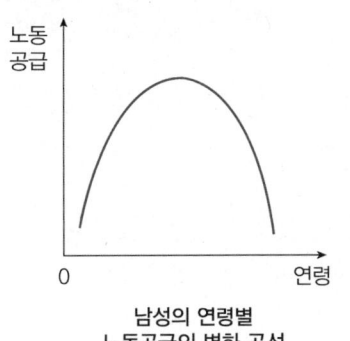

남성의 연령별
노동공급의 변화 곡선

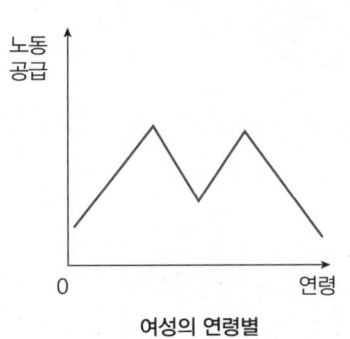

여성의 연령별
노동공급의 변화 곡선

여성의 경우 15세 이후 연령의 증가에 따라 경제활동참가율이 증가하다가 20대 중후반에서 30대 초반 결혼과 임신·출산·육아로 인하여 일과 가정의 양립이 곤란해지며 경제활동참가율이 점차 감소하게 된다. 그러다가 육아부담이 줄어드는 40대에 들어서면 다시금 점차 경제활동참가율이 증가하면서 남성과는 달리 여성의 경우 연령에 따른 경제활동참가율의 변화가 'M'자형 곡선의 형태를 띠게 된다.

042

남편의 임금상승 시 기혼여성의 경제활동참가율의 변화를 그래프로 그리고 설명하시오.

필.수.이.론

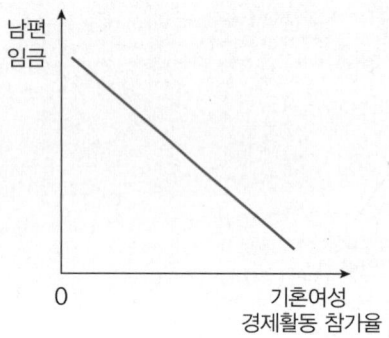

남편의 임금이 높을수록 기혼여성의 경제활동참가율은 낮아진다. 위의 그림에서 보는 바와 같이 남편의 임금률과 기혼여성의 경제활동참가율은 반비례관계에 있다. 즉, 남편의 임금이 높을수록 기혼여성의 경제활동참가율은 낮아지고, 남편의 임금이 낮을수록 기혼여성의 경제활동참가율은 높아진다.

043

정부가 출산장려를 위하여 근로시간에 관계없이 일정금액의 육아비용 보조금을 지급할 경우 육아비용 보조금이 부모의 근로시간에 미치는 효과를 다음 2가지로 구분하여 설명하시오.
(1) 부모가 육아 보조금이 지급되기 전 경제활동에 참여하지 않았던 경우
(2) 부모가 육아 보조금이 지급되기 전부터 근로하고 있었던 경우

필.수.이.론

(1) 부모가 육아 보조금이 지급되기 전 경제활동에 참여하지 않았던 경우

근로시간에 관계없이 부모에게 일정금액의 육아비용 보조금을 지급할 경우 비근로소득이 증가하므로 부모의 실질소득이 증가하여 근로시간을 감소시키는 소득효과만 존재하고 근로시간을 늘리는 대체효과는 존재하지 않는다. 따라서 부모가 육아 보조금이 지급되기 전 경제활동에 참여하지 않고 있었던 경우에는 부모의 근로시간에 아무런 영향을 미치지 못할 것이며, 그 부모는 계속 경제활동에 참여하지 않을 것이다.

(2) 부모가 육아 보조금이 지급되기 전부터 근로하고 있었던 경우

부모가 육아 보조금이 지급되기 전부터 근로를 하고 있었던 경우에는 육아비용 보조금의 지급이라는 비근로소득의 증가로 인해 근로시간을 감소시키는 소득효과만 존재하고 근로시간을 늘리는 대체효과는 나타나지 않으므로 부모는 근로시간을 줄이거나 경제활동 참가를 하지 않는 선택을 하게 될 것이다.

제3절 노동시장의 균형분석

1 2 3 完

044　기출 ★
A. Marshall이 주장한 노동력의 본원적 특성을 5가지 기술하시오.

필.수.이.론

① 노동자는 자신의 노동력을 판매하는 것이지, 노동자 자신을 판매하는 것은 아니다.
② 노동력의 제공은 일반적으로 작업현장에서 이루어진다.
③ 노동력은 일반 상품과 달리 저장이 불가능하다.
④ 노동력의 판매자는 대부분의 경우 교섭상 불리한 위치에 처하게 된다.
⑤ 임금의 인상이 항상 노동력의 공급 증가를 가져오지는 않는다.

1 2 3 完

045　기출 ★
생산물시장과 구별되는 노동시장의 특성을 3가지 이상 쓰시오.

필.수.이.론

① 다원성(다중성)
② 노동조건(working conditions)의 존재
③ 고용관계의 지속성
④ 노동의 다원적 역할
⑤ 제도적 변화에 영향을 크게 받음

보충설명

(1) 다원성(다중성)

노동시장은 노동(자)의 질과 수에 따라 다양한 노동시장으로 특징 지어지기 때문에 생산물 시장보다 더욱 다원적이고 복잡하다. 즉, 노동시장은 내부·외부 노동시장, 1차·2차 노동시장, 횡단적·종단적 노동시장 등으로 다양하게 구분된다. 이와 같은 시장들은 서로 이동하기가 쉽지 않으며, 이동에 비용이 수반되기도 한다.

(2) 노동조건(working conditions)의 존재

쌀을 공급하는 사람은 쌀이 어디에 어떻게 사용되고 팔리는지 알 수도 없고 알 필요도 없다. 하지만 노동력을 제공하는 개인은 일할 것을 결정하기 전에 작업장의 환경과 위치, 작업의 안정도, 승진 및 발전의 기회 등 일체의 작업조건을 신중히 검토해야 한다.

(3) 고용관계의 지속성

일회적인 생산물시장과 달리 노동시장에서의 노동의 수요공급은 일정기간 지속적으로 이루어진다.

(4) 노동의 다원적 역할

노동력의 수급관계에 의해 형성되는 노동시장은 노동의 다원적 역할에 의해 그 구조가 더욱 복잡해진다. 노동은 사용자의 입장에서 보면 생산요소로서의 역할을 하며, 노동자의 입장에서 보면 소득의 원천이 되는 한편, 국민경제의 관점에서 보면 인적 자원이기도 하다.

(5) 제도적 변화에 영향을 크게 받음

노동시장은 생산물시장에 비해 제도적 변화의 영향을 더욱 크게 받는다. 생산물시장이 주로 가격의 매개기능에 의해 조절되는 반면, 노동시장의 경우에는 노동력의 가격인 임금의 매개기능에 의해서만 그 수급관계가 결정된다고 보기는 어렵다. 노동시장을 둘러싸고 있는 여러 가지 환경적 요인, 즉 정치·사회·경제적 환경 또는 공업화의 단계, 노동시장의 집중화 정도, 각종 노동보호입법의 추진, 교육제도, 여성의 경우 경제활동참가율의 변화, 인구 및 인구구성의 변화 등이 상호 복합적으로 작용하고 있기 때문이다.

| 1 | 2 | 3 | 完 |

046

기출 ★★★★

노동시장의 이중노동시장이론, 내부노동시장이론, 인적자본투자이론의 의미를 간략히 설명하시오.

필.수.이.론

(1) 이중노동시장이론
① 노동시장을 불완전경쟁시장으로 가정하는 이론에 따르면 노동의 질적 차이가 존재하고 노동시장 간의 이동이 곤란하므로 이중노동시장(분단노동시장)이 만들어진다고 주장한다.
② 이중노동시장이론에 따르면, 노동시장은 ⓐ 근로조건의 우열에 따라 1차 노동시장과 2차 노동시장, ⓑ 노동력의 확보방법에 따라 외부 노동시장과 내부 노동시장, ⓒ 노동시장 간 이동의 난이도에 따라 횡단적 노동시장과 종단적 노동시장으로 나뉜다.

(2) 내부노동시장이론
이중노동시장(분단노동시장)이론에 따르면 특히 노동력의 확보방법에 따라 외부노동시장과 내부노동시장으로 나눠지는 바, 이 중 내부노동시장이란 기업이 필요로 하는 노동력을 조직 내부로부터 확보·충원하는 노동시장을 말한다. 이러한 내부노동시장의 예로는 수직적인 승진제도와 수평적인 전환배치가 대표적이다.

(3) 인적자본투자이론
① 인적자본투자이론이란 교육·훈련이나 건강증진, 노동시장 정보수집능력 등 인적자본에 대한 투자를 늘릴수록 근로자의 인적자본량의 크기가 커져서 노동생산성이 향상되는 결과 근로자의 임금이 증가한다는 이론이다.
② 따라서 인적자본투자이론에 따르면 임금격차를 해소하는 방안은 교육·훈련이나 건강증진, 노동시장 정보수집능력 등 인적자본에 대한 투자와 그 투자기간을 늘리는 것이다.

노동시장의 유형

1. (완전)경쟁노동시장과 불완전경쟁노동시장
(1) 완전경쟁노동시장
  ① 의의
  자유주의 내지 신자유주의 경제학파는 노동시장을 경쟁노동시장으로 파악한다. 이들의 주장에 따르면, 노동시장에서는 노동의 수요·공급자 간의 자유로운 경쟁에 의하여 균형임금과 균형고용량이 결정된다고 한다.

② 기본가정
  ㉠ 노동시장 내에서 노동수요자와 노동공급자는 아무런 간섭이나 제약 없이 서로 자유롭게 완전 경쟁한다. 따라서 이들은 가격수용자(price taker)의 지위에서 노동시장 내의 균형임금(시장임금) 결정에 아무런 영향을 미치지 못한다.
  ㉡ 노동수요자와 노동공급자는 임금, 직무, 근로조건 등에 관하여 완전한 정보를 갖고 있으며, 이성에 기초하여 합리적으로 행동한다.
  ㉢ 노동시장 내에 어떠한 규제나 제한도 없으므로 노동수요자와 노동공급자는 노동시장에의 진입과 탈퇴가 자유롭다.
  ㉣ 노동시장은 단일하고 동질적이다.
  ㉤ 정부는 노동시장에 개입하지 않으며, 노동조합이나 사용자 단체와 같은 노동자와 사용자의 이익을 대변하는 단결조직도 존재하지 않는다.
  ㉥ 모든 노동자와 그들의 직무는 동질적이며, 오로지 임금수준만이 이들 직무를 구별하는 유일한 지표이다.
  ㉦ 모든 직무의 공석은 자유로운 진입을 가로막는 내부노동시장이 아닌 외부노동시장을 통해서 채워진다.
③ 대표적인 경쟁노동시장이론
  ㉠ 보상이론
  ㉡ 인적자본투자이론

(2) 불완전경쟁시장
① 노동시장 내에는 신규채용이나 배치 등과 관련하여 제도적 제약(장애)요인이 존재하므로 노동시장을 경쟁시장으로 보기는 어렵다는 주장이다.
② 불완전경쟁시장이론에 따르면, 노동시장은 정보의 차이, 노동의 수요와 공급의 독점력과 기술 또는 제도의 구조적인 차이 등으로 인하여 노동시장의 불완전경쟁이 발생한다고 보며, 노동자나 직종의 속성 차이로 인하여 노동시장의 형태가 분리된다고 한다.
③ 대표적인 불완전경쟁노동시장이론
  ㉠ 비경쟁집단이론
     노동자가 직업을 선택하거나 다른 직업으로 이동하는 것은 자유롭지 못하다는 주장
  ㉡ 직무경쟁이론
     노동시장은 사회적·제도적 요인에 크게 영향을 받는다고 하며, 특히 임금수준은 노동시장의 노동의 수요·공급이론보다는 사회적 관습과 제도적 요소에 의하여 결정되는 경향이 강하다고 한다.
  ㉢ 이중노동시장이론

2. 단일노동시장과 분단노동시장

(1) 단일노동시장
아담 스미스는 완전경쟁시장을 전제로 한 단일노동시장을 주장하였다. 그에 의하면 서로 상이한 직업에 고용된 노동자들의 이익과 불이익은 시장 전체적으로는 상호 일치한다고 본다. 즉, 한 직업이 다른 직업에 대하여 불이익한 측면이 있으면 다른 측면에서 그것을 보상하는 이익이 주어져, 결국 시장에 외부의 개입이 없어 완전경쟁적 시장이 성립되면 모든 노동자들이 받는 순이익은 보이지 않는 손에 의하여 같게(균등하게)된다는 주장이다(보상원리).

(2) 분단(이중)노동시장
분단노동시장가설에 의하면 분단노동시장은 1차적 노동시장과 2차적 노동시장, 내부노동시장과 외부노동시장, 횡단적 노동시장과 종단적 노동시장 등으로 분류할 수 있다.

① 1차적 노동시장과 2차적 노동시장
  ㉠ 이는 노동시장의 근로조건의 우열에 따른 구분이다.
  ㉡ 1차적 노동시장은 고임금, 좋은 근로조건, 고용안정, 공정한 승진기회가 보장되는 시장인 데 반하여, 2차적 노동시장은 저임금, 열악한 근로조건, 고용의 불안정성, 높은 이직률이 나타나는 시장을 말한다.
  ㉢ 일반적으로 1차적 노동시장의 노동자는 2차적 노동시장의 노동자보다 교육과 훈련의 기회가 많고, 이직률도 낮으며, 생산잠재능력도 높은 것으로 평가된다.
  ㉣ 이러한 1차적 노동시장과 2차적 노동시장의 분류는 두 시장 간에 노동력의 이동이 제한되는 것과 노동의 질의 차이 때문에 발생한다.

② 내부노동시장과 외부노동시장
  ㉠ 기업이 노동력을 확보하는 방법에 따른 구분이다.
  ㉡ 외부노동시장은 기업이 필요로 하는 노동력을 외부에서 확보하는 시장이며(예 신규채용), 내부노동시장은 기업이 필요로 하는 노동력을 기업 내부의 수직적·수평적 이동의 방법을 통해 확보하는 시장이다(예 승진이나 전환배치 등).
  ㉢ 특히 이러한 내부노동시장은 주로 대기업과 같이 일정 수준의 임금 및 근로조건을 갖추고 있는 사업장에서 발전하게 된다.
  ㉣ 내부노동시장의 형성요인
   • 숙련의 특수성 : 기록이나 문서로 전수가 불가능하고 오로지 기업 내의 내부노동력만이 유일하게 소유하는 기업의 고유한 숙련을 의미한다.
   • 현장훈련 : 非성문화된 현장담당자의 전문지식이 생산현장의 생산과정을 통해 후임자에게 직접 전수되는 교육방식
   • 관습 : 작업현장에서의 선례·관행을 중시하는 관습을 의미

③ 횡단적 노동시장과 종단적 노동시장
  ㉠ 노동이동의 난이도(難易度)에 따른 분류이다.
  ㉡ 횡단적 노동시장은 노동이동이 상대적으로 자유롭게 인정되는 시장인 데 반하여, 종단적 노동시장은 노동이동이 제한적인 시장이다.

| 1 | 2 | 3 | 完 |

047 기출 ★★★

인적자본에 대한 투자의 대상을 3가지만 쓰고, 각각에 대하여 설명하시오.

필.수.이.론

① 교육·훈련
각종의 정규교육·비정규교육, 직업능력개발훈련 등에 대한 투자를 많이 할수록 인적자본량의 크기가 커져 노동자의 노동생산성이 높아진다.

② 건강
건강의 유지 및 증진에 대한 투자를 많이 할수록 노동자의 인적자본량의 크기가 커져 노동생산성이 높아진다.

③ 정보수집능력
노동시장의 취업정보 및 고용정보 수집능력에 대한 투자를 많이 할수록 인적자본량의 크기가 커져 노동자의 노동생산성이 높아진다.

> **보충해설**
>
> **(1) 인적자본투자의 대상**
> ① 각종의 교육·훈련 : 정규교육·비정규교육, 직업능력개발훈련
> ② 건강의 유지 및 증진
> ③ 노동시장의 취업정보 및 고용정보 수집능력
>
> **(2) 인적자본투자의 주체**
> ① 근로자(가계주체)
> ② 각급 학교
> ③ 기업
> ④ 직업능력개발훈련시설

1 2 3 完

048
기출 ★★

선별가설이론의 의미를 쓰고 선별가설이론을 적용할 경우 정부의 교육투자방향은 어떻게 나아가야 할지를 쓰시오.

필.수.이.론

(1) 선별가설이론의 의미

인적자본투자이론에 대한 내부적 비판이론으로서 인적자본론에 따른 교육·훈련은 단지 개인의 선천적인 능력을 외부에 신호(시그널링)하는 역할만을 담당할 뿐이라고 주장한다. 따라서 기업이 노동자 신규채용 시의 선별비용을 줄이기 위해 유능한 근로자를 선별하는 도구로서의 교육을 강조하는 이론이 '선별이론가설'이다.

(2) 정부의 교육투자방향

① 국·공립대학 운영의 확대·강화
② 사립대학에 대한 보조금 지급의 확대
③ 장학금의 지원 확대
④ 국가자격증 취득을 위한 직업훈련의 지원 강화

보충설명

(1) 선별가설이론의 의미

① 인적자본투자이론(교육·훈련투자의 확대 → 노동생산성↑ → 임금↑)에 대한 내부적 비판이론
  ㉠ 교육·훈련을 많이 받은 근로자의 임금이 높은 이유는 이들의 선천적인 능력(예컨대 지능, 천부적 재능이나 자질 등의 선천적 자본)이 높기 때문이지 교육·훈련을 통한 능력의 향상 때문이 아니며, 또한 교육·훈련투자의 확대가 생산성의 증가를 가져온다는 근거도 확실하지 않다고 주장한다.
  ㉡ 즉, 인적자본론에 따른 교육·훈련은 단지 개인의 선천적인 능력을 신호하는 역할만을 담당한다고 주장한다.
② 기업은 노동자를 채용할 때 선별비용(Screening Cost)과 훈련비용이 든다.
③ 기업은 신규채용 시 생산성이 높은 근로자, 장기근무 의욕이 강한 성향의 노동자를 채용하고자 하지만, 노동자의 이런 잠재적 성향은 쉽게 알 수 없기 때문에 기업은 부득이하게 그나마 객관적·현실적 기준인 성·나이·경력·학력 등 노동자의 개인적 지표를 관찰할 수밖에 없다. 기업이 개인의 학력이나 자격증 등 외적인 능력척도에 의하여 노동자를 채용하는 이유이다.

④ 이때 기업이 신규채용 시의 선별비용을 줄이기 위해 유능한 근로자를 선별하는 도구로서의 교육을 강조하는 이론이 '선별이론가설'이다.

(2) 정부의 교육투자방향
정부는 기업의 근로자를 선별하는 도구로서의 교육(학력·자격증 관련 교육·훈련)을 강화·확대하는 방향으로 교육투자를 하여야 한다.
① 국·공립대학 운영의 확대·강화
② 사립대학에 대한 보조금 지급의 확대
③ 장학금의 지원 확대
④ 국가자격증 취득을 위한 직업훈련의 지원 강화

(3) 비판
선별가설이론은 근로자의 실질적인 능력(생산성)과 차이를 보일 수 있다.

049

교육의 사적 수익률이 사회적 수익률보다 낮을 때 정부의 인적자본투자 방향을 설명하시오.

필.수.이.론

① 교육·훈련 투자비용에 대한 세제혜택(교육·훈련비 지출에 대한 소득공제나 세액공제 등)
② 민간교육·훈련기관에 대한 정부지원금 지급제도
③ 근로자 교육·훈련프로그램에 대한 수강지원금제도
④ 학습휴가제도 실시·확대
⑤ 민간교육·훈련에 대한 정규 학점인정제도(학점은행제)

교육의 사적 수익률과 사회적 수익률

(1) 개인 또는 민간 영리단체의 교육·훈련에 대한 투자의 수익률, 즉 교육·훈련의 사적 수익률이 사회적 수익률보다 낮다는 것은 시장원리에 입각한 개인 또는 민간의 교육·훈련에 대한 투자가 활발하게 이루어지지 못하고 비효율적으로 이루어짐으로써 상대적으로 사교육·훈련비의 부담이 높다는 것을 의미한다.

(2) 따라서 정부는 교육·훈련의 사적 수익률이 높아지도록 인적자본투자정책을 실시해야 한다. 즉, 교육·훈련의 사적 투자 수익 증가에 대한 기대감을 높이거나, 교육·훈련의 사적 투자비용의 부담을 줄여 주어서 개인이나 민간이 보다 더 적극적·능동적으로 교육·훈련에 투자할 수 있도록 하는 정책 또는 제도적 뒷받침이 요구된다.
① 교육투자비용에 대한 세제혜택(교육비 지출에 대한 소득공제나 세액공제 등)
② 민간교육기관에 대한 정부지원금 지급제도
③ 근로자 교육·훈련프로그램에 대한 수강지원금제도
④ 학습휴가제도 실시·확대
⑤ 민간교육·훈련에 대한 정규 학점인정제도(학점은행제)

| 1 | 2 | 3 | 完 |

050 기출 ★★★

일반적으로 대기업의 경우 중소기업보다 직원들의 근속연수가 길고 임금수준은 높다. 즉, 대기업의 경우 내부노동시장이 제도화되어 있는 경우가 많다. 이러한 현상을 초래하는 이유를 '인적자본', '동기유발', '지불능력'의 측면에서 구분하여 설명하시오.

필.수.이.론

① '인적자본'의 측면
대기업은 중소기업보다 합리적인 승진제도나 배치전환, 현장훈련 등이 잘 발달되어 있어서 우수한 인적자본의 확보와 유지가 용이하다.

② '동기유발'의 측면
기업의 인적자본에 대한 투자가 활발해지면 노동자는 조직 내부에서의 직무몰입도와 근로조건에 대한 만족도가 높아지며, 이로 인해 강한 동기부여가 유발된다.

③ '지불능력'의 측면
기업의 측면에서 우수한 인적자본 확보와 유지가 용이해지고, 노동자의 측면에서 업무에 대한 동기부여가 유발되면 이는 더 높은 노동생산성을 가능케 하므로 이를 통해 기업은 경쟁력을 갖게 되고, 이를 바탕으로 고임금, 장기고용 유지를 위한 지불능력을 보유하게 된다.

> 1 2 3 完
>
> **/051** 기출 ★★★
>
> 내부노동시장의 형성요인 3가지를 쓰시오.
>
> **/051-1** 기출 ★★★★
>
> 되린저(Doeringer)와 피오레(Piore)의 내부노동시장의 형성요인 3가지를 쓰고 설명하시오.

필.수.이.론

① 숙련의 특수성
기업 내 숙련의 특수성이 존재하는 경우 내부노동시장이 형성된다. 숙련의 특수성이란 기록이나 문서로 전수가 불가능하고 오로지 기업 내의 내부노동력만이 유일하게 소유하는 기업의 고유한 숙련을 의미한다.

② 현장훈련
非성문화된 현장담당자의 전문지식이 생산현장의 생산과정을 통해 후임자에게 직접 전수되는 교육방식이 존재하는 경우 내부노동시장이 형성된다.

③ 관습
기업 내의 작업현장에서 선례나 관행을 중시하는 관습이 존재하는 경우 내부노동시장이 형성된다.

052

내부노동시장의 형성요인과 장점을 각각 3가지씩 기술하시오.

필.수.이.론

(1) 형성요인
　① 숙련(훈련)의 특수성
　② 현장훈련
　③ 관습(慣習)

(2) 내부노동시장의 장점
　① 기업의 입장에서 우수한 인적자본의 확보와 유지가 용이하다.
　② 근로자의 입장에서 합리적인 승진제도 등을 통해 재직에 대한 동기유발 효과가 나타난다.
　③ 기업이 고임금, 장기고용유지를 위한 지불능력을 보유하게 된다.

> **내부노동시장의 장·단점**
>
> (1) 내부노동시장의 장점
> 　① 기업의 입장에서 우수한 인적자본의 확보와 유지가 용이하다.
> 　② 근로자의 입장에서 합리적인 승진제도 등을 통한 재직에 대한 동기유발 효과가 나타난다.
> 　③ 기업이 고임금, 장기고용유지를 위한 지불능력을 보유하게 된다.
>
> (2) 내부노동시장의 단점
> 　① 인력의 경직성을 초래한다.
> 　② 노동 비용(노무인건관리 비용)이 증가한다.
> 　③ 급격한 기술변화나 업무환경 변화에 따른 재교육·훈련비용이 증가한다.
> 　④ 기업의 노동조합과 정규직 근로자에 대한 의존도가 심화된다.

| 1 | 2 | 3 | 完 |

053　내부노동시장의 개념을 예를 들어 설명하고 그 특징을 3가지 이상 쓰시오.

기출 ★

필.수.이.론

(1) 내부노동시장의 의의

기업은 보통 노동조합과의 합의 등 여러 가지 기준에 따라 노동자의 배치, 훈련, 승진 등을 통해 노동력을 편성하고 임금을 관리하는데, 이처럼 기업 내의 기준이나 관리가 노동시장의 기능을 대신하게 되는 것을 내부노동시장이라 한다. 이러한 내부노동시장의 대표적인 예로는 수직적인 승진제도와 수평적인 전환배치가 있다.

(2) 내부노동시장의 특징

① 기업 내의 규칙이나 관리가 노동시장의 기능을 대신함으로써 노동시장의 기능이 기업 내로 옮겨진 노동시장의 형태이다.
② 기업 내의 규칙 등 여러 기준에 따라 노동자의 배치전환, 훈련, 승진 등이 이루어지며, 직장 내에서의 훈련에 의해 더욱 강화된다.
③ 노동자는 승진이나 승급의 기회를 외부보다 내부에서 구하게 된다.
④ 훈련투자의 안전성을 높이며, 고용관계의 영속화는 노동자의 사기를 높여 생산성 향상에 기여한다.

1 2 3 完

/054　　　　　　　　　　　　　　　　　　　　　　　기출 ★★
이중노동시장에서 1차 노동시장의 직무 혹은 근로자들이 가지는 특징을 5가지 이상 쓰시오.

필.수.이.론

① 근로자가 담당하는 직무의 가치가 높거나, 숙련을 요하는 직무가 대부분이다.
② 임금수준이 높다.
③ 교육·훈련의 기회가 많다.
④ 공정한 승진기회가 보장된다.
⑤ 지각 및 결근율이 낮다.
⑥ 이직률이 낮다.
⑦ 고용안정 즉, 장기재직이 용이하다.

1 2 3 完

/055　　　　　　　　　　　　　　　　　　　　　　　기출 ★
분단노동시장이론 중 2차 노동시장의 특징을 5가지 이상 기술하시오.

필.수.이.론

① 직무가치가 낮거나, 숙련을 요하지 않는 직무가 대부분이다.
② 임금수준이 낮다.
③ 교육훈련의 기회가 적다.
④ 내부적인 승진의 가능성이 낮다.
⑤ 지각 및 결근율이 높다.
⑥ 이직률이 높다. 즉, 입직과 이직이 용이하다.
⑦ 장기재직이 곤란하다. 즉, 고용이 불안정하다.

056
임금의 하방경직성의 의미를 설명하고, 임금이 하방경직성을 띠는 이유를 4가지 이상 쓰시오.

필.수.이.론

(1) 임금의 하방경직성의 의의
  임금이 상하방으로 완전신축적이라는 고전주의 경제학의 기본가정과 달리 케인즈에 의하여 주장된 가정으로서, 임금은 노동의 수급 변화에 따라 상하방으로 완전신축적이지 않으며, 특히 하방으로는 상당히 경직적인 성질을 갖는다는 이론이다.

(2) 임금이 하방경직성을 띠는 이유
  ① 근로자의 명목임금에 대한 화폐환상 존재
  ② 명목임금의 하락에 대한 노동조합의 강력한 저항
  ③ 연공급 임금체계에서의 장기근로계약
  ④ 최저임금제도의 시행
  ⑤ 지속적인 물가상승
  ⑥ 기업의 고임금정책(효율임금정책) 실시

1 2 3 完

/ 057   기출 ★★★

일반적으로 사용자는 다른 조건이 일정할 때 사직률(辭職率)이 낮은 근로자를 선호하지만, 사회적인 관점에서만 보면 너무 낮은 사직률은 바람직하지 않을 수 있다. 사용자는 왜 낮은 사직률을 갖고 있는 근로자를 선호하고, 이러한 낮은 사직률이 왜 사회적으로 바람직하지 못한 결과를 초래할 수 있는지 각각 설명하시오.

필.수.이.론

(1) 사용자(기업)가 사직률이 낮은 근로자를 선호하는 이유

기업은 근로자가 이직을 하지 않으면
① 신규 채용비용이나 신규 근로자의 직무훈련비용을 줄이게 되는 동시에
② 인적자본투자의 안정 등으로 인해 생산성의 향상을 가져와 기업의 이윤을 극대화시킬 수 있을 뿐만 아니라,
③ 노사관계의 안정 등을 도모할 수 있어 낮은 사직률을 가진 근로자를 선호하게 된다.

(2) 낮은 사직률이 사회적으로 바람직하지 못한 결과를 초래할 수 있는 이유

근로자의 낮은 사직률은 곧 장기재직을 의미한다. 근로자의 낮은 사직률은
① 비합리적인 연공급제하에서는 기업에게 고임금의 부담으로 작용하며,
② 정규직 신규채용의 감소를 가져오므로 신규인력의 노동시장 진입이 어려워지거나
③ 비정규직이 다량으로 발생하게 되는 원인이 되기도 한다.

058

노동시장에 광범위한 실업이 존재함에도 불구하고 대기업이 근로자들에게 고임금을 지급하는 이유 3가지를 쓰시오.

필.수.이.론

① 기업의 입장에서는 광범위한 비자발적 실업이 존재함에도 불구하고 근로자의 노동생산성 저하 우려 내지는 임금 하락 시 생산비용 절감효과보다 생산성 하락효과가 더 클 것을 우려하여 고임금정책을 취한다.
② 기업은 고임금정책을 통해 생산성이 높고 장기재직 욕구가 강한 근로자를 확보함으로써 신규 채용비용이나 교육훈련비용을 줄일 수 있다.
③ 그 외에도 기업의 측면에서 보면 임금의 하락은 유능하고 생산성이 높은 근로자부터의 이직 현상이 발생하게 되며, 낮은 임금임에도 불구하고 취업하려는 근로자는 생산성이 낮은 근로자일 가능성이 높으므로 지나친 저임금은 근로자 역선택의 문제를 야기할 우려가 크다.

1 2 3 完

059
기출 ★

노동시장 유연성의 종류를 쓰고, 각각의 확보 방안에 대하여 기술하시오.

필.수.이.론

1. 수량적 유연성의 확보 방안
(1) 외부노동시장에서의 노동의 수량적 유연성 확보 방안
　　① 유연한 정리해고의 절차
　　② 단기근로나 임시근로 등 비정규직 계약근로의 확산
　　③ 다양한 형태의 파트타임직의 확대 등이 해당된다.

(2) 내부노동시장에서의 노동의 수량적 유연성 확보 방안
　　① 탄력적 근로시간제
　　② 변형근무일 제도
　　③ 다양한 교대근무제도

2. 작업의 외부화에 의한 노동의 유연성 확보 방안
　　① 하청 또는 아웃소싱
　　② 인력파견회사의 파견근로자 활용
　　③ 자영업자의 사용

3. 기능적 유연성의 확보 방안
　　① 기업의 지속적이고 적절한 현장훈련이나 위탁훈련 등의 직무훈련
　　② 근로자의 다기능공화

4. 임금적 유연성의 확보 방안
　　① 단체적 임금결정의 개별적 임금결정체계로의 전환
　　② 전통적인 연공급 임금세계에서 성과급(능률급)임금체계로의 전환

> **보충설명**

1. 노동시장 유연성

(1) 노동시장의 유연성이란 외부환경변화에 대응하여 인적자원이 신속하고 효율적으로 재배분될 수 있는 것을 말한다.

(2) 즉, 노동시장의 유연성이란 "① 새로운 업무가 등장하였을 때 그에 적합한 지식이나 기능을 가진 사람을 쉽게 구할 수 있고(기능적 유연성), ② 필요한 사람 수 또는 시간만큼 인원을 투입하거나(수량적 유연성), ③ 다양한 임금체계에 맞춰 사람을 쓸 수 있어야 한다(임금적 유연성)"는 뜻이다.

(3) 예컨대, 최근 이동통신 관련 산업이 크게 발전하고 있으므로 이동통신에 정통한 인력을 쉽게 구할 수 있고, 실력을 갖춘 사람도 관련 직종에 곧바로 취업할 수 있어야 이동통신 관련 노동시장의 유연성이 좋다고 말할 수 있는 것이다.

2. 노동시장의 유연성 확보 방안

(1) 노동의 수량적 유연성 확보 방안

1) 외부노동시장에서의 노동의 수량적 유연성 확보 방안

기업은 오늘날 경기의 계속적인 침체와 기업환경의 급변 및 불확실성의 증대에 따라 과거의 고용관행인 종신고용제와 연공급을 포함하여 고용형태의 전반적인 변화를 추구하게 되었다. 즉, ① 유연한 정리해고의 절차, ② 단기근로나 임시근로 등 비정규직 계약근로의 확산, ③ 다양한 형태의 파트타임직의 확대 등이 해당된다.

2) 내부노동시장에서의 노동의 수량적 유연성 확보 방안

내부노동시장에서의 수량적 유연성은 기업이 고용근로자 수의 변경 없이(즉, 고용규모의 변화 없이) 근로시간을 조절하는 형태, 즉 근로시간의 유연화 형태를 취하는 방법을 들 수 있다.

① 탄력적 근로시간제 : 일정기간 동안의 총 근로시간만 정하고 매일의 근로시간을 자유롭게 조절할 수 있도록 하는 것
② 변형근무일 제도 : 휴가, 공휴일을 유연하게 사용하는 것 등
③ 다양한 교대근무제도 : 3조 2교대, 4조 3교대, 주말교대 등

(2) 작업의 외부화에 의한 노동의 유연성 확보

종래 노동자의 권리가 우선적으로 보호되는 노동법상의 고용계약을 쌍방의 권리가 동등하게 보장되는 상법상의 계약으로 대체하려는 것이 작업의 외부화이다. 노동의 유연성을 확보하기 위한 작업의 외부화의 구체적 방법으로는 ① 하청 또는 아웃소싱, ② 인력파견회사의 파견근로자 활용, ③ 자영업자의 사용 등이 있다.

(3) 노동의 기능적 유연성의 확보

오늘날의 작업과정에서는 근로자의 자발성과 다양성, 원활하고 신속한 작업장 내 배치전환 또는 작업장 간의 노동이동이 요구되는 바, 이러한 변화에 노동시장이 유연하게 대처하기 위해서는 ① 기업의 지속적이고 적절한 현장훈련이나 위탁훈련 등의 직무훈련을 통하여 ② 근로자가 다양한 기능을 보유하고 여러 직무를 수행할 수 있도록 하는 근로자의 다기능공화 등이 요구된다.

(4) 노동의 임금적 유연성의 확보

종래 연공급이나 직무급 등의 임금체계가 단체협약에 의하여 (획일적으로) 결정됨으로써 산업구조나 기술의 변화에 대응하지 못하고 비생산적인 인건비의 부담으로 작용하는 요인이 많으므로, 개인이나 집단의 능력이나 성과에 따라 지급되는 임금체계로의 전환을 말한다. 구체적으로는 ① 단체적 임금결정의 개별적 임금결정체계로의 전환, ② 전통적인 연공급 임금체계에서 성과급(능률급) 임금체계로의 전환 등을 들 수 있다.

CHAPTER 02
임금론

제1절 임금의 의의

060 기출 ★

임금의 개념을 사용자, 근로자, 국민경제의 3가지 측면으로 나누어 설명하시오.

필.수.이.론

① 사용자의 입장
　근로자가 기업에 제공한 생산요소로서의 노동에 대해 지불하는 대가, 즉 생산비용이다.
② 근로자의 입장
　임금은 근로자의 입장에서 보면 생활의 원천이 되는 가계소득의 주요원이다.
③ 국민경제의 측면
　임금은 가계소득의 주요 부분으로서 소비와 저축으로 순환된다고 볼 때, 기업에서 생산한 제품을 구입하는 데 지출되므로 한 나라의 총수요(유효수요, 소비)의 크기를 결정하는 데 중요한 역할을 하게 된다.

1 2 3 完

/061　　　　　　　　　　　　　　　　　　　　　　　　　　　기출 ★

임금의 기능 4가지를 설명하시오.

필.수.이.론

① 임금은 기업주에게는 공장의 감가삼각비·토지임차료·원자재비 등과 함께 생산비용 중 하나이므로 기업주는 가능한 한 임금비용을 줄여서 이윤을 극대화시키려고 한다. 반면에 근로자에게 임금은 가족의 생계를 꾸려나가는 유일한 또는 가장 중요한 소득의 원천이므로 근로자는 임금소득을 증대시키려고 한다.
② 기업주에게는 임금이 비용으로 간주되기 때문에 화폐임금(명목임금)이 중요한 반면, 노동자에게는 생계의 수단이기 때문에 구매력을 나타내는 실질임금이 중요하다.
③ 임금수준은 노동과 대체관계에 있는 다른 생산요소인 자본(설비·기계류 등)에 대한 기업주의 투자를 결정하는 중요한 요인이 된다. 만약 현재의 임금수준이 상대적으로 높다면 기업주들은 노동절약적 기술을 개발하여 추가적인 고용을 줄이고자 할 것이며, 이와는 반대로 저임금의 근로자가 풍부하다면 노동집약적 생산과정을 더 선호하게 된다. 따라서 임금수준은 기업의 기술수준과 기술개발투자를 결정하는 중요한 요인이 된다.
④ 임금은 국민경제에 중요한 기능을 한다. 즉, 가계소득인 임금이 소비와 저축으로 순환된다고 볼 때 기업에서 생산한 제품을 구입하는 데 지출되므로 한 나라의 유효수요의 크기를 결정하는 데 중요한 역할을 하게 된다.

이처럼 임금은 개인과 가계에는 소득의 원천으로서, 기업에는 (대외)경쟁력과 관련된 제조원가의 주요 구성요소로서, 국민경제에는 국민소득의 구성부분으로서 기능한다.

제2절 임금체계

1 2 3 完

062 기출 ★

평균임금과 통상임금에 대하여 설명하시오.

필.수.이.론

① 평균임금
평균임금을 산정할 사유가 발생한 날 이전 3개월간 그 근로자에 대하여 지급한 임금의 총액을 그 기간의 총일수로 나눈 금액을 말한다. 평균임금은 퇴직금, 재해보상, 휴업수당 등의 산출기준으로 활용되고 있다.

② 통상임금
근로자에게 정기적·일률적으로 소정근로 또는 총 근로에 대하여 지급하기로 정하여진 시간급금액, 주금액, 월급금액 또는 도급금액을 말한다. 통상임금은 시간외수당, 연·월차수당, 주휴수당 등 일상적인 업무와 관련된 수당의 산출기준으로 활용한다.

1 2 3 完

063 기출 ★★★★

부가급여의 의미를 예를 들어 설명하고 사용자가 부가급여를 선호하는 이유를 4가지 쓰시오.

063-1 기출 ★★★★

부가급여란 무엇인지 예를 들어 설명하고, 사용자와 근로자가 부가급여를 선호하는 이유를 각각 2가지 이상 쓰시오.

필.수.이.론

(1) 개념
부가급여란 경상화폐임금 이외에 개별적 또는 단체적으로 노동자에게 지급되는 일체의 편익 또는 보상을 말한다. 이러한 부가급여의 예로는 사택이나 차량제공, 교육훈련 등의 현물급여와 퇴직금이나 국민연금 등의 이연급여가 대표적이다.

(2) 사용자의 부가급여 선호 이유
  ① 사용자가 부담하는 사회보험료 부담의 경감
  ② 사용자가 선호하는 근로자의 채용 용이
  ③ 정부의 임금규제정책을 회피하는 수단
  ④ 근로자의 인사관리 수단

(3) 근로자의 부가급여 선호 이유
  ① 근로자가 부담하는 근로소득세 등 조세부담의 경감
  ② 현물급여의 경우 공동구매를 통한 할인혜택
  ③ 퇴직금이나 국민연금 등 이연급여의 경우 조세 경감

> **보충설명**
>
> (1) 개념
>   부가급여란 경상화폐임금 이외에 개별적 또는 단체적으로 노동자에게 지급되는 일체의 편익 또는 보상을 말한다. 이러한 부가급여의 예로는 사택이나 차량제공, 교육훈련 등의 현물급여와 퇴직금이나 국민연금 등의 이연급여가 대표적이다.
>
> (2) 부가급여의 유형 및 예
> 1) 부가급여의 유형
>   부가급여의 유형에는 현물급여와 이연급여가 있다.
>   ① 현물급여란 비금전적인 부가급여로서, 기업이 지불해주는 보험료, 유급휴가나 유급휴일, 교육훈련 등이 있다.
>   ② 이연급여(移延給與)란 현재 발생하는 근로소득이 장래의 일정 시점까지 연기·유예되어 지급되는 화폐적 형태의 부가급여로서, 퇴직금이나 국민연금 등이 이에 해당한다.
>
> 2) 부가급여의 예
>   ① 사용자가 적립하는 퇴직금
>   ② 유급휴가(월차유급휴가, 연차유급휴가 등), 유급휴일에 대한 지급금
>   ③ 사용자가 부담하는 보험료(의료보험료, 고용보험료 등)
>   ④ 회사부담의 교육·훈련비
>   ⑤ 기타 직원사택이나 차량 등의 제공, 직원식당의 운영(무료급식), 자녀의 학자금 보조, 주택자금의 저리융자, 스포츠 시설 등 회사 내 편의시설의 제공, 식권·직업복지권·상품권 등의 지급 등

(3) 사용자의 부가급여 선호이유
① **사회보험료 부담의 경감**
사용자가 근로자의 임금액에 비례하여 사회보험료를 납부하는 경우 부가급여를 늘리고 임금액을 줄이면 그만큼 사회보험료를 줄일 수 있다.
② **사용자 선호의 근로자 채용 용이**
사용자가 특정 근로자를 채용하고자 할 때 그의 선호에 부합하는 부가급여를 제공함으로써 자신이 선호하는 근로자의 채용이 용이하다.
③ **정부의 임금규제 회피 수단**
정부가 독과점이나 비용인상 인플레이션을 이유로 기업의 임금을 규제할 때 그것을 회피하는 수단으로서 임금인상 대신에 부가급여를 지급할 수 있다.
④ **인사관리의 수단**
근로자의 욕구에 부합하는 부가급여를 제공함으로써 사기진작을 통해 근로자의 기업에 대한 충성심을 높이며, 나아가 장기근속을 유도하고 직무몰입도를 향상시킬 수 있다.

(4) 근로자의 부가급여 선호이유
① **조세상의 혜택**
노동제공의 대가로 근로자가 받는 경상화폐임금에 대해서 근로자는 근로소득세를 부담한다. 그러나 근로자가 받는 부가급여에 대해서는 이러한 조세를 감면받거나 회피할 수 있다. 또한 퇴직금이나 국민연금과 같은 이연급여의 경우에도 후에 이를 수령할 때 조세 감면의 혜택이 있다.
② **할인혜택**
현물급여의 경우 공동구매 방식을 통해 집단적으로 할인된 가격으로 구입이 가능하므로 근로자에게 이익이 된다.

1 2 3 完

064　　　　　　　　　　　　　　　　　　　　　　　기출 ★★

다음과 같은 조건하에서 적정임금상승률을 계산하시오(계산식도 함께 작성하시오).

1인당 GNP	디플레이션	취업자증가율	실업률
8%	2%	4%	4.5%

필.수.이.론

① 적정임금상승률 공식
= 1인당 GNP + (인플레이션율 - 디플레이션율) - 취업자증가율
② 적정임금상승률 계산
1인당 GNP - 디플레이션율 - 취업자증가율
∴ 8% - 2% - 4% = 2%

065

생산성 임금제에 의하면 명목임금의 상승률을 결정할 때 부가가치 노동생산성 상승률과 일치시키는 것이 적정하다고 한다. 어떤 기업의 2010년 근로자수가 40명, 생산량이 100개, 생산물의 단가는 10원, 자본비용이 150원이었으나, 2011년에는 근로자수가 50명, 생산량이 120개, 생산물의 단가는 12원, 자본비용이 200원으로 올랐다고 가정하자.
생산성임금제에 근거할 때 이 기업의 2011년도 적정(명목)임금상승률을 계산하시오(단, 소수점 발생 시 반올림하여 소수 첫째 자리까지 표현하시오).

필.수.이.론

(1) 생산성 임금제에 의하면 이 기업의 2011년도 적정임금 상승률은 부가가치 노동생산성 상승률과 일치시키는 것이 적정하다고 하므로, '명목임금 상승률 = 부가가치 노동생산성 상승률'이라고 할 수 있다.

(2) ① 부가가치 노동생산성 상승률 = 생산물가격 상승률 + 물적 노동생산성 상승률

② 생산물가격 상승률 = $\dfrac{2}{10} \times 100 = 20\%$

③ 물적 노동생산성 상승률 = $\dfrac{\text{물적 노동생산성의 변화분}}{\text{기존의 물적 노동생산성}} \times 100$

2010년의 물적 노동생산성(총산출량/노동투입량)은 100/40 = 2.5이고, 2011년의 물적 노동생산성은 120/50 = 2.4이므로

물적 노동생산성 상승률 = $\dfrac{-0.1}{2.5} \times 100 = -4\%$

④ 즉, 부가가치 노동생산성 상승률 = 생산물가격 상승률 + 물적 노동생산성 상승률
= 20% + (-4%)
= 16.0%

⑤ 그러므로, 생산성 임금제에 의하면 이 기업의 2011년도 적정임금상승률은 부가가치 생산성 상승률인 16.0%에 일치시키는 것이 적정하다.

생산성의 개념

1. **생산성의 정의** : 산출량/투입량

2. **생산성의 종류** : 생산성은 투입량의 종류에 따라 다음과 같이 분류한다.

(1) **노동생산성**
   ① 물적 노동생산성
   - 산출량/단위노동량
   - 가격의 영향을 받지 않는다.
   - 종업원의 의욕이나 숙련도에 의해 변화되며, 설비 이외의 기술수준에 영향을 받기도 한다.
   ② 부가가치 노동생산성 : '기업의 경영활동에 의해 창출된 가치'를 말한다. 즉, '기업의 매출액에서 외부 구입가치를 뺀 순수하게 기업에서 창출한 가치'를 의미한다.

(2) **설비생산성**

(3) **원재료생산성**

(4) **통합생산성**

3. **노동생산성**
   - 물적 노동생산성 = 총생산량(물적 생산량)/노동투입량(종업원 수)
   - 부가가치 노동생산성 = 부가가치액/노동투입량(종업원 수)

4. **생산성임금제**
   명목임금 상승률 = 부가가치 노동생산성 상승률

5. **부가가치 노동생산성 변화율**
   = 가격(물가) 변화율 + 물적 노동생산성 변화율 + <u>부가가치 변화율</u>
   (→ 부가가치의 변화는 극히 미미하므로 부가가치 변화율은 단기적으로 0으로 가정한다)

066

최저임금제도의 기대효과(긍정적 효과)를 6가지(7가지, 5가지, 3가지) 이상 쓰시오.

필.수.이.론

① 과다한 임금격차의 개선
② 경제정의에 부합하는 소득의 재분배 효과
③ 근로자의 과로 예방, 2차 노동시장의 근로자 보호
④ 기업 간의 저임금 경쟁을 지양하고 기업경영의 합리화 촉진
⑤ 경영합리화를 통한 공정경쟁의 확보
⑥ 노동생산성의 향상(고임금의 경제효과)
⑦ 산업구조의 고도화에 기여
⑧ 노사분규의 사전예방
⑨ 총수요(유효수요)의 증가

최저임금제의 기대효과(장점)

(1) 임금격차의 개선
지나친 저임금, 산업 간·직종 간·지역 간 임금격차를 개선한다.

(2) 소득의 재분배효과
경제적 약자인 근로자에게 더 많은 임금이 지불됨으로써 경제정의에 부합하는 소득 재분배의 효과가 있다.

(3) 2차 노동시장의 근로자 보호
2차 노동시장의 근로자, 즉 청소년, 여성근로자, 고령자 등을 보호한다.

(4) 기업경영의 합리화 촉진
저임금에 의존하는 기업에 충격을 주어 경영개선, 경영합리화 및 효율화를 촉진한다.

(5) 기업 간 공정경쟁 확보
지나친 저임금에 의존하는 저가제품이나 값싼 유사제품의 제조·판매로 공정거래질서를 해하는 기업의 정리를 통해 공정한 경쟁의 확보가 가능하다.

(6) 고임금의 경제효과
노동력의 질적 향상과 근로자의 근로의욕 향상으로 인한 생산성 향상으로 고임금 경제효과를 가져온다.

(7) 산업구조의 고도화에 기여
최저임금제하에서는 부가가치 생산성이 낮은 산업부문에서의 일정 정도 고용감소(해고)가 불가피하다. 이때 해고된 근로자들이 부가가치 생산성이 높은 산업부문으로 이동하여 산업구조의 고도화에 기여할 수 있다. 다만, 이러한 효과는 직업훈련의 강화 등 정부의 강력하고도 적극적인 노동정책이 뒷받침되어야 한다.

(8) 노사분규의 사전예방
최저임금제의 실시로 인하여 시장임금보다 임금이 상승함에 따라 노사분규를 사전에 예방할 수 있다.

(9) 총수요(유효수요)의 창출
임금인상으로 인한 가계소득의 증가에 따라 총수요가 증가하는 효과를 기대할 수 있다.

067

최저임금제도의 도입으로 인해 발생할 수 있는 부정적 효과를 3가지 이상 기술하시오.

필.수.이.론

① 고용의 감소
② 실업의 발생
③ 근로자에게로 소득의 과다분배가 발생
④ 고용진입의 장벽으로 기능

최저임금제도의 부정적 효과

(1) 고용의 감소
자유주의 경제학의 입장에서 최저임금제는 시장임금보다 높은 임금수준을 강제하는 가격규제이므로 고용량(노동수요량)이 감소한다.

(2) 실업의 발생
최저임금제의 시행으로 노동수요가 감소하고 노동공급은 증가하므로 이 둘을 합친 크기만큼의 실업이 발생한다.

(3) 왜곡된 소득분배
시장임금을 중시하는 자유주의 경제학의 입장에서는 시장가격기구가 결정하는 임금보다 높은 임금이 지불됨으로써 근로자에게로의 소득의 과다분배가 발생한다고 주장한다.

(4) 소득분배의 역진효과
최저임금을 강제하게 되면 최저임금수준보다 높은 임금수준에서 근무하는 근로자들의 임금도 연쇄적으로 상승할 수 있다. 이때 상위계층으로 갈수록 오히려 임금상승액이 더 클 수 있기 때문에 최저임금은 소득분배의 역진적인 효과를 가져올 수 있다.

(5) 고용진입의 장벽
최저임금을 강제하면 지불능력이 떨어지는 기업은 근로자의 고용에 대해 부담을 느끼게 되므로 최저임금제도는 근로자의 고용진입을 가로막는 장벽으로 기능할 수 있다.

068

최저임금제도의 긍정적 효과와 부정적 효과를 각각 3가지씩 쓰시오.

필.수.이.론

(1) 긍정적 효과
  ① 2차 노동시장의 근로자 보호
  ② 총수요(유효수요)의 증가
  ③ 노동생산성의 향상(고임금의 경제효과)

(2) 부정적 효과
  ① 고용의 감소
  ② 실업의 발생
  ③ 근로자에게로 소득의 과다분배가 발생

1 2 3 完

/069   기출 ★

최저임금제도의 목적을 3가지로 나누어 기술하시오.

◀ 필.수.이.론

① 사회정책적 목적
  저임금근로자의 소득을 증대시켜 절대적 빈곤을 퇴치하고, 상대적으로 교섭력이 약한 미숙련·비조직 근로자의 노동력 착취를 방지하기 위함이다.
② 경제정책적 목적
  상대적으로 소비성향이 높은 저임금노동자의 실질소득(구매력)을 증대시켜 유효수요를 확대하고, 경기침체(경기불황) 시에 발생하기 쉬운 임금절하로 인한 유효수요의 축소를 방지하려는 것이다.
③ 산업정책적 목적
  임금의 최저한도를 규정함으로써 기업 간의 저임금에 의존하는 임금(가격)경쟁을 지양하고, 장기적으로 기업 간의 기술개발 및 생산성 향상을 통한 공정한 경쟁이 이루어지도록 하려는 것이다.

070

연공급제의 장점과 단점을 각각 3가지 이상 기술하시오.

필.수.이.론

(1) 연공급제의 장점
　　① 조직에 대한 귀속의식·충성심의 고양, 사기진작
　　② 생활안정, 장래에 대한 기대
　　③ 비교적 객관적 기준(근속연수, 연령 등)으로 평가하여 논란의 여지가 적다.
　　④ 위계질서 확립이 용이, 근로자 배치전환 등 인력관리에 용이

(2) 연공급제의 단점
　　① 동일노동에 대한 동일임금 실시 곤란
　　② 우수한 인재(전문기술인력 등)의 확보 곤란
　　③ 능력과 업무의 연계성 미약
　　④ 근속연수가 높은 고령 근로자에 대한 고임금의 지불로 인건비 부담의 가중
　　⑤ 사기저하(불만 야기)

1 2 3 完

/071 기출 ★

성과급제의 장점과 단점을 각각 2가지 이상 기술하시오.

필.수.이.론

(1) 성과급제의 장점
　① 개인별 임금격차에 대한 불만을 최소화하여 근로자에게 합리성과 공평감을 준다.
　② 작업능률을 자극하여 생산성향상, 소득증대를 기대할 수 있다.
　③ 우수한 인력의 확보가 용이하다.

(2) 성과급제의 단점
　① 정신노동이나 사무직 노동의 경우 성과 측정이 어렵다.
　② 무리한 작업으로 근로자의 심신피로를 유발할 수 있다.
　③ 근로자(특히 미숙련근로자)의 수입이 불안정하다.
　④ 작업량 증대에 몰두하게 되어 제품의 품질저하를 초래할 수 있다.

1 2 3 完

072 기출 ★

우리나라의 기업 중 연봉제를 채택하는 기업이 늘어나고 있지만 대부분의 기업에서는 아직도 연공급 임금체계를 채택하고 있다. 이러한 연공급 임금체계에 대하여 간단히 설명하고 우리나라 기업이 왜 연공급 임금체계를 취하는지를 설명하시오.

필.수.이.론

① 연공급체계의 의의
연공급은 근로자에게 지급되는 기본급의 수준을 주로 속인적 요소에 의해 결정하는 임금체계이다. 즉, 장기고용과 장기근속을 전제로 근속연수, 학력, 연령, 성별 등을 기준으로 개인 간의 임금격차가 결정되는 임금체계이다.

② 우리나라 기업의 연공급 임금체계 선호이유
우리나라 기업의 경우 경영층과 근로자들이 가부장적·장유유서(長幼有序)적인 윤리의식 등 유교적 관습에 기초한 조직 내의 서열의식과 기업에 대한 귀속의식 등으로 인하여 연공급 임금체계를 선택하는 것이 가장 적절하다는 기업풍토와 경영층의 의식이 아직도 존재하기 때문이다.

제3절 임금격차

073 기출 ★

임금격차가 발생하는 이유를 경쟁적 요인과 경쟁 외적 요인으로 나누어 각각 3가지씩 쓰시오.

필.수.이.론

(1) 경쟁적 요인
　① 근로자 간 생산성의 차이
　② 과도적 임금격차
　③ 보상임금격차

(2) 경쟁 외적 요인
　① 노동시장의 분단(1차 노동시장과 2차 노동시장)
　② 근로자에게 독점이윤의 재분배
　③ 노동조합의 존재여부 및 교섭력의 강약여부

074 기출 ★★

노동수요 특성별 임금격차를 발생하게 하는 경쟁적 요인 5가지를 쓰시오.

필.수.이.론

① 근로자 간 노동생산성의 차이
② 과도적 임금격차
③ 보상임금격차(균등화 임금격차)
④ 인적자본량의 크기 차이
⑤ 교육·훈련에 대한 투자의 차이

노동수요 특성별 임금격차를 발생하게 하는 경쟁적 요인

(1) 근로자 간 생산성의 차이

근로자 간의 임금격차는 근로자 간 생산적 기여의 차이를 반영한다. 근로자에 대한 인적자본의 투자의 차이가 근로자 간 생산성의 차이를 가져오고 결국 임금격차가 발생한다. 임금의 격차는 생산성 차이에서 비롯되므로 저임금 노동의 문제는 근로자의 생산성 향상을 위한 여러 정책이 뒷받침되어야 한다.

(2) 과도적 임금격차

최초 노동의 수요와 공급이 균형인 상태에서 노동수요가 증가하면 단기노동공급곡선은 비탄력적이므로 임금은 크게 상승한다. 그러나 시간이 흐름에 따라 높은 임금 때문에 노동공급이 증가하게 되면 노동공급곡선은 탄력적으로 바뀌게 된다. 따라서 임금은 하락하게 되는데 이때 임금의 차이를 과도적 임금격차라고 한다. 과도적 임금격차는 장기적으로는 소멸하는 임금격차이다.

(3) 보상임금격차

근로자들의 직업 선택 및 전직이 자유로운 사회에서는 각 직업의 좋은 점과 나쁜 점을 모두 고려한 순이익이 한 사회의 여러 가지 대체적인 직업 사이에서 균등하게 된다. 임금의 격차는 직업의 임금 외적인 불리한 측면을 상쇄하여 근로자에게 돌아가는 순이익을 다른 직업과 같게 해주기 위한 것이다(균등화 임금격차).

(4) 인적자본량 크기의 차이

인적자본투자이론에 따르면, 노동자의 교육·훈련 등 인적자본에 대한 투자의 차이로부터 인적자본량 크기의 차이를 만들어 노동자의 생산성의 차이를 초래하는 결과로서 임금격차가 발생한다고 본다.

(5) 교육·훈련 등 인적자본에 대한 투자의 차이

(6) 기업의 합리적 선택으로서의 효율적인 임금정책

작업의 난이도, 감독의 곤란, 근로자의 태만이 심각한 부문에서 근로자 개인의 작업에 대한 동기부여를 높이려면 유사 노동자보다 높은 임금이 지급되어야 한다.

075

노동수요 특성별 임금격차를 발생시키는 요인 중 경쟁 외적 요인 5가지를 쓰시오.

필.수.이.론

① 노동시장의 분단(1차 노동시장과 2차 노동시장)
② 근로자에게 독점이윤의 재분배
③ 노동조합의 존재여부 및 교섭력의 강약여부
④ 근로자에 대한 임금차별
⑤ 기업의 효율임금정책(효율성임금이론에 따른 기업의 고임금정책)의 실시

  노동수요 특성별 임금격차를 발생하게 하는 경쟁 외적 요인

(1) 근로자에 대한 임금차별
사업주 등이 근로자에 대해 차별하는 경우 임금격차가 발생한다(예컨대 특정 성을 가진 근로자에 대한 차별, 통계적 차별 등).

(2) 노동시장의 분단
고임금 등 근로조건이 좋은 1차 노동시장과 저임금 등 근로조건이 나쁜 2차 노동시장으로 분단됨으로써 임금격차가 발생된다.

(3) 근로자에게 독점이윤의 재분배
기업은 규모, 집중도, 정부와의 관계 등에서 차이가 있으며, 따라서 임금격차는 독점기업의 근로자가 기업의 독점적 이윤의 일부를 배당받는 데에서도 발생한다. 즉, 독과점적인 기업에 취업한 근로자가 해당 기업의 독점적 이윤의 일부를 분배받음으로써 그렇지 않은 기업의 근로자와의 사이에서 임금격차가 발생하기도 한다.

(4) 기업의 효율임금정책(효율성임금이론에 따른 기업의 고임금정책)의 실시
일반적으로 대기업이 근로자에게 시장임금 이상의 높은 임금을 줌으로써 노동 생산성 향상을 도모하는 경우로 생산성 향상은 결국 기업의 이익을 증가시키기 때문에 이러한 효율 임금 정책을 통한 임금격차가 생기기도 한다.

(5) 노동조합의 존재여부 및 교섭력의 강약여부
일반적으로 노동조합이 조직되어 있는 기업의 임금이 그렇지 않은 기업의 임금보다 높다. 이는 노동조합을 통한 단체교섭력의 강화뿐만 아니라 근로조건의 개선을 통한 이직율의 감소, 소속감의 증대, 사용자와 근로자 간의 협력 증진 등을 통해 생산성 향상을 가져오기 때문이다.

1 2 3 完

076　기출 ★★★
보상적 임금격차의 의미와 발생 원인에 대해 설명하시오.

076-1　기출 ★★★
아담 스미스(A. Smith)가 주장한 임금보상격차의 결정요인 5가지(3가지)를 쓰고 간략히 설명하시오.

076-2　기출 ★★★
보상적 임금격차가 발생하는 원인 3가지를 쓰시오.

076-3　기출 ★★
보상적 임금격차에서 임금격차를 가져오는 요인을 3가지로 설명하시오.

필.수.이.론

(1) 보상적 임금격차의 정의
　① 어떤 직업이 다른 직업에 비하여 고용이 불안정하거나 작업장이 불쾌적한 경우 등 노동공급 시 임금 외적인 불리한 측면이 있는 경우, 사용자는 적절한 노동공급을 확보하기 위하여 근로자에게 노동공급 시의 불이익을 상쇄시켜주는 높은 임금을 보상임금으로 지불하는 합리적인 선택을 하게 되고, 그로부터 보상이 제공되지 않는 다른 직업과는 임금격차가 발생한다는 것이다.
　② 따라서 노동공급 시 근로자가 얻는 불이익한 측면을 상쇄시켜주는 이러한 보상임금의 제공에 의하여 노동공급 시 근로자에게 돌아가는 순편익은 보상임금이 제공되지 않는 다른 직업과 같아지므로 이를 '균등화 임금격차'라고도 한다.

(2) 보상적 임금격차의 발생원인
　① 고용의 안정성(지속성) 여부
　② 작업의 쾌적성 여부
　③ 직무기술 습득 비용의 다과(多寡) 여부
　④ 책임부담의 정도
　⑤ 작업의 성공 또는 실패의 가능성 여부

1 2 3 完

077　기출 ★★★★
탄광촌 광부의 임금이 200만원, 봉제공의 임금이 100만원일 때 보상적 임금격차의 의미를 설명하고, 임금의 차이가 발생하는 이유를 보상적 임금격차를 적용하여 설명하시오.

078　기출 ★★
동일한 근로시간에 대하여 탄광근로자는 월 200만원을 받고, 봉제공은 월 100만원을 받는다고 할 때, 보상적 임금격차의 개념을 쓰고 이들 두 직종의 근로자 간 임금격차가 발생하는 이유를 보상적 임금격차를 적용하여 설명하시오.

필.수.이.론

(1) 보상적 임금격차의 의미
① 어떤 직업이 다른 직업에 비하여 고용이 불안정하거나 작업장이 불쾌적한 경우 등 노동공급 시 임금 외적인 불리한 측면이 있는 경우, 사용자는 적절한 노동공급을 확보하기 위하여 근로자에게 노동공급 시의 불이익을 상쇄시켜주는 높은 임금을 보상임금으로 지불하는 합리적인 선택을 하게 되고, 그로부터 보상이 제공되지 않는 다른 직업과는 임금격차가 발생한다는 것이다.
② 이러한 보상적 임금격차가 발생하는 원인으로는 ㉠ 고용의 안정성(지속성) 여부, ㉡ 작업의 쾌적성 여부, ㉢ 직무기술 습득 비용의 다과(多寡)여부, ㉣ 책임부담의 정도, ㉤ 작업의 성공 또는 실패의 가능성 여부 등이 있다.

(2) 임금의 차이가 발생하는 이유 - 작업의 쾌적성 여부
① 보상임금격차 이론에 따르면 위 사례에서 탄광촌 광부의 임금이 200만원으로 봉제공보다 더 높은 임금이 지급된 것은 보상임금격차의 결정요인 중 '작업장의 불쾌적성'이라는 노동공급 시의 불이익을 상쇄하기 위하여 탄광촌 광부에게 보상임금이 제공된 결과이다.
② 즉, 탄광촌 광부의 작업환경이 봉제공보다 열악하고 불쾌적하므로 이를 상쇄시켜주는 보상이 고임금의 형태로 제공된 것이라고 설명한다.

보상임금격차의 기준과 사례
(1) 고용의 안정성(지속성) 여부
고용이 안정적이지 못한 직업에 종사하는 근로자에게는 그 불리한 측면을 상쇄하여 고용이 안정적인 직업에 종사하는 근로자와 순이익을 같게 해주기 위하여 높은 임금이 지불된다(예 농촌지역 일용직 근로자 vs 공무원).

(2) 작업의 쾌적성 여부

소음, 먼지, 좋지 않은 기상조건 등과 같이 작업환경이 쾌적하지 못한 직업에 종사하는 근로자에게는 작업환경이 쾌적한 직업에 종사하는 근로자와 순이익을 같게 해주기 위하여 그 불리한 측면을 상쇄시켜주는 높은 임금이 지불되게 된다(예 외근직 종사자·3D 업종 등 vs 내근직·사무직 종사자).

(3) 직무기술 습득 비용의 다과(多寡) 여부

직무를 수행하기 위한 교육훈련비용(인적자본투자비용)이 많은 드는 직업에 상대적으로 많은 임금을 지불해야 한다(예 단순 건설노무자 vs 대학교수).

(4) 책임의 정도

직업에 따라 타인에 대해 책임질 필요 없이 자신의 단순 반복적인 일에만 책임을 지는 직업이 있는 반면, 의사처럼 타인에 대해 큰 책임을 지거나 회사경영자처럼 조직 전체에 대하여 막중한 책임을 갖는 직업도 있다. 책임의 정도가 클수록 그 불이익을 상쇄시켜주는 보상으로서 높은 임금이 지불되게 된다.

(5) 작업의 성공 가능성 여부

성공의 가능성이 낮을수록, 또는 실패의 가능성이 높을수록 그 불이익을 상쇄시켜주는 높은 임금이 지불되게 된다.

➕ 아담 스미스(A. Smith)의 보상이론

(1) 아담 스미스는 나쁜 노동조건, 불규칙성, 장기의 훈련과정과 높은 훈련비용 등을 갖는 직업에서는 이러한 불이익들을 감내하기에 충분할 정도의 높은 임금을 노동자들에게 지불하게 될 것이라고 주장하였다. 또한 노동조건의 차이, 근로소득의 안정성, 훈련비용 등의 차이에 따른 불이익을 충분히 견딜 수 있는 정도의 임금 프리미엄이 '균등화 임금격차'이며, 이를 통해 노동자들에게 각종 직업이 갖는 매력은 균등화된다고 보았다. 이러한 프리미엄이 근로자들에게 불이익을 보상한다는 점을 보다 강조한다면 균등화 임금격차는 곧 '보상적 임금격차'가 되는 것이다.

만일 노동시장이 경쟁적이고, 노동자 간 능력이 균등하며, 직업에 대한 취향이나 선호도에서만 차이가 존재한다면, 노동자 간의 자유로운 이동에 의해 직업의 금전적 이익이 동일해지는 것이 아니라, 직업의 금전적·비금전적 이익을 합친 순이익이 동일해진다. 이러한 직업의 순이익 균등화가 이루어지지 않는다면 순이익이 많은 직업으로 사람들이 모여들고 순이익이 이에 미치지 못하거나 오히려 손해가 나는 직업은 사람들이 그 직업을 떠나게 될 것이다.

(2) 보상적 임금격차는 다음 2가지의 상호 연관된 사회적 목적에 유용하다.
  ① 임금격차는 사람들에게 불결하고 위험하거나 불쾌한 일을 자발적으로 수행할 유인을 제공함으로써 사회적 필요를 충족시킬 수 있다. 이와 같은 맥락에서 보상적 임금격차의 존재는 바람직하지 못한 작업환경을 근로자에게 제공하고 있는 사용자에게 금전적인 벌칙금을 부과하는 역할도 하게 된다.
  ② 개인적 차원에서 임금의 격차는 사람들이 기피하는 일자리를 기꺼이 받아들인 노동자에게 다른 일자리에서 근무하는 노동자들보다 더 높은 임금을 지급함으로써 이를 보상해주는 역할을 한다.

079

한국은 일본과 더불어 남녀의 임금격차가 큰 국가에 속한다. 그 원인을 성차별론이 아닌 노동공급적 인적자본의 투자측면에서 설명하시오.

필.수.이.론

① 인적자본투자이론에 따르면, 노동자의 인적자본에 대한 투자의 차이가 곧 노동자의 생산성의 차이를 초래하며, 그로 인하여 임금격차가 발생한다고 본다.
② 따라서 인적자본투자이론에 의하면, 우리나라의 남녀 간의 임금격차가 큰 이유는 여성이 남성에 비해 인적자본에 대한 투자의 기회가 적고, 이로 인해 남성에 비해 여성의 노동생산성이 낮기 때문이라고 설명한다.

080

산업별 임금격차가 발생하는 원인을 3가지 이상 쓰시오.

필.수.이.론

① 산업 간 노동생산성의 차이
② 노동조합의 존재여부와 교섭력의 차이
③ 산업별 집중도(독과점력)의 차이
④ 산업별 숙련직종의 차이 또는 수요 구성의 차이, 산업 간 단기적 노동공급의 임금탄력성의 차이

보충설명

(1) 산업별 임금격차의 의미
산업별 임금격차란 동일한 직종에 종사하는 근로자의 임금이 산업에 따라 차이가 나는 현상을 말한다.

(2) 산업별 임금격차의 특성
산업별 임금격차는 장기적으로 안정적이며, 변화가 적다는 특징을 가진다.

(3) 산업별 임금격차의 발생원인
① 산업 간 노동생산성의 차이
산업 간 노동생산성의 차이로부터 임금의 차이가 발생한다. 즉, 노동생산성이 높은 산업의 경우에는 높은 임금이 적용될 것이고, 노동생산성이 낮은 산업의 경우에는 낮은 임금이 적용될 것이다.
② 노동조합의 존재여부와 교섭력의 차이
노동조합이 조직된 산업과 노동조합이 조직되지 않은 산업 간에는 임금격차가 발생한다. 또한 노동조합이 조직된 산업 간에도 조직된 노동조합의 교섭력의 차이로부터 산업 간 임금격차가 발생한다.
③ 산업별 집중도(독과점력)의 차이
생산물시장에서 독과점력을 강력하게 행사할 수 있는 산업일수록 그렇지 않은 산업과 임금격차가 발생한다.
④ 산업별 숙련직종의 차이 또는 수요 구성의 차이, 산업 간 단기적 노동공급의 임금탄력성의 차이

081

노동시장에 존재하는 임금격차의 유형 5가지를 쓰시오.

필.수.이.론

① 남녀 간 임금격차
② 학력 간 임금격차
③ 기업 간 임금격차
④ 직종 간 임금격차
⑤ 산업 간 임금격차

CHAPTER 03
실업론

1 2 3 完

082 기출 ★★★★★
실업은 그 발생 원인에 따라 경기적 실업, 구조적 실업, 마찰적 실업, 계절적 실업 등으로 나뉜다. 그 구체적인 내용과 대책을 설명하시오.

082-1 기출 ★★
경기적 실업, 구조적 실업, 마찰적 실업에 대하여 각각 설명하시오.

필.수.이.론

1. 경기적 실업
(1) 개념
경기적 실업은 경기침체, 즉 총수요(유효수요) 부족에 따라 노동수요 부족으로 인하여 발생하는 실업이다.

(2) 대책
경기적 실업에 대한 대책으로는 노동수요확대를 위한 고용창출사업과 경기부양을 위한 총수요확대정책으로서의 확대재정·금융정책 등을 들 수 있다.
① 고용창출사업 : 적극적인 고용창출사업으로서의 공공사업(예 사회간접자본 투자 및 공공근로사업 등)의 확대실시, 소극적인 방법으로서의 변형근무제도의 활용(예 교대근무제도, 연장근무나 휴일근무를 다른 사람으로 대체하는 방법 등) 등을 들 수 있다.
② 총수요 확대재정·금융정책(경기부양책) : 정부의 재정지출 확대·감세정책, 금리인하정책·지급준비율인하정책·대출한도제 등 각종 한도제 완화정책을 들 수 있다.

2. 구조적 실업
(1) 개념
구조적 실업은 경제발전에 따른 산업구조나 기술력의 변화 등으로 인하여 노동수요의 구조는 고도화되어 가는 데 비하여 노동공급의 구조가 이에 적절하게 대응하지 못함으로써 노동력의 수급구조상의 불균형으로 발생하는 실업을 말한다.

(2) 대책

구조적 실업에 대한 대책으로는 ① 직업전환교육(전직교육) 등 노동자의 새로운 직무수행을 위한 교육·훈련 지원이나 ② 이주에 대한 보조금지급정책, ③ 산업구조변화 예측에 따른 인력수급정책 등 노동력 수급구조의 불균형을 해소할 수 있는 인력정책 등이 효과적이다.

3. 마찰적 실업
(1) 개념

마찰적 실업이란 전직(轉職)과정이나 신규노동력이 새로이 노동시장에 진입하는 과정에서 직업정보나 고용정보의 부족 등에 의하여 일시적으로 발생하는 실업으로서 자발적 실업에 해당한다.

(2) 대책

마찰적 실업에 대한 대책으로는 ① 직업안내(직업지도), 직업상담, 직업정보제공 등을 위한 직업알선기관의 설치, ② 직업정보제공, 직업알선 등을 위한 직업정보시스템(전산망)의 구축, ③ 고용실태 및 전망에 관한 자료제공 등을 들 수 있다.

4. 계절적 실업
(1) 개념

계절적 실업이란 기후나 계절적 편차에 따른 순환적·규칙적인 경기의 차이로 인한 노동력의 수급변화에 의하여 발생하는 실업의 형태를 말한다. 계절적 실업은 계절의 변화에 따라 일정한 주기성을 가지므로 경기적 실업과 달리, 실업의 발생을 어느 정도 예측할 수 있다.

(2) 대책

계절적 실업은 실업의 발생을 어느 정도 예측할 수 있기 때문에 보통은 근로자(실업자) 스스로 일자리를 찾게 되지만, 특히 농어촌 지역에서의 농한기 유휴 노동력을 활용하는 방법 등의 대책이 필요하다.

083

비수요부족실업(non-demand-deficient unemployment)에 해당하는 대표적인 실업 3가지를 쓰고 설명하시오.

필.수.이.론

(1) 마찰적 실업
① 마찰적 실업이란 전직(轉職)과정이나 신규노동력이 새로이 노동시장에 진입하는 과정에서 직업정보나 고용정보의 부족 등에 의하여 일시적으로 발생하는 실업을 말한다.
② 마찰적 실업에 대한 대책으로는 ㉠ 직업안내(직업지도), 직업상담, 직업정보제공 등을 위한 직업알선기관의 설치, ㉡ 직업정보제공, 직업알선 등을 위한 직업정보시스템(전산망)의 구축, ㉢ 고용실태 및 전망에 관한 자료제공 등을 들 수 있다.

(2) 구조적 실업
① 구조적 실업이란 산업구조의 조정이나 산업 간의 불균형 성장 등으로 인한 노동의 수급구조의 불일치로부터 발생하는 실업을 말한다(예 기업이 요구하는 기술수준과 노동자가 공급하는 기술수준이 불합치하는 경우).
② 구조적 실업에 대한 대책으로는 ㉠ 직업알선기관의 직업지도와 직업상담 등을 통한 효과적인 알선, ㉡ 노동자의 산업 간 재배치, 노동자 이주정책, ㉢ 노동자의 전직과 관련된 교육훈련 지원, ㉣ 장기적 노동수요 예측 등 노동력 수급구조의 불균형을 해소할 수 있는 인력정책을 들 수 있다.

(3) 기술적 실업
① 기술적 실업이란 기계화나 생산시설의 자동화, 신기술의 도입 등 노동이라는 생산요소를 자본이라는 생산요소로 대체하는 생산기술방식의 변화에 따라 발생하게 되는 실업을 말한다. 예컨대 노동집약적인 섬유산업이나 신발산업이 기계화·자동화됨에 따라 각 산업에 종사하였던 근로자들이 실업상태에 직면하게 되는 것을 말한다.
② 기술적 실업의 대책으로는 구조적 실업의 경우와 마찬가지로 ㉠ 직업알선기관의 직업지도와 직업상담 등을 통한 효과적인 알선, ㉡ 노동자의 산업 간 재배치, 노동자 이주정책, ㉢ 노동자의 전직과 관련된 교육훈련 지원, ㉣ 장기적 노동수요 예측 등의 인력정책을 들 수 있다.

1 2 3 完

/084 기출 ★★★

실업자에 대한 정의를 쓰고, 마찰적 실업과 구조적 실업의 공통점과 차이점을 설명하시오.

필.수.이.론

(1) 실업자의 정의

조사대상 주간을 포함한 지난 4주 동안에 수입이 있는 일을 하지 않았고, 일이 주어지면 즉시 일을 할 수 있는 능력이 있는 자로서 적극적으로 구직활동을 한 사람을 말한다(통계청의 정의).

(2) 마찰적 실업과 구조적 실업의 공통점

① 마찰적 실업과 구조적 실업은 모두 전반적인 경기침체 등 총수요의 부족으로 인하여 발생하는 실업이 아니라, 노동시장이나 특정 산업의 요인 등 주로 미시적인 측면 때문에 발생한다는 공통점이 있다.

② 마찰적 실업과 구조적 실업은 ㉠ 직업안정기관이나 직업정보제공시스템 등을 통해 구인·구직정보를 구인자와 구직자에게 신속하게 제공하고, ㉡ 지역 간의 노동이동 촉진을 지원하며, ㉢ 직업별 고용전망과 노동수요 예측조사 등을 통하여 사전에 직업능력개발훈련(전직훈련 등)을 실시·지원하는 등의 인력정책을 그 대책으로 하며, ㉣ 해고에 대한 사전예고와 통보를 통해 감소시킬 수 있는 실업이라는 점에서 공통점을 가진다.

(3) 마찰적 실업과 구조적 실업의 차이점

① 마찰적 실업은 직업정보의 부족으로 인하여 발생하는 실업인 데 반하여, 구조적 실업은 산업 간·직종 간·지역 간 노동력 수급구조의 불균형 내지 불일치 때문에 발생하는 실업이다.

② 마찰적 실업은 자발적 실업인 데 반하여, 구조적 실업은 비자발적 실업이다.

③ 마찰적 실업은 일시적 실업인 데 반하여, 구조적 실업은 만성적 실업이다.

085

실업의 유형 중 마찰적 실업과 구조적 실업의 원인과 대책을 쓰시오.

필.수.이.론

(1) 마찰적 실업
  ① 개념
     마찰적 실업이란 전직(轉職)과정이나 신규노동력이 새로이 노동시장에 진입하는 과정에서 직업정보나 고용정보의 부족 등에 의하여 일시적으로 발생하는 실업을 말한다.
  ② 대책
     마찰적 실업에 대한 대책으로는 ㉠ 직업안내(직업지도), 직업상담, 직업정보제공 등을 위한 직업알선기관 설치와 ㉡ 직업정보제공, 직업알선 등을 위한 직업정보시스템(전산망)의 구축, ㉢ 고용실태 및 전망에 관한 자료제공 등을 들 수 있다.

(2) 구조적 실업
  ① 개념
     구조적 실업은 경제발전에 따른 산업구조나 기술력의 변화 등으로 인해 노동수요의 구조는 고도화되어 가는 데 비하여 노동공급의 구조가 이에 적절하게 대응하지 못함으로써 노동력의 수급구조상의 불균형 또는 불일치로부터 발생하는 실업을 말한다.
  ② 대책
     구조적 실업에 대한 대책으로는 ㉠ 직업알선기관의 직업지도와 직업상담 등을 통한 효과적인 알선, ㉡ 노동자의 산업 간 재배치, 노동자 이주정책, ㉢ 노동자의 전직과 관련된 교육훈련 지원, ㉣ 장기적 노동수요 예측 등 노동력 수급구조의 불균형을 해소할 수 있는 인력정책을 들 수 있다.

086

잠재적 실업자를 모두 취업시키기 위한 경기부양책을 사용하게 되면 노동시장에 미치는 영향을 기술하시오.

필.수.이.론

① 노동시장의 선별기능을 흐리게 한다.
② 노동생산성이 저하된다.
③ 정부의 재정상태가 악화된다.
④ 인플레이션이 발생할 가능성이 있다.

잠재적(潛在的) 실업(불완전취업)

(1) 사실상 실업상태에 있지만 표면적으로는 실업자로 노출되지 않은 상태

(2) 일시적인 잠재적 실업과 구조적인 잠재적 실업으로 분류 가능
  ① 일시적인 잠재적 실업
    경기불황하에서 노동자에게 자신이 소유하고 있는 능력이나 숙련도를 충분히 발휘할 수 있는 업무(일자리)가 주어지지 않기 때문에 부득이 노동생산성이 낮은 다른 업무에 종사하고 있는 상태 또는 그로 인하여 노동자가 자신의 한계생산력에 미달하는 임금을 받고 있거나 자신의 생산능력을 충분히 발휘하지 못함으로써 지급받은 임금으로는 생계의 일부를 충족시키는 데 불과한 반실업상태를 말한다. 그 예로는 실업하여 귀농한 영세농민이나 도시의 영세영업 종사자 등을 들 수 있다.
  ② 구조적인 잠재적 실업
    노동의 한계생산력이 0이거나 거의 0에 가까운 정도로 과다한 노동인구가 취업을 하고 있어서 일부 노동인구를 제외하더라도 총생산량에는 아무런 변화가 일어나지 않는 상태를 의미한다. 주로 후진국에서 많이 볼 수 있으며, 이를 특히 위장실업이라고도 한다.

(3) 로빈슨의 주장 : 가장실업·위장실업·불완전취업이라고도 한다.

(4) 해결책
  ① 정부의 적극적인 경기부양책 실시를 통한 잠재적 실업자들의 취업은 임시적·일시적 실업대책이라고 할 수 있다. 따라서 중·장기적인 대책으로서 각종의 교육이나 직업훈련의 실시를 통해 노동생산성의 향상을 추구하며, 농촌 등의 계절적 잠재실업을 줄이기 위한 비닐하우스 및 특용작물 재배기술의 연구·발전 등을 통해 농한기에도 생산성을 증가시킬 수 있는 적극적인 정책들이 실시되어야 한다.

② 일시적이고 임시방편적인 정부의 경기부양책에 의지하기보다는 지속적인 사회적 일자리의 개발·확충을 통해 잠재적 실업자들이 정상적인 생산과 소비의 주체가 될 수 있도록 근로자 직업능력개발이나 직업훈련 등을 확대 실시한다.

1 2 3 完

/087　　　　　　　　　　　　　　　　　　　　　　　　　　기출 ★★

우리나라에서 통계상 실업률이 체감실업률보다 낮게 나타나는 이유 4가지를 쓰시오.

필.수.이.론

① 사실상 실업상태이지만, 통계상 취업자로 분류되는 잠재적 실업자(불완전취업자)가 존재한다.
② 조사대상 주간에 수입을 목적으로 1시간 이상 일한 자는 통계상 취업자로 분류된다.
③ 주당 18시간 이상 일하는 무급 가족 종사자는 무급임에도 불구하고 통계상 취업자로 분류된다.
④ 오랜 기간 구직활동을 하였음에도 불구하고 일자리를 찾지 못해 일시적으로 구직활동을 포기한 실망노동자는 실업자와 경제활동인구에서 제외되므로 통계상 실업률을 감소시키는 효과가 있다.

통계상 실업률이 체감실업률보다 낮게 나타나는 이유

(1) 잠재적 실업자(불완전취업자)
　정규직 고용을 원하면서도 임시직이나 파트타임으로 일하는 잠재적 실업자(불완전취업자)의 경우 사실상 실업상태이지만, 통계상 취업자로 분류되어 실업률 통계에 잡히지 않는다.

(2) 통계상 취업자의 개념
　조사대상 주간에 수입을 목적으로(유급으로) 1시간 이상 일한 자는 나머지 시간의 대부분을 구직활동으로 보내더라도 통계상 취업자로 분류된다.

(3) 무급의 가속종사자
　동일가구 내 가구원이 운영하는 농장이나 사업체의 수입을 위하여 주당 18시간 이상 일하는 무급의 가족 종사자는 무급이고 현재 구직활동을 하고 있더라도 취업자로 분류된다.

(4) 실망노동자효과
　오랜 기간 구직활동을 하였음에도 불구하고 일자리를 찾지 못해 일시적으로 구직활동을 포기한 실망노동자는 일할 의사가 없는 사람으로 분류되어 실업자와 경제활동인구에서 제외되므로 통계상 실업률을 감소시키는 효과가 있다.

1 2 3 完

088 기출 ★
자발적 실업의 개념을 설명하고 그 종류를 2가지 쓰시오.

필.수.이.론

(1) 개념
자발적 실업이란, 일할 의사는 있으나, 현재의 시장임금수준에서 일할 의사가 없어서 현재 취업되어 있지 않은 상태를 말한다.

(2) 종류
① 마찰적 실업
② 탐색적 실업 : 보다 나은 일자리를 탐색하는 과정에서 일시적으로 실업 상태에 있는 경우를 말한다.

1 2 3 完

089 기출 ★
자발적 실업을 설명하고, 대책을 3가지 쓰시오.

필.수.이.론

자발적 실업은 사회적·경제적으로 크게 문제가 되지는 않으나, 국가(정부)는 직업정보제공시설의 확충이나 노동시장정보시스템의 구축 등을 통하여 직업(취업)정보를 효율적으로 제공함으로써 일자리 탐색과정을 단축하도록 하는 것이 필요하다.
① 직업정보의 제공
② 구인·구직의 알선
③ 직업지도

1 2 3 完

/090   기출 ★

비자발적 실업의 개념을 설명하고, 그 종류를 4가지 쓰시오.

필.수.이.론

(1) 개념
비자발적 실업이란 현행 임금수준하에서, 일할 의사와 능력이 있음에도 불구하고 취업하지 못한 상태를 말한다.

(2) 종류
① 구조적 실업
② 경기적 실업
③ 계절적 실업
④ 기술적 실업

091
비자발적 실업의 비용을 경제적·사회적 측면으로 나누어 설명하시오.

필.수.이.론

(1) 실업의 경제적 비용(경제적 손실)
① 생산손실효과
    비자발적 실업이 발생하면 생산에 활용될 수 있는 노동력이 활용되지 못하기 때문에 생산이 감소되는 생산손실효과가 발생한다.
② 소비감소효과
    고용되지 못한 비자발적 실업자들은 임금을 받을 수 없어 소득이 없거나 줄기 때문에 소비가 감소하는 효과가 발생한다.

(2) 실업의 사회적(비경제적·심리적) 비용
① 비자발적 실업의 기간이 길어짐에 따라 실업자가 느끼게 되는 좌절감, 정치적·사회적 불안감 등을 실업의 비경제적(사회적·심리적) 비용이라고 할 수 있다. 특히 장기간의 실업은 실업자로 하여금 스스로 좌절감과 자존심에 상처를 입히게 되어 알코올이나 도박 중독에 빠지는 등 '이중 실패자'가 되는 경우가 많다.
② 특히 사회전체적인 대량실업의 발생은 이혼율의 증가, 청소년 자녀의 가출·비행, 범죄, 약물중독, 자살, 배우자의 부정, 노인 소외와 유기, 가정폭력 등의 여러 심각한 사회문제들을 초래하며, 나아가 가족의 해체·붕괴라는 극단적인 현상까지 발생시킨다.

092

정부의 실업대책 중 실업자 취업대책과 실업자 보호대책을 각각 (2가지씩) 쓰시오.

필.수.이.론

(1) **실업자 취업대책** : 취업능력을 높이기 위한 직업훈련과 취업 알선, 근로자의 개인별 능력과 사정에 알맞은 직업훈련프로그램을 대폭 확충시킨다.
① 실업자 재취직 훈련
② 재직자 직업훈련
③ 구인·구직 연계체제의 강화

(2) **실업자 보호대책** : 실업자에 대한 생활안정 지원
실업자에 대한 최소한의 생계보장을 위하여 고용보험의 기능을 강화하고, 고용보험 적용 제외 사업장의 실직자에 대한 생계안정방법을 강구한다.
① 실업급여 확충
② 생활안정자금 지원
③ 영세실직자에 대한 생계보호

093

정부의 실업대책 중 일자리창출을 위한 고용창출정책의 예를 3가지 이상 쓰시오.

필.수.이.론

① 공공근로 등을 통한 단기적·일시적인 일자리창출
② 사회간접자본(SOC) 투자 확충을 통한 일자리창출
③ 정보통신산업이나 문화관광산업, 또는 환경산업 등 향후 고용창출효과가 큰 지식기반 신산업의 집중 육성
④ 제조업 부문의 활성화

정부의 실업정책

1. **고용안정정책**
   ① 직업소개·취업 알선 등 고용지원서비스의 제공·확대, 직업정보제공시스템·취업정보망의 구축 : 마찰적 실업의 대책
   ② 직업교육훈련의 강화 : 구조적 실업·기술적 실업의 대책
   ③ 기업에 대한 고용유지 지원제도

2. **고용창출정책**
   ① 총수요의 증대 : 확대 재정·금융정책
   ② 노동시장의 유연성 확보 : 파트타임직 등 비정규직의 확대
   ③ 창업지원, 공공투자사업의 확대, 외국기업의 투자유치 확보

3. **사회안전망의 구축**
   ① 정부가 사회보험이나 사회 서비스 등을 통하여 실업자의 생계를 보장해 주는 정책
   ② 사전적 사회안전망 : 직업능력개발 교육·훈련 등을 통한 실업의 사전 예방
   ③ 사후적 사회안전망 : 실업급여사업이나 고용안정사업, 직업능력개발사업 등 각종 고용보험사업을 통한 실업 이후의 노동자 생계보호와 재취업 지원

4. **노동시장정책**
   ① 노동시장 내에서 발생하는 실업, 임금격차, 저임금 등의 구조적인 노동문제를 해결하기 위하여 정부가 직·간접적으로 개입하여 실시하는 각종의 제도, 법, 정책 등을 말한다.
   ② 적극적 노동시장정책(ALMP : Active Labor Market Policy) : 국가가 적극적으로 실업자에 대한 교육·훈련, 취업 알선, 공공부문의 고용창출, 민간부문의 고용보조금 지원 등을 통해 고용을 창출하는 정책(스웨덴 등)

③ 소극적 노동시장정책(PLMP : Passive Labor Market Policy) : 국가가 소극적으로 실업보험, 정리해고에 대한 지원, 조기퇴직제에 대한 지원 등 각종의 실업이나 조기퇴직에 대한 보조금지원을 통해 실업자의 생계 및 고용유지를 위해 실시하는 정책(미국 등)

094
필립스 곡선의 개념에 대하여 설명하시오.

필.수.이.론

① 필립스 곡선이란 임금상승률(물가상승률)과 실업률과의 사이에 있는 역(逆)의 상관관계를 나타낸 곡선이다.
② 처음에는 영국의 경제학자 필립스(A.W. Phillips)가 1861~1957년 사이의 영국의 명목임금 상승률과 실업률에 관한 자료를 분석한 후, 1958년 자신의 논문에서 명목임금(화폐임금) 상승률과 실업률 간에 역(−)의 상관관계가 성립한다는 사실을 발견하고는 이를 그래프로 나타낸 것이지만, 이후 립시(Richard Lipsey)의 수정에 의하여 물가상승률(인플레이션율)과 실업률의 관계로 보는 것이 일반적이다.

095
필립스 곡선의 시사점(경제적 의의)에 대하여 간략히 설명하시오.

필.수.이.론

필립스 곡선은 물가상승률(인플레이션율)과 실업률이 역(−)의 상관관계에 있음을 나타낸다. 이는 인플레이션과 실업의 문제를 동시에 해결할 수 있는 경제정책은 존재하지 않는다는 의미이며, 따라서 필립스 곡선에 따르면, 어떤 경제정책을 사용하더라도 '물가안정'과 '완전고용'이라는 2가지 경제목표를 동시에 달성하는 것은 불가능하다고 주장한다.

1 2 3 完

/ 096　　　　　　　　　　　　　　　　　　　　　　　　　　　　기출 ★★

실업률과 인플레이션 간의 상충관계를 나타내는 필립스 곡선이 오른쪽으로 이동하는 요인 3가지를 쓰시오.

필.수.이.론

① 노동력의 연령 및 성별구성의 변화 : 고령자와 여성의 경제활동참가 증가로 인한 실업률의 증가
② 노동시장의 분단 가속화에 따른 물가상승
③ 노조측의 기대물가 상승률을 반영한 과도한 임금인상 요구로 인한 물가상승

 필립스 곡선의 악화(우측 이동 또는 상방 이동) 원인

(1) 노동력의 연령 및 성별구성의 변화
노동의 공급측면에서 고령자, 기혼여성 등의 경제활동참가가 증가하는 경우 상대적으로 취업가능성이 낮은 이들이 주로 실업자로 분류된다면 동일한 물가수준에서 실업률이 증가하므로 필립스 곡선이 우측 이동할 수 있다.

(2) 노동시장의 분단
노동시장의 분단이 가속화됨에 따라 전체실업률은 동일하다고 하더라도 시장 간의 실업률 격차가 커지고, 이에 따라 물가상승이 유발됨으로써 물가상승률(인플레이션률)이 커질 수 있다. 즉, 필립스 곡선이 우측 이동할 수 있다.

(3) 기대물가 상승률을 반영한 임금인상
장기에 있어서 물가상승을 예상하는 근로자들이 임금 협상 시 예상 물가상승률을 반영한 임금상승을 요구하게 되면 동일한 노동력(동일한 실업률)에도 불구하고 물가상승률(인플레이션률)이 커질 수 있다. 즉, 필립스 곡선이 우측 이동할 수 있다.

• 필립스 곡선의 악화 : 우하향하는 단기 필립스 곡선이 원점으로부터 더 멀리 이동(우측 이동 또는 상방 이동)함으로써 물가상승률 또는 실업률이 증가하는 현상을 말한다.

CHAPTER 04
노사관계론

1 2 3 完

/ 097 기출 ★★

던롭(Dunlop)이 제시한 노사관계를 규제하는 3가지 환경여건을 쓰고, 각각에 대해 설명하시오.

필.수.이.론

① 기술적 환경(technological contexts)
기술적 환경은 생산과정 관련 환경요인을 말한다. 주로 생산현장에서의 근로자의 질이나 양, 생산과정 및 생산방법 등이 노사관계에 영향을 미치는 환경여건으로 작용한다.
② 시장 환경(market contexts)
제품시장의 형태가 경쟁적이냐, 독점적이냐 등 기업을 경영하는 조건으로서 생산비용·이윤 등이 노사관계에 영향을 미친다.
③ 권력 환경(power contexts)
노사관계의 당사자(노동자·사용자·정부)를 포함한 광범위한 사회 내 주체들 간의 세력관계가 노사관계에 영향을 미친다.

던롭(Dunlop)에 따르면, 노사관계 당사자들은 다음 3가지 환경여건을 포함하는 일정한 관계 속에서 행동하고 있다. 이들의 상호관계는 노사관계 당사자들에 의하여 결정되는 모든 규칙 형성에 결정적인 역할을 수행하고 있다.

(1) 기술적 환경(technological contexts) - 노동조직 및 경영조직과 관련된 기술적 여건
① 기술적 환경은 생산과정 관련 환경요인을 말한다. 주로 생산현장에서의 근로자의 질이나 양, 생산과정 및 생산방법 등이 노사관계에 영향을 미치는 환경여건으로 작용한다.
② 이러한 기술적 환경요인으로는 생산물의 유형과 그것에 필요한 노동력의 규모, 노동력의 지역적 집합, 노동이동, 숙련도와 교육수준, 노동력의 숙련구성, 남여 및 연령별 등이 있다.

(2) 시장 환경(market contexts) - 제품시장 및 노동시장의 경쟁압력 또는 예산상의 제약
　① 제품시장의 형태와 기업을 경영하는 조건으로서 생산비용·이윤 등이 노사관계에 영향을 미친다.
　② 즉, 시장 환경은 제품판매에 있어 경쟁적이냐, 독점적이냐, 과점이냐, 독점이냐에 따라 노사관계에 큰 영향을 준다. 여기서의 제품시장의 형태는 완전경쟁에서부터 완전독점에 이르기까지 차이가 많다.
　③ 이것은 치열한 경쟁 상태에 있는 기업과 독점적인 국영기업체들 간의 차이를 생각해 보면 알 수 있다. 즉, 전자와 같은 기업은 경쟁이 치열하기 때문에 이윤이 높지만, 다른 사정이 같다면 지불능력의 열세로 말미암아 기업경영과 노사관계도 긴장상태에 놓이게 될 것이다. 그러나 후자와 같이 경쟁이 별로 없을 때에는 시장적 제약이나 예산상의 제약(즉 비용과 이윤측면)에서 받는 압박이 상대적으로 적다. 따라서 제품시장이나 예산상의 제약은 하나의 노사관계에 관한 규칙 결정 시 매우 중요한 요인으로 작용하게 된다.

(3) 권력 환경(power contexts) - 사회 전체의 권력구조 또는 각 주체 간의 세력관계
　① 노사관계의 당사자(노동자·사용자·정부)를 포함한 광범위한 사회 내 주체들 간의 세력관계가 노사관계에 영향을 미친다.
　② 노사관계시스템의 힘의 배분관계는 그것이 포함되어 있는 보다 큰 사회 속의 힘의 배분관계에 대응하고 있다. 즉, 이들 당사자의 위신, 사회적 지위 또는 최고 권력자에 대한 접근 가능성 등이 하나의 노사관계체계를 형성하거나, 그 형성을 제약하는 요인으로 작용한다는 것이다. 사회적으로 노사관계체계에 영향을 미치는 것은 바로 군부우위, 전통적인 왕과 엘리트의 우위, 독재자의 우위, 교회의 우위 또는 일반여론 등이다.
　③ 위의 기술적 환경과 시장 환경은 경제적인 측면이 있음에 반하여, 권력 환경은 비경제적 관계를 바탕으로 노사관계체계에 크게 영향을 미치는 것으로 볼 수 있다.

1 2 3 完

/ 098   기출 ★★

던롭(Dunlop)이 제시한 노사관계의 3주체와 노사관계를 규제하는 3가지 환경여건을 각각 쓰시오.

◀ 필.수.이.론

(1) 노사관계의 3주체(당사자)
① 노동자 및 노동자단체
② 사용자 및 사용자단체
③ 정부기구

(2) 노사관계를 규제하는 3가지 환경여건
① 기술적 환경(technological contexts) : 노동조직 및 경영조직과 관련된 기술적 여건
② 시장 환경(market contexts) : 제품시장 및 노동시장의 경쟁압력 또는 예산상의 제약
③ 권력 환경(power contexts) : 사회 전체의 권력구조 또는 각 주체 간의 세력관계

1 2 3 完

/ 099   기출 ★

노동조합의 성립요건을 3가지 쓰시오.

◀ 필.수.이.론

① 주체성
노동조합의 주체는 근로자이어야 한다.
② 자주성
근로자가 국가나 사용자의 간섭 없이 자주적으로 단결하여야 한다.
③ 목적성
근로조건의 유지·개선, 기타 근로자의 경제적·사회적 지위의 향상을 도모함을 목적으로 한다.

100. 민주적 노사관계의 기본원칙 4가지를 쓰시오.

필.수.이.론

① 노사대등의 원칙
② 상호불개입의 원칙
③ 노사자치의 원칙
④ 상호 이해와 존중의 원칙

보충설명

(1) 노사대등의 원칙
근로자와 사용자는 인간으로서는 대등한 존재이나 실질적·경제적으로는 평등한 관계라고 할 수 없다. 따라서 경제적 종속관계에 있는 근로자에게 단결권·단체교섭권·단체행동권을 인정하고, 근로자가 단결하여 사용자와 실질적으로 대등한 입장에 설 수 있도록 법적으로 보장하고 있다.

(2) 상호불개입의 원칙
노동조합과 사용자는 각각 독립된 존재이며, 어떠한 경우에도 서로 상대방의 조직이나 운영에 개입하는 것은 허용되지 않는다. 노동조합은 조합원인 근로자가 근로조건의 유지·개선이라는 임무를 충분히 수행하기 위해서 사용자로부터 완전히 독립된 자주적인 존재이어야 하며, 한편 기업 또는 조직체의 관리운영에 관해서도 그것이 근로조건과 밀접한 관계가 없는 한 노동조합이 함부로 개입해서는 안 된다.

(3) 노사자치의 원칙
바람직한 노사관계는 노사가 자유로운 단체교섭에 의해서 단체협약을 체결하고 노사 간의 자치규범을 만들어 노사관계를 자주적으로 형성·발전시켜 나아가는 것이며, 그러기 위해서는 노사 각자의 자율과 자주성이 상호 존중받아야 한다.

(4) 상호 이해와 존중의 원칙
단체교섭이 민주적으로 이루어지고 노사 쌍방이 납득할 수 있는 결론을 이끌어내기 위해서는 서로 상대방의 입장을 이해해주고 존중하는 자세가 필요하다.

101

노사관계의 주체 중 정부의 역할을 쓰시오.

필.수.이.론

① 조정자 역할
정부는 집단적 노사관계에서의 양 당사자(노동조합과 사용자) 간 자율적 교섭원칙하에 공정하고 중립적인 조정자 역할을 한다.
② 법과 제도의 집행자 역할
공정한 룰과 원칙을 설정하고 노사갈등이 공공의 이익을 저해할 경우에는 이에 적극 개입하여 정해진 룰과 원칙을 엄정하게 집행하며, 합리적이고 공정한 노사관계정책을 추진하는 등 노동시장의 새로운 구조적 변화에 대응할 수 있도록 법과 제도를 제정하고 집행하는 역할을 한다.

102

노동조합의 성격을 3가지 쓰시오.

필.수.이.론

① 노동조합은 노동자의 자주적인 단체이다.
② 노동조합은 근로조건의 유지·개선을 목적으로 하는 단체이다.
③ 노동조합은 근로자의 항구적·계속적인 단체이다.

103

경제적 조합주의의 특징 3가지를 쓰시오.

필.수.이.론

① 이념 : 경제적 조합주의는 노동조합은 단체교섭과 단체협약을 통해서 노조원들의 경제적 문제들을 해결하는 것이 노동조합의 궁극적 목적이라는 이념에 기초한다.
② 활동목표 : 노동조합의 주요 활동목표는 노동조합의 교섭력 향상을 통한 노조원들의 근로조건 개선·향상이나 임금 상승 등 노조원들의 경제적 이익의 향상에 있다고 주장한다.
③ 활동수단 : 경제적 조합주의는 이러한 목표의 달성을 위하여 이데올로기적인 계급투쟁이나 입법투쟁 등의 정치적 수단보다 단체교섭이나 단체협상 등의 순수한 경제적 수단을 중시하며, 노사 간의 갈등과 대립보다는 양보와 타협을 통한 산업평화의 유지 등 노조원들의 경제적 권익향상에 더 힘쓴다.

노동조합의 이념

1. 산업별 노동조합체제에서는 실직상태에서도 조합원 자격이 그대로 유지되지만, 기업별 노동조합체제에서는 기업종업원 자격의 상실이 조합원 자격의 상실로 직결된다. 따라서 산업별 노동조합체제 아래에서는 실업자의 문제를 노동조합의 중요한 과제로 삼으나, 기업별 노동조합에서는 고용된 조합원의 복지가 더 중요한 과제이다.

2. 노동조합이 추구하는 바를 이념별로 살펴보면, 크게 정치적 조합주의와 경제적 조합주의로 나누어진다.

(1) **정치적 조합주의**
    유럽의 경우처럼 독자의 노동자 정당을 결성하여 법과 제도의 개선 등 노동조합의 정치적 목표를 실천하는 데 조합활동의 일차적 비중을 두는 것을 의미한다.

(2) **경제적 조합주의**
    임금과 노동조건의 개선 등 노동자들의 생활향상에 조합활동을 의식적으로 한정시키는 것을 의미한다.

(3) 대개의 노동조합이 정치적 조합주의와 경제적 조합주의를 동시에 지향하고 있으나, 미국의 경우 노동조합은 노동조합활동을 경제주의에 국한시키는 하나의 사업임을 명백히 함으로써 사업적 노동조합주의(business unionism)로 정착되었다.

1 2 3 完

104
기출 ★

노동조합의 기능을 3가지로 나누어 기술하시오.

필.수.이.론

① 기본 기능
  노동조합을 형성하기 위해서는 비조합원인 근로자를 조직하는 '근로자 기능'과, 노동조합이 조직된 후에 그 노동조합을 유지하는 '노동조합 기능'으로 구성된다.
② 집행 기능
  노동조합의 집행기능에는 단체교섭기능, 공제적 기능과 협동적 기능, 경제활동기능, 정치활동기능 등이 있다.
③ 참모 기능
  노동조합의 조직기능과 집행기능을 효과적으로 수행할 수 있도록 하는 보조적 기능(활동)으로서, 조합원에 대한 교육활동, 선전활동, 조사·연구활동, 사회봉사활동 등이 있다.

보충설명

(1) 기본 기능
  '근로자 기능'과 '노동조합 기능'으로 분류할 수 있다. 근로자 기능이란 노동조합을 형성하기 위하여 비조합원인 근로자를 조직하는 기능이고, 노동조합 기능이란 노동조합이 조직된 후에 그 노동조합을 유지하는 기능이다. 기존 노동조합의 조직확장 기능은 근로자 기능에 해당하며, 이미 가입된 조합원들을 관리하는 기능은 노동조합 기능에 해당한다.

(2) 집행 기능
  ① 단체교섭 기능
    노동조합은 근로조건의 유지·개선을 위하여 실질적 대등관계에서 사용자와 단체교섭을 행한다.
  ② 경제활동 기능
    경제활동 기능은 공제적 기능과 협동적 기능으로 구분할 수 있다.
    ㉠ 공제적 기능이란 조합원의 질병·재해·노령·사망 또는 실업에 대비하여 노동조합이 미리 공동기금을 준비하여 필요에 따라 조합원에게 지급하는 상호부조활동이자 공제활동이며, 이를 상호보험이라고도 부른다.

ⓒ 협동적 기능은 근로자 보호문제로서 생산자로서의 보호문제뿐만 아니라 소비자로서의 보호문제도 포함된다. 협동적 기능으로서의 전형적인 활동은 생산자협동조합, 소비자협동조합, 신용조합 또는 노동은행의 활동 등이 있다.
　③ 정치활동 기능
　　㉠ 단체교섭 기능이 주로 사용자와의 교섭에서 이루어지는 반면에, 정치적 기능은 사용자가 아닌 국가나 사회전체를 대상으로 그들의 권익보호를 위한 영향력을 행사하는 것을 의미한다. 이러한 노동조합의 정치적 기능은 오늘날 노사관계에 대한 정부의 영향력이 증가하고 있기 때문에 그 중요성이 점차 더 증대되고 있는 실정이다.
　　ⓒ 일반적으로 정치적 기능은 경제발전 수준이 높을수록, 산업구조의 독점화가 강할수록, 노동자의 억압적인 노동정책이 약할수록, 서민의식과 민주화의 수준이 높을수록 원활하게 수행된다.
(3) 참모 기능
　노동조합의 조직기능과 집행기능을 효과적으로 수행할 수 있도록 하는 보조적 기능(활동)으로서, 조합원에 대한 교육활동, 선전활동, 조사·연구활동, 사회봉사활동 등이 있다.

105

기출 ★★★

노동조합의 교섭력 증대가 노동수요탄력성에 미치는 영향에 대해 설명하시오.

필.수.이.론

① 노동조합의 교섭력이 증대될수록 교섭력이 증대되기 전에 비하여 임금상승 시 고용감소효과가 작게 나타나므로 노동수요의 임금에 대한 탄력성이 비탄력적이 된다.
② 만일 노동조합의 노동공급 독점이 발생한다면 노동수요의 탄력성은 0에 가까워질 것이다. 노동수요의 탄력성이 0에 가까울수록(완전비탄력적이 될수록) 임금상승 시 고용량 감소 효과는 작게 나타난다.

1 2 3 完

106

기출 ★★★

노동조합 Shop 제도의 종류를 3가지 이상 쓰고 설명하시오.

필.수.이.론

① 클로즈드 샵(closed shop) 제도
사용자가 노동조합에 가입한 조합원만을 고용할 수 있는 shop 제도로서 노동조합 측에 가장 유리한 shop 제도이다.

② 오픈 샵(open shop) 제도
사용자가 노동조합에 가입한 조합원이나 가입하지 않은 비조합원이나 모두 고용할 수 있는 shop 제도로서, 노동조합에게 가장 불리한 shop 제도이다.

③ 유니언 샵(union shop) 제도
사용자는 노동조합의 조합원뿐 아니라 조합원이 아닌 근로자까지도 자유로이 고용할 수 있으나, 일단 고용된 근로자는 '일정기간 내'에 조합에의 가입의무를 부담하는 shop 제도이다.

④ 에이전시 샵(agency shop) 제도
'대리기관 shop 제도'라고도 하며, 이는 단체교섭의 당사자인 노동조합이 조합원이 아닌 종업원에게도 조합회비에 상응하는 비용을 징수할 수 있는 shop 제도이다.

보충설명

(1) 클로즈드 샵(closed shop) 제도
① 이 제도는 노동조합에의 가입이 고용의 전제 또는 조건이 되는 shop 제도로서 노동조합 측에 가장 유리한 제도이다.
② 기업은 노동조합원 이외에서는 절대로 종업원으로 채용할 수 없는, 노동조합의 입장에서 가장 강력한 조합원 확보제도라고 할 수 있다.
③ 미국의 경우 이 제도는 와그너법에서 인정되었으나 노동조합의 지나친 권력남용과 노조의 세력을 악용하는 부분적 폐단 때문에 태프트-히틀리법에 의해 불법화되었다.

(2) 오픈 샵(open shop) 제도
① 고용관계에 있어서 고용주는 노동조합에 가입한 조합원이나 가입하지 않은 비조합원이나 모두 고용할 수 있는 shop 제도이다.
② 이것은 노동조합의 가입이 고용조건이 아닌 제도라고 정의된다. 이 제도는 노동조합에게 가장 불리한 shop 제도이며, 고용주에 의한 노동조합의 약화수단으로서의 역할도 커진다.

(3) 유니언 샵(union shop) 제도
① 유니언 shop 제도는 오픈 shop 제도와 클로즈드 shop 제도의 중간 형태이다.
② 유니언 shop 제도하에서는 고용주는 노동조합의 조합원뿐 아니라 조합원이 아닌 근로자까지도 자유로이 고용할 수 있으나, 일단 고용된 근로자는 '일정기간 내'에 조합에의 가입의무를 부담하는 shop 제도이다.
③ 미국의 경우 태프트-하틀리법(1946)에서는 고용 후 '일정기간 내'의 가입을 30일로 정하고 있었다.

(4) 에이전시 샵(agency shop) 제도
① '대리기관 shop 제도'라고도 하며, 이는 단체교섭의 당사자인 노동조합이 조합원이 아닌 종업원에게도 조합회비에 상응하는 비용을 징수할 수 있는 shop 제도이다.
② 이 제도는 근로자들이 비조합원으로서 조합비 납부의무는 회피하면서, 다른 노동조합 조합원들과 동일한 혜택을 누리려는 심리를 줄일 수 있으며, 동시에 노동조합은 조합원 수를 늘리게 됨으로써 조직의 안정을 가져올 수 있는 shop 제도이다.

(5) 프레퍼렌셜 샵(preferential shop) 제도
'우선 shop 제도'라고 하며 이는 조합원·비조합원을 불문하고 모두 채용할 수는 있으나, 조합원에게 우선순위를 주는 제도이다. 즉, 비조합원의 고용이 가능하지만 조합원에 대하여는 고용상의 우선처우를 주는 제도이다.

(6) 메인티넌스 멤버십 샵(maintenance of menbership shop) 제도
'조합원자격 유지 shop 제도'라고 하며, 일단 단체협약이 체결되면 기존조합원은 물론 단체협약이 체결된 이후에 노조에 가입한 조합원도 단체협약의 효력이 발생하는 기간 동안은 조합원의 자격을 계속 유지하여야 하는 제도를 말한다.

107

우리나라의 노동조합조직률이 낮은 이유를 3가지 쓰시오.

필.수.이.론

① 노조조직률이 상대적으로 높은 제조업의 쇠퇴와 상대적으로 노조가입률이 낮은 여성의 노동시장 진입 증가 등 노동시장구조의 변화
② 임시직 근로·단시간 근로 등 비정규직 근로의 확대(노동시장의 노동유연성의 확대)
③ 국제경쟁의 심화

보충설명

(1) 노동시장구조의 변화
① 근로조건이 열악하여 노조조직률이 상대적으로 높은 제조업부문의 비중 감소
② 상대적으로 노조조직률이 낮은 여성노동력의 노동시장 진입 증가

(2) 노동시장 노동유연성의 확대
노동시장에서의 노동유연성의 확대에 따른 임시직 근로·단시간 근로 등 비정규직 근로의 확대는 결국에 노조조직률 하락의 요인이 된다.

(3) 국제경쟁의 심화
국제경쟁력 심화는 노동력 수요에 대한 탄력성을 크게 하고 단체교섭을 통한 혜택이 감소되어 근로자의 노동조합 가입이 줄어들게 된다. 또한 국제경쟁이 심화되므로 기업 경쟁력확보 차원에서 노조에 대한 대응조치를 강화하고 있는 것도 요인이 된다고 볼 수 있다.

108

기출 ★★

노동조합의 임금효과 중 이전효과와 위협효과에 대하여 설명하시오.

필.수.이.론

(1) 이전효과

노동조합이 조직되고 교섭력의 강화에 의해 사업장에서 임금이 올라가면 노동조합 조직부문의 기업은 생산비용을 절감하기 위해 고용량을 감소하게 된다. 따라서 이 부문에서 해고된 실업자들은 노동조합 비조직부문으로 유입되어 그 부문의 노동공급량을 증가시킴으로써, 비조직부문의 임금을 저하시키는 효과가 나타나는데 이를 '파급효과' 또는 '해고효과'라고도 한다.

(2) 위협효과

노동조합이 조직되어 임금이 오르면 노동조합 조직부문보다 임금이 낮은 비조직부문에서 임금인상을 위한 노동조합 결성 욕구가 더욱 커지게 된다. 따라서 비조직부문의 기업들은 노동조합의 결성을 두려워하여 노동조합을 결성하지 않을 것을 조건으로 임금을 인상시키는 결과가 나타날 수 있다. 이를 '위협효과'라고 한다.

노동조합의 조직·결성이 노동조합 비조직부문의 임금에 미치는 효과

(1) 파급효과(이전효과, 해고효과)
① 노동조합이 조직되고 교섭력의 강화에 의해 사업장에서 임금이 올라가면 노동조합 조직부문의 기업은 생산비용을 절감하기 위해 고용량을 감소하게 된다. 따라서 이 부문에서 해고된 실업자들은 노동조합 비조직부문으로 유입되어 그 부문의 노동공급량을 증가시킴으로써, 비조직부문의 임금을 저하시키는 부정적 효과가 나타나는데 이를 '파급효과' 또는 '이전효과'라고 한다.
② 파급효과가 강한 경우 노동조합 조직부문의 임금인상이 비조직원을 저임금의 불안정한 직무로 몰아내는 간접효과를 가진다.
③ 더 나아가 파급효과가 매우 강한 경우에는 노동조합이 이중노동시장을 형성시키는 결과를 초래한다.

(2) 위협효과
① 노동조합 조직부문보다 노동조합 비조직부문의 임금이 현저히 낮은 경우에는 비조직부문에서 노동조합을 결성하고자 하는 욕구가 더욱 커지게 된다. 따라서 비조직부문의 기업들은 노동조합의 결성을 두려워하여 노동조합을 결성하지 않을 것을 조건으로 임금을 인상시키는 결과가 나타날 수 있다. 이를 '위협효과'라고 한다.

② 파급효과와 더불어 위협효과가 존재하는 경우 노동조합 조직부문과 비조직부문 모두 균형임금보다 더 높은 임금을 지급하게 되는 현상을 유발하므로 노동의 초과공급은 더욱 심화된다.

(3) 대기실업효과
① 노동조합 조직부문의 임금인상으로 노동조합 조직부문과 비조직부문 간의 임금격차가 발생하면, 노동조합 비조직부문의 근로자들이 높은 임금을 지불하는 노동조합 조직부문에 취업하기를 희망함으로써 노동조합 비조직부문을 사직하고 노동조합 조직부문에서 구직활동을 하는 경우를 말하며, 이 경우 노동조합 비조직부문은 노동의 초과수요상태가 발생함으로써 종전보다 임금이 상승한다.
② 대기실업효과는 위협효과와 더불어 노동조합 조직부문과 비조직부문과의 임금격차를 축소시키는 결과를 가져온다.

임금효과	노조 비조직 부문의 임금	노조 조직부문과 비조직부문 간의 임금격차
파급효과(이전효과)	하락	확대
위협효과	상승	축소
대기실업효과	상승	축소

(4) 임금평준화 효과
① 노동조합에 의한 '동일가치 노동에 대한 동일 임금지급' 원칙의 도입·시행은 극단적인 사용자의 차별적인 임금지불 관행을 막을 수 있다.
② 또한 노동조합이 임금격차를 축소시키는 임금률 평준화 전략(wage rate standardization)을 추구하게 되면 노동조합 비조직부문에 비하여 상대적으로 임금분포의 분산이 더 적어지는 현상이 나타나는데 이를 '임금평준화 효과'라고 한다.

109

Hicks의 단체교섭모형 그래프를 그리고 설명하시오.

필.수.이.론

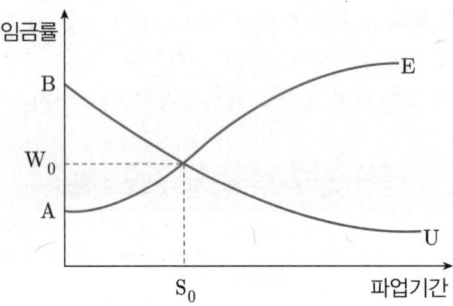

① 노동조합의 요구임금과 사용자 측의 제시임금은 파업기간의 함수이다.
② 노동조합의 저항곡선(임금요구수준)은 파업기간이 길수록 타결에 동의하게 될 임금이 낮아지므로 우하향한다.
③ 사용자의 양보곡선(임금지불 동의수준)은 파업예상기간이 길수록 파업을 방지하기 위한 임금지불이 보다 더 상승하므로 우상향한다.

> **힉스의 단체교섭모형(파업이론)**
>
> (1) 힉스의 단체교섭모형(또는 파업이론)은 파업은 노사 양측의 비대칭적 정보 때문에 일어나며 파업으로 인한 손실과 임금인상으로 인한 효과 사이의 균형에 의하여 파업기간이 결정된다는 이론이다.
>
> (2) 힉스는 파업기간에 따라서 노사 양측의 요구임금과 제시임금의 수준이 달라진다고 하였다.
> ① 사용자의 양보곡선
>   노사가 임금에 관해서만 교섭을 한다고 가정할 때, 사용자의 입장에서 보면 파업기간이 길어질수록 파업으로 인한 손실과 소비자를 잃게 되므로 파업비용은 커진다. 따라서 사용자는 파업기간이 경과될수록 임금제시율을 높인다.
> ② 노동조합의 저항곡선
>   노동조합의 입장에서 보면 노조원들이 파업 초기에는 강경한 입장을 고수하여 임금요구가 증대할 수 있으나, 파업이 진행됨에 따라 임금손실분이 커지고 이에 따라 노동조합의 태도도 바뀌어 임금 요구율을 줄이게 된다. 따라서 파업기간이 경과될수록 노동조합의 저항곡선은 우하향한다.

(3) 힉스의 단체교섭모형
   ① 노동조합의 요구임금과 사용자 측의 제시임금은 파업기간의 함수이다.
   ② 노동조합의 저항곡선(임금요구수준)은 파업기간이 길수록 타결에 동의하게 될 임금이 낮아지므로 우하향한다.
   ③ 사용자의 양보곡선(임금지불 동의수준)은 파업예상기간이 길수록 파업을 방지하기 위한 임금지불이 보다 더 상승하므로 우상향한다.

(4) 힉스의 패러독스
   노사 양측이 파업에 따르는 비용과 파업 후의 결과에 대해 비교적 올바른 정보를 가지고 있었다면 파업은 일어나지 않았을 것이며, 따라서 파업행위는 결국 비합리적인 선택일 수밖에 없다. 노사 양측이 파업이 없다면 모두 득을 볼 수 있다는 점에서 파업이란 결코 최적이 아니다. 이와 같은 파업의 비합리성을 '힉스의 패러독스'라고 한다.

PART 04
직업정보론

CHAPTER 01   직업정보의 제공
CHAPTER 02   직업 및 산업분류의 활용
CHAPTER 03   직업관련 정보의 이해
CHAPTER 04   직업정보의 수집, 분석
CHAPTER 05   직무분석

CHAPTER 01
직업정보의 제공

제1절 직업정보의 이해

001
직업정보의 개념을 설명하시오.

기출 ★

필.수.이.론

직업정보(Occupational Information)란 직업별 직무내용, 직업전망, 직업별 근로조건 등에 관한 모든 종류의 직업에 관한 정보를 말하며, 이러한 정보의 수집·관리·제공까지가 해당되고, 직업을 결정하는 구직자의 의사결정단계에서 아주 중요한 역할을 한다.

002
패터슨(Patterson)의 직업상담 시 내담자에게 직업정보를 제시할 때의 유의사항을 3가지 이상 기술하시오.

기출 ★

필.수.이.론

① 내담자의 입장에서 필요할 때에 직업정보를 제공해야 한다.
② 내담자에게 부정적인 영향을 주거나 조작하기 위해 사용되어서는 안 된다.
③ 직업정보를 얻는 데 있어서 가장 효과적인 방법은 내담자 스스로 출판물을 찾아보든지, 선호하는 직종에 종사하는 사람들로부터 정보를 얻도록 내담자를 격려하는 것이다.
④ 직업과 일에 대한 내담자의 감정과 태도는 자유롭게 표현되어야 한다. 이 접근법의 주요내용을 요약하면 내담자의 일에 대한 태도나 관심은 각기 주관적이고 특이하므로 상담자는 내담자 스스로 자기에게 필요한 직업정보를 탐색하고 명료화하도록 도와주어야 한다는 것이다.

1 2 3 完

/ 003 기출 ★

앤드류스(R. R. Andrus)가 주장한 정보의 효용 4가지를 기술하시오.

◀ 필.수.이.론

① 형태효용
 정보는 의사결정자가 사용하기 쉬운 형태로 생산·제공될수록 그 효용가치가 커진다.
② 시간효용
 의사결정자가 필요할 때 정보를 사용할 수 있다면 정보는 의사결정권자에게 보다 더 큰 효용가치를 준다.
③ 장소효용
 정보에 대한 접근성이 용이할수록 정보는 보다 큰 가치를 갖게 된다.
④ 소유효용
 정보소유자는 타인에게로의 정보전달을 통제함으로써 정보의 가치에 영향을 준다.

1 2 3 完

/ 004 기출 ★

표준화된 직업정보의 개념을 설명하고 그 종류를 4가지만 쓰시오.

◀ 필.수.이.론

(1) 표준화된 직업정보의 개념
 표준화된 직업정보란 그 성격상 주로 국가 또는 공공기관 등에서 수집한 각종의 직업관련 자료를 직무분석가·직업전문가·직업연구가 등 전문가들에 의해 분석·가공하여 생산한 직업정보를 말한다. 이러한 표준화된 직업정보는 직업상담자, 직업안정기관, 사업체, 직업연구 수행기관, 개인 등 이용자의 목적에 따라 재가공하여 사용하게 된다.

(2) 표준화된 직업정보의 예
 ① 한국직업사전 ② 한국직업전망서 ③ 한국표준직업분류 ④ 한국표준산업분류

005

직업정보는 국내외 각종 직업에 관련된 다양한 정보를 체계화한 것이라고 할 수 있다. 그 구체적인 내용을 2가지로 대별하여 설명하고, 이의 기능과 역할을 "노동시장", "기업", "국가"의 측면에서 기술하시오.

필.수.이.론

(1) 직업정보의 내용

직업정보란 국내외의 각종 직업에 관련된 다양한 정보를 체계적으로 구성한 것으로서 미시직업정보와 거시직업정보를 포함한다.

① 미시직업정보
  직업별로 수행되는 직무 및 이에 필요한 학력, 적성 및 흥미, 자격요건 등의 직업명세사항에 관한 정보를 말한다.

② 거시직업정보
  직업별 고용동향, 인력수급현황 및 고용전망 등의 노동시장정보를 말한다.

(2) 직업정보의 기능과 역할

직업정보는 개인에서 국가적 차원에 이르기까지 다양한 영역과 범위에서 활용되며, 유용한 직업정보는 노동생산성 및 노동시장의 효율성을 제고한다.

① 노동시장 측면
  ㉠ 미취업 청소년의 진로탐색 및 진로선택 시 참고자료로 이용된다.
  ㉡ 구직자에게는 구직활동을 촉진시키는 기능을 한다.

② 기업 측면
  ㉠ 직업별 수행직무를 정확하게 파악하도록 함으로써 합리적인 인사관리를 촉진한다.
  ㉡ 직무분석을 기초로 한 과학적인 안전관리로 산업재해를 예방하는 기능을 수행한다.

③ 국가 측면
  ㉠ 체계적인 직업정보를 기초로 하여 직업훈련 기준을 설정하고, 적절한 직업훈련정책을 입안하는 데 활용된다.
  ㉡ 고용정책결정의 기초자료로 활용된다.

006 기출 ★★★

고용정보를 미시정보와 거시정보로 나누어 설명하고, 그 예를 각각 2가지(이상)씩 쓰시오.

필.수.이.론

(1) 미시직업정보

직업별로 수행되는 직무 및 이에 필요한 학력, 적성 및 흥미, 자격요건 등의 직업명세사항에 관한 정보를 말한다.

예 임금정보, 자격정보, 구인·구직정보, 기업의 채용정보 등

(2) 거시직업정보

고용이나 실업동향, 인력수급현황 및 고용전망 등의 경제 및 산업동향이나 노동시장에 대한 정보를 말한다.

예 고용동향, 경제활동참가율, 실업률, 고용률 등

1 2 3 完

/007　기출 ★★
브레이필드(Brayfield)가 제시한 직업정보의 정보제공 기능, 재조정 기능, 동기화 기능에 대해 설명하시오.

/007-1　기출 ★★★★★
브레이필드(Brayfield)가 제시한 직업정보의 기능 3가지를 쓰고, 각각에 대하여 설명하시오.

필.수.이.론

① 정보적 기능
　직업정보의 제공은 내담자의 직업에 관한 의사결정을 돕고, 진로선택에 관한 내담자의 지식을 증가시킨다.
② 재조정 기능
　직업정보는 내담자가 현실에 비추어 자신의 선택이 부적당한 선택인지를 점검·재조정할 수 있도록 한다.
③ 동기화 기능
　상담자가 직업정보를 제공해 주는 또 다른 이유는 의존적인 내담자가 스스로 결정한 선택에 대하여 책임감을 가질 수 있도록 하고, 진로선택에 대한 동기를 강화시키기 위해서이다.

1 2 3 完

008 기출 ★
직업정보의 관리과정 4단계를 쓰시오.

필.수.이.론

① 직업정보의 수집
② 직업정보의 분석
③ 직업정보의 가공·체계화
④ 직업정보의 제공(배포)

> **직업정보의 관리과정**
> 직업정보는 수집 → 분석 → 가공(체계화) → 제공 → 축적 → 평가 등의 단계를 거치면서 환류(Feed-Back)하는 과정을 거친다.
>
> **(1) 직업정보의 수집**
>   ① 모든 형태의 자료를 망라하여 이용자의 요구에 충실하게 정보를 수집한다.
>   ② 수집방법 : 구입, 기증, 상담, 조사, 관찰, 현장방문, 체험 등
>   ③ 직업정보 수집의 4단계 과정(직업정보 수집 시 유의사항)
>   ㉠ 명확한 목표를 세운다.
>   ㉡ 계획적으로 수집한다.
>   ㉢ 자료의 출처와 수집일자를 반드시 기록한다(수집자도 공개).
>   ㉣ 항상 최신의 자료인지를 확인한다.
>
> **(2) 직업정보의 분석**
>   ① 전문가에 의해 분석
>   ② 용도에 따른 분석 : 미래사회 분석, 직업세계 분석, 노동시장 분석, 개인분석
>   ③ 직업정보 분석 시 유의점
>   ㉠ 동일한 정보일지라도 다각적인 분석을 시도하여 해석을 풍부히 한다.
>   ㉡ 전문적인 시각에서 분석한다.
>   ㉢ 원자료의 생산일, 자료표집방법, 대상, 자료의 양 등을 검토하여 분석과 해석을 한다.
>   ㉣ 직업정보원과 제공원에 대하여 제시한다.

(3) 직업정보의 가공(체계화)
① 정보를 공유하는 방법 강구 : 직업정보를 동일한 조건에서 구조화시켜 정보 비교 가능
② 정보의 활용방법을 선정·가공하여 표준방법을 채택, 표준화작업으로 체계화
③ 직업정보 가공(체계화) 시 유의점
　㉠ 이용자의 수준에 준하는 언어로 가공한다.
　㉡ 직업에 대한 장단점을 편견 없이 제공한다.
　㉢ 현황은 가장 최신의 자료를 활용하되 표준화된 정보를 활용한다.
　㉣ 객관성을 잃는 정보나 문자, 어투는 삼간다.
　㉤ 시청각의 효과를 부과한다.

(4) 직업정보의 제공
① 직업정보 제공방법
　㉠ 인쇄물, 슬라이드, 필름 등의 매스미디어, CD, 인터넷 등 컴퓨터의 이용
　㉡ 지역사회 인사와 면담
　㉢ 전화서비스 체제
　㉣ 직업정보 박람회
② 직업정보 제공 시 유의점
　㉠ 직업정보는 이용자의 요구에 맞도록 제공되어야 한다.
　㉡ 직업정보의 생산과정을 공개한다.

(5) 직업정보의 축적
정보관리시스템을 적용하여 정보를 제공·교환하며 보급된 정보를 축적하는 과정

(6) 직업정보의 평가
직업정보는 정확성, 신뢰성, 효용성을 갖추어야 한다.

009

기출 ★

직업정보의 기능을 4가지 이상 기술하시오.

필.수.이.론

① 직업정보는 직업을 결정하고자 하는 의사결정단계에서 중요한 역할을 한다.
② 장래 직업을 선택·결정할 학생 등에 대한 직업지도를 함에 있어 중요한 역할을 한다.
③ 자유경제체제하에서 노동자는 직업정보를 통하여 자신에게 적합하고 임금이 높은 직업으로 이동한다.
④ 구인·구직을 원활하게 함으로써 노동시장에서의 적재적소 인력배치를 가능하게 해 준다.
⑤ 직업정보를 신속히 제공함으로써 마찰적 실업을 줄일 수 있다.

제2절 직업정보의 종류

010
민간직업정보의 특성을 5가지 쓰시오.

필.수.이.론

① 직업정보가 유료로 제공된다.
② 일정 시기에 정보이용자가 최대로 활용할 수 있도록 한시적으로 정보가 생산되고 유통된다.
③ 차별화에 역점을 두어서 다른 직업정보와의 비교가 어렵고 활용도가 제한된다.
④ 짧은 시간에 수집되고 가공되므로 지속성이 없다.
⑤ 정보 자체의 효과는 양호하나 부가적인 파급효과가 작다.

011
공공직업정보의 특성을 3가지 이상 쓰시오.

필.수.이.론

① 직업정보의 조사와 분석을 지속적으로 수행하고 제공한다.
② 국가 전체의 산업 및 직업을 대상으로 직업정보를 광범위하게 구성한다.
③ 보편적인 항목으로 구성하여 직업정보를 체계화하고 기초적인 정보를 제공한다.
④ 직업정보의 제공과 활용이 무료이다.
⑤ 관계되는 직업정보 간의 연계성이 구축되어 있으며 활용이 비교적 용이하다.
⑥ 직업정보체계로서 직접적이고 객관적인 평가가 가능하다.

012

직업정보는 정보의 생산 및 운영주체에 따라 민간직업정보와 공공직업정보로 크게 구분된다. 표의 빈칸을 채우시오.

구분	민간직업정보	공공직업정보
정보제공의 지속성	불연속적, 단절적	(㉠)
직업의 분류 및 구분	생산자의 주관성 개입	객관적 기준
조사·수록되는 직업의 범위	특정 직업에 대한 제한적인 정보	전체 산업 및 업종의 포괄적인 정보 제공
다른 정보와의 관계	(㉡)	다른 정보에 미치는 영향이 크며 관련성 높음
정보획득비용	유료	(㉢)

필.수.이.론

㉠ : 지속적
㉡ : 다른 정보와의 관련성 낮음
㉢ : 무료

제3절 직업정보제공자료

1 2 3 完

013 기출 ★

한국직업사전(2020)의 활용목적을 4가지 이상 쓰시오.

필.수.이.론

한국직업사전(2020)은
① 청소년과 구직자, 이·전직자 희망자에게는 직업선택을 위해,
② 기업 인사담당자에게는 근로자 선발을 위해,
③ 직업훈련담당자에게는 직업훈련과정 개발을 위해,
④ 연구자에게는 직업분류체계 개발과 기타 직업연구를 위해,
⑤ 노동정책 수립자에게는 노동정책 수립을 위해 기초자료로 사용될 수 있다.

014

한국직업사전(2020)의 기능(역할)을 5가지 이상 기술하시오.

필.수.이.론

① 직업세계의 인식
② 직업분류의 자료
③ 직업훈련과 직업교육의 토대
④ 직업상담의 기초자료
⑤ 인사관리업무의 표준자료
⑥ 취업알선시스템에서 구인·구직의 연결
⑦ 취업알선 및 실업자 관련 통계 및 노동정책수립의 자료

015 기출 ★★
직업사전의 직업기술(記述)의 구성요소 5가지를 쓰시오.

필.수.이.론

① 직업코드
② 본직업명칭
③ 직무개요
④ 수행직무
⑤ 부가직업정보

  한국직업사전(2020, 통합본 제5판)의 구성체계

구성	수록 항목	내용
본직업정보	직업코드	특정 직업을 구분해주는 단위로서 『한국고용직업분류』 코드를 기준으로 4자리 숫자(4-digits)로 표기 ※ 2012년 『한국직업사전(통합본 제4판)』 발간 전까지는 『한국표준직업분류』 체계를 사용함
	본직업명칭	산업현장에서 일반적으로 알려진 명칭, 혹은 그 직무에 통상적으로 호칭되는 명칭
	직무개요	주로 직무담당자의 활동, 활동의 대상 및 목적, 직무담당자가 사용하는 기계, 설비 및 작업보조물, 사용된 자재, 만들어진 생산품 또는 제공된 용역, 수반되는 일반적, 전문적 지식 등을 포함
	수행직무	직무담당자가 직무의 목적을 완수하기 위하여 수행하는 구체적인 작업(task) 순서
부가직업정보	정규교육	해당 직업의 직무를 수행하는 데 필요한 일반적인 정규교육 수준을 의미하는 것(해당 직업 종사자의 평균 학력을 나타내는 것은 아님)
	숙련기간	정규교육과정을 이수한 후 해당 직업의 직무를 평균적인 수준으로 스스로 수행하기 위하여 필요한 각종 교육, 훈련, 숙련기간
	직무기능 (DPT)	해당직무를 수행하는 작업자가 자료(data), 사람(people), 사물(thing)과 맺는 관계
	작업강도	해당 직업의 직무를 수행하는 데 필요한 육체적 힘의 강도
	육체활동	해당 직업의 직무를 수행하기 위해 필요한 신체적 능력
	작업장소	해당 직업의 직무가 주로 수행되는 장소

작업환경	해당 직업의 직무를 수행하는 작업원에게 직접적으로 물리적, 신체적 영향을 미치는 작업장의 환경요인
유사명칭	본직업명칭을 갖는 근로자가 수행하는 직무와 동일한 직무를 수행하지만 사업장에 따라 다르게 불려지는 명칭
관련직업	본직업과 기본적인 직무는 공통점이 있으나 직무의 범위, 대상 등에 따라 나누어지는 직업
자격/면허	입직에 필수적이거나 취업이나 직무수행에 도움이 되는 자격이나 면허
한국표준산업 분류코드	해당 직무를 조사한 사업장이 소속된 『한국표준산업분류』의 소분류(3-digits) 산업을 기준으로 표기
한국표준직업 분류코드	해당 직업의 「한국고용직업분류(KECO)」 세분류 코드에 해당하는 「한국표준직업분류」의 세분류 코드를 표기
조사연도	해당 직업을 최종적으로 조사해서 직업사전에 수록한 연도

016

한국직업사전(2020)에 수록된 부가직업정보를 6가지 이상 쓰시오.

필.수.이.론

① 정규교육
② 숙련기간
③ 직무기능
④ 작업강도
⑤ 육체활동
⑥ 작업장소
⑦ 작업환경
⑧ 유사명칭
⑨ 관련직업
⑩ 자격 · 면허
⑪ 한국표준산업분류 코드
⑫ 한국표준직업분류 코드
⑬ 조사연도

017

한국직업사전(2020)의 부가직업정보 중 정규교육, 숙련기간, 직무기능의 의미를 기술하시오.

필.수.이.론

① 정규교육
　정규교육은 해당 직업의 직무를 수행하는 데 필요한 일반적인 정규교육수준을 의미하는 것으로 우리나라의 현행 정규교육과정 연한을 고려하여 그 수준을 6단계로 분류하였다. 독학, 검정고시 등을 통해 정규교육 과정을 이수하였다고 판단되는 기간도 포함된다.

② 숙련기간
　숙련기간이란 정규교육과정을 이수한 후 해당 직업의 직무를 평균적인 수준으로 스스로 수행하기 위하여 필요한 각종의 교육·훈련·숙련기간을 의미한다. 단, 해당 직무를 평균적인 수준 이상으로 수행하기 위한 향상훈련(further training)은 "숙련기간"에 포함되지 않는다.

③ 직무기능
　직무기능이란 해당 직업 종사자가 직무를 수행하는 과정에서 "자료(data)", "사람(people)", "사물(thing)"과 맺는 관련된 특성을 나타낸다. 즉, 작업자가 직무를 수행하는 과정에서 자료, 사람, 사물과 어떤 관련을 가지고 있는지를 보여준다.

 한국직업사전(2020)의 부가직업정보 중 「정규교육」, 「숙련기간」, 「직무기능」

(1) 정규교육
① 해당 직업의 직무를 수행하는 데 필요한 일반적인 정규교육수준을 의미하는 것으로 해당 직업 종사자의 평균 학력을 나타내는 것은 아니다. 독학, 검정고시 등을 통해 정규교육 과정을 이수하였다고 판단되는 기간도 포함된다.
② 현행 우리나라 정규교육과정의 연한을 고려하여 그 수준을 6단계로 분류하였다.

수 준	교육정도
1	6년 이하 (초졸 정도)
2	6년 초과 ~ 9년 이하 (중졸 정도)
3	9년 초과 ~ 12년 이하 (고졸 정도)
4	12년 초과 ~ 14년 이하 (전문대졸 정도)
5	14년 초과 ~ 16년 이하 (대졸 정도)
6	16년 초과 (대학원 이상)

(2) 숙련기간

① 정규교육과정을 이수한 후 해당 직업의 직무를 평균적인 수준으로 스스로 수행하기 위하여 필요한 각종 교육·훈련·숙련기간을 의미한다.
② 해당 직업에 필요한 자격·면허를 취득하는 취업 전 교육 및 훈련기간뿐만 아니라, 취업 후에 이루어지는 관련 자격·면허 취득 교육 및 훈련기간도 포함된다. 또한 자격·면허가 요구되는 직업은 아니지만 해당 직무를 평균적으로 수행하기 위하여 필요한 각종 교육·훈련기간, 수습교육, 기타 사내교육, 현장훈련 등이 포함된다. 단, 해당 직무를 평균적인 수준 이상으로 수행하기 위한 향상훈련(further training)은 "숙련기간"에 포함되지 않는다.

수준	숙련기간
1	약간의 시범 정도
2	시범 후 30일 이하
3	1개월 초과 ~ 3개월 이하
4	3개월 초과 ~ 6개월 이하
5	6개월 초과 ~ 1년 이하
6	1년 초과 ~ 2년 이하
7	2년 초과 ~ 4년 이하
8	4년 초과 ~ 10년 이하
9	10년 초과

(3) 직무기능

직무기능이란 해당 직업 종사자가 직무를 수행하는 과정에서 "자료(data)", "사람(people)", "사물(thing)"과 맺는 관련된 특성을 나타낸다. 즉, 작업자가 직무를 수행하는 과정에서 자료, 사람, 사물과 어떤 관련을 가지고 있는지를 보여준다.

【자료·사람·사물에 관련된 직무기능】

구분	자료	사람	사물
0	종합	자문	설치
1	조정	협의	정밀작업
2	분석	교육	제어조작
3	수집	감독	조작운전
4	계산	오락제공	수동조작
5	기록	설득	유지
6	비교	말하기-신호	투입-인출
7	-	서비스 제공	단순작업
8	관련 없음	관련 없음	관련 없음

018

한국직업사전(2020)은 각 직업에 대한 부가직업정보를 제공한다. 부가직업정보 중 직무기능(data, people, thing)에 대해 설명하시오.

필.수.이.론

직무기능이란 해당 직업 종사자가 직무를 수행하는 과정에서 "자료(data)", "사람(people)", "사물(thing)"과 맺는 관련된 특성을 나타낸다.

① 자료(data)
"자료"와 관련된 기능은 만질 수 없으며 숫자, 단어, 기호, 생각, 개념 그리고 구두상 표현을 포함한다. 종합, 조정, 분석, 수집, 계산, 기록, 비교 등의 직무기능으로 구분된다.

② 사람(people)
"사람"과 관련된 기능은 인간과 인간처럼 취급되는 동물을 다루는 것을 포함한다. 자문, 협의 교육, 감독, 오락제공, 설득, 말하기-신호, 서비스제공 등의 직무기능으로 구분된다.

③ 사물(thing)
"사물"과 관련된 기능은 사람과 구분되는 무생물로서 물질, 재료, 기계, 공구, 설비, 작업도구 및 제품 등을 다루는 것을 포함한다. 설치, 정밀작업, 제어조작, 조작운전, 수동조작, 유지, 투입-인출, 단순작업 등의 직무기능으로 구분된다.

한국직업사전(2020)의 부가직업정보 중 직무기능(data, people, thing)

직무기능이란 해당 직업 종사자가 직무를 수행하는 과정에서 "자료(data)", "사람(people)", "사물(thing)"과 맺는 관련된 특성을 나타낸다. 즉, 작업자가 직무를 수행하는 과정에서 자료, 사람, 사물과 어떤 관련을 가지고 있는지를 보여준다. 3가지 관계 내에서의 배열은 아래에서 위로 올라가면서 단순한 것에서 차츰 복잡한 것으로 향하는 특성을 보여주지만 그 계층적 관계가 제한적인 경우도 있다.

(1) 자료(data)
"자료(data)"와 관련된 기능은 정보, 지식, 개념 등 3가지 종류의 활동으로 배열되어 있는데 어떤 것은 광범위하며 어떤 것은 범위가 협소하다. 또한 각 활동은 상당히 중첩되어 배열 간의 복잡성이 존재한다.

- 자료(data)
"자료"와 관련된 기능은 만질 수 없으며 숫자, 단어, 기호, 생각, 개념 그리고 구두상 표현을 포함한다.

0. 종합(synthesizing)	사실을 발견하고 지식개념 또는 해석을 개발하기 위해 자료를 종합적으로 분석한다.
1. 조정(coordinating)	데이터의 분석에 기초하여 시간, 장소, 작업순서, 활동 등을 결정한다. 결정을 실행하거나 상황을 보고한다.
2. 분석(analyzing)	조사하고 평가한다. 평가와 관련된 대안적 행위의 제시가 빈번하게 포함된다.
3. 수집(compiling)	자료, 사람, 사물에 관한 정보를 수집·대조·분류한다. 정보와 관련한 규정된 활동의 수행 및 보고가 자주 포함된다.
4. 계산(computing)	사칙연산을 실시하고 사칙연산과 관련하여 규정된 활동을 수행하거나 보고한다. 수를 세는 것은 포함되지 않는다.
5. 기록(copying)	데이터를 옮겨 적거나 입력하거나 표시한다.
6. 비교(comparing)	자료, 사람, 사물의 쉽게 관찰되는 기능적, 구조적, 조합적 특성을 (유사성 또는 표준과의 차이) 판단한다.

(2) 사람(people)
"사람(people)"과 관련된 기능은 위계적 관계가 없거나 희박하다. 서비스 제공이 일반적으로 덜 복잡한 사람관련 기능이며, 나머지 기능들은 기능의 수준을 의미하는 것은 아니다.

- 사람(people)
"사람"과 관련된 기능은 인간과 인간처럼 취급되는 동물을 다루는 것을 포함한다.

0. 자문(mentoring)	법률적으로나 과학적, 임상적, 종교적, 기타 전문적인 방식에 따라 사람들의 전인격적인 문제를 상담하고 조언하며 해결책을 제시한다.
1. 협의(negotiating)	정책을 수립하거나 의사결정을 하기 위해 생각이나 정보, 의견 등을 교환한다.
2. 교육(instructing)	설명이나 실습 등을 통해 어떤 주제에 대해 교육하거나 훈련(동물 포함)시킨다. 또한 기술적인 문제를 조언한다.
3. 감독(supervising)	작업절차를 결정하거나 작업자들에게 개별 업무를 적절하게 부여하여 작업의 효율성을 높인다.
4. 오락제공(diverting)	무대공연이나 영화, TV, 라디오 등을 통해 사람들을 즐겁게 한다.
5. 설득(persuading)	상품이나 서비스 등을 구매하도록 권유하고 설득한다.
6. 말하기-신호(speaking-signaling)	언어나 신호를 사용해서 정보를 전달하고 교환한다. 보조원에게 지시하거나 과제를 할당하는 일을 포함한다.
7. 서비스제공(serving)	사람들의 요구 또는 필요를 파악하여 서비스를 제공한다. 즉각적인 반응이 수반된다.

(3) 사물(thing)

"사물(thing)"과 관련된 기능은 작업자가 기계와 장비를 가지고 작업하는지 혹은 기계가 아닌 도구나 보조구(補助具)를 가지고 작업하는지에 기초하여 분류된다. 또한 작업자의 업무에 따라 사물과 관련되어 요구되는 활동수준이 달라진다.

- 사물(thing)

"사물"과 관련된 기능은 사람과 구분되는 무생물로서 물질, 재료, 기계, 공구, 설비, 작업도구 및 제품 등을 다루는 것을 포함한다.

0. 설치(setting up)	기계의 성능, 재료의 특성, 작업장의 관례 등에 대한 지식을 적용하여 연속적인 기계가공작업을 수행하기 위한 기계 및 설비의 준비, 공구 및 기타 기계장비의 설치 및 조정, 가공물 또는 재료의 위치조정, 제어장치 설정, 기계의 기능 및 완제품의 정밀성 측정 등을 수행한다.
1. 정밀작업 (precision working)	설정된 표준치를 달성하기 위하여 궁극적인 책임이 존재하는 상황 하에서 신체부위, 공구, 작업도구를 사용하여 가공물 또는 재료를 가공, 조종, 이동, 안내하거나 또는 정위치시킨다. 그리고 도구, 가공물 또는 원료를 선정하고 작업에 알맞게 공구를 조정한다.
2. 제어조작 (operating-controlling)	기계 또는 설비를 시동, 정지, 제어하고 작업이 진행되고 있는 기계나 설비를 조정한다.
3. 조작운전 (driving-operating)	다양한 목적을 수행하고자 사물 또는 사람의 움직임을 통제하는 데 있어 일정한 경로를 따라 조작되고 안내되어야 하는 기계 또는 설비를 시동, 정지하고 그 움직임을 제어한다.
4. 수동조작 (manipulating)	기계, 설비 또는 재료를 가공, 조정, 이동 또는 위치할 수 있도록 신체부위, 공구 또는 특수장치를 사용한다. 정확도 달성 및 적합한 공구, 기계, 설비 또는 원료를 산정하는 데 있어서 어느 정도의 판단력이 요구된다.
5. 유지(tending)	기계 및 장비를 시동, 정지하고 그 기능을 관찰한다. 체인징가이드, 조정타이머, 온도게이지 등의 계기의 제어장치를 조정하거나 원료가 원활히 흐르도록 밸브를 돌려주고 빛의 반응에 따라 스위치를 돌린다. 이러한 조정업무에 판단력은 요구되지 않는다.
6. 투입-인출 (feeding-off bearing)	자동적으로 또는 타작업원에 의하여 가동, 유지되는 기계나 장비 안에 자재를 삽입, 투척, 하역하거나 그 안에 있는 자재를 다른 장소로 옮긴다.
7. 단순작업(handling)	신체부위, 수공구 또는 특수장치를 사용하여 기계, 장비, 물건 또는 원료 등을 정리, 운반 처리한다. 정확도 달성 및 적합한 공구, 장비, 원료를 선정하는 데 판단력은 요구되지 않는다.

019　기출 ★★

한국직업사전(2020)의 부가직업정보 중 직무기능은 해당 직업 종사자가 직무를 수행하는 과정에서 "자료(data)", "사람(people)", "사물(thing)"과 맺는 관련된 특성을 나타낸다. 다음은 한국직업사전(2020)의 직무기능 중 자료(data)의 항목이다. 빈칸에 들어갈 내용을 각각 쓰시오(단, 각 수준을 나타내는 숫자는 제외).

ㄱ. 종합	ㄴ. (　　)
ㄷ. (　　)	ㄹ. (　　)
ㅁ. (　　)	ㅂ. (　　)
ㅅ. (　　)	

필.수.이.론

ㄱ. 종합
ㄴ. (조정)
ㄷ. (분석)
ㄹ. (수집)
ㅁ. (계산)
ㅂ. (기록)
ㅅ. (비교)

020　기출 ★★

한국직업사전(2020)의 부가직업정보 중 직무기능은 해당 직업 종사자가 직무를 수행하는 과정에서 "자료(data)", "사람(people)", "사물(thing)"과 맺는 관련된 특성을 나타낸다. 사람(people)과 관련된 직무기능의 세부항목을 5가지 이상 쓰시오(단, 각 수준에 해당하는 숫자는 기재할 필요 없음).

필.수.이.론

- 자문
- 협의
- 교육
- 감독
- 오락제공
- 설득
- 말하기 - 신호
- 서비스제공

---

021 기출 ★★

한국직업사전(2020)의 부가직업정보 중 직무기능은 해당 직업 종사자가 직무를 수행하는 과정에서 "자료(data)", "사람(people)", "사물(thing)"과 맺는 관련된 특성을 나타낸다. 사물(thing)과 관련된 직무기능의 세부항목을 5가지 이상 쓰시오(단, 각 수준에 해당하는 숫자는 기재할 필요가 없으며, '관련 없음'은 정답으로 고려하지 않음).

필.수.이.론

- 설치
- 정밀작업
- 제어조작
- 조작운전
- 수동조작
- 유지
- 투입 - 인출
- 단순작업

022

다음은 한국직업사전(2020)의 부가직업정보 중 직무기능을 나타낸 것이다. 빈칸에 들어갈 내용을 각각 쓰시오.

구분	자료	사람	사물
0	(ㄱ)	자문	설치
1	조정	(ㄴ)	정밀작업
2	분석	교육	제어조작
3	수집	감독	(ㄷ)
4	계산	오락제공	수동조작
5	(ㄹ)	설득	유지
6	비교	말하기 - 신호	투입 - 인출

필.수.이.론

ㄱ. (종합)
ㄴ. (협의)
ㄷ. (조작운전)
ㄹ. (기록)

직무기능

직무기능이란 해당 직업 종사자가 직무를 수행하는 과정에서 "자료(data)", "사람(people)", "사물(thing)"과 맺는 관련된 특성을 나타낸다. 즉, 작업자가 직무를 수행하는 과정에서 자료, 사람, 사물과 어떤 관련을 가지고 있는지를 보여준다.

【자료·사람·사물에 관련된 직무기능】

구분	자료	사람	사물
0	종합	자문	설치
1	소싱	협의	정밀작업
2	분석	교육	제어조작
3	수집	감독	조작운전
4	계산	오락제공	수동조작
5	기록	설득	유지
6	비교	말하기 - 신호	투입 - 인출
7	-	서비스 제공	단순작업
8	관련 없음	관련 없음	관련 없음

023

한국직업사전(2020)에서 자료, 사람, 사물과 관련한 직무기능을 각각 2개(이상)씩 쓰시오.

필.수.이.론

① 자료에 관련된 직무기능 : 종합, 조정, 분석, 수집, 계산, 기록, 비교
② 사람에 관련된 직무기능 : 자문, 협의, 교육, 감독, 오락제공, 설득, 말하기-신호, 서비스제공
③ 사물에 관련된 직무기능 : 설치, 정밀작업, 제어조작, 조작운전, 수동조작, 유지, 투입-인출, 단순작업

024 기출 ★★

다음은 한국직업사전의 부가직업정보 중 작업강도에 관한 내용의 일부이다. 빈칸에 들어갈 숫자를 각각 쓰시오.

- 아주 가벼운 작업 : 최고 (ㄱ)kg의 물건을 들어 올리고, 때때로 장부, 소도구 등을 들어 올리거나 운반한다.
- 보통 작업 : 최고 (ㄴ)kg의 물건을 들어 올리고, (ㄷ)kg 정도의 물건을 빈번히 들어 올리거나 운반한다.
- 힘든 작업 : 최고 (ㄹ)kg의 물건을 들어 올리고, (ㅁ)kg 정도의 물건을 빈번히 들어 올리거나 운반한다.

ㄱ. (   )   ㄴ. (   )
ㄷ. (   )   ㄹ. (   )
ㅁ. (   )

필.수.이.론

① 아주 가벼운 작업 … ㄱ : 4kg
　최고 4kg의 물건을 들어 올리고, 때때로 장부, 소도구 등을 들어 올리거나 운반한다.
② 가벼운 작업
　최고 8kg의 물건을 들어 올리고, 4kg 정도의 물건을 빈번히 들어 올리거나 운반한다.
③ 보통 작업 … ㄴ : 20kg, ㄷ : 10kg
　최고 20kg의 물건을 들어 올리고, 10kg 정도의 물건을 빈번히 들어 올리거나 운반한다.
④ 힘든 작업 … ㄹ : 40kg, ㅁ : 20kg
　최고 40kg의 물건을 들어 올리고, 20kg 정도의 물건을 빈번히 들어 올리거나 운반한다.
⑤ 아주 힘든 작업
　40kg 이상의 물건을 들어 올리고, 20kg 이상의 물건을 빈번히 들어 올리거나 운반한다.

한국직업사전(2020)의 부가직업정보 중 「작업강도」

(1) 작업강도의 의미

작업강도는 해당 직업의 직무를 수행하는 데 필요한 육체적 힘의 강도를 나타낸 것으로 5단계로 분류하였다. 따라서 '작업강도'는 심리적, 정신적 노동강도를 고려하지 않으며, 각각의 작업강도는 '들어 올림', '운반', '밈', '당김' 등을 기준으로 결정한다.

(2) 작업강도의 분류

구분	정의
아주 가벼운 작업	• 최고 4kg의 물건을 들어 올리고, 때때로 장부, 소도구 등을 들어 올리거나 운반한다. • 앉아서 하는 작업이 대부분을 차지하지만 직무수행상 서거나 걷는 것이 필요할 수도 있다.
가벼운 작업	• 최고 8kg의 물건을 들어 올리고, 4kg 정도의 물건을 빈번히 들어 올리거나 운반한다. • 걷거나 서서 하는 작업이 대부분일 때 또는 앉아서 하는 작업일지라도 팔과 다리로 밀고 당기는 작업을 수반할 때에는 무게가 매우 적을지라도 이 작업에 포함된다.
보통 작업	• 최고 20kg의 물건을 들어 올리고, 10kg 정도의 물건을 빈번히 들어 올리거나 운반한다.
힘든 작업	• 최고 40kg의 물건을 들어 올리고, 20kg 정도의 물건을 빈번히 들어 올리거나 운반한다.
아주 힘든 작업	• 40kg 이상의 물건을 들어 올리고, 20kg 이상의 물건을 빈번히 들어 올리거나 운반한다.

1 2 3 完

025　　　　　　　　　　　　　　　　　　　　　　　　　기출 ★★
한국직업사전(2020)의 부가직업정보 중 작업강도를 결정하는 기준을 4가지 쓰고 간략히 설명하시오.

필.수.이.론

한국직업사전(2020)의 부가직업정보 중 작업강도는 "들어올림", "운반", "밈", "당김" 등을 기준으로 결정하였다.

① 들어 올림
　물체를 주어진 높이에서 다른 높이로 올리거나 내리는 작업
② 운반
　손에 들거나 팔에 걸거나 어깨에 메고 물체를 한 장소에서 다른 장소로 옮기는 작업
③ 밈
　물체에 힘을 가하여 힘을 가한 반대쪽으로 움직이게 하는 작업(때리고, 치고, 발로 차고, 페달을 밟는 일도 포함)
④ 당김
　물체에 힘을 가하여 힘을 가한 쪽으로 움직이게 하는 작업

026

다음의 표는 한국직업사전(2020)에서 '특수학교교사' 직업의 부가직업정보에 관한 내용이다. 표의 내용 중 숙련기간과 작업강도의 의미를 설명하시오.

• 정규교육 : 14년 초과 ~ 16년 이하(대졸 정도) • 숙련기간 : 1년 초과 ~ 2년 이하 • 직무기능 : 자료 (수집) / 사람 (교육) / 사물 (수동조작) • 작업강도 : 보통 작업 • 육체활동 : 웅크림 / 언어력 • 작업장소 : 실내·외 • 작업환경 : -	• 유사명칭 : 특수교육교사 • 관련직업 : 장애아보조교사, 정신지체아교사, 정서장애아교사, 청각장애아교사, 시각장애아교사, 지체부자유아교사 • 자격/면허 : 특수학교 정교사 • 고용직업분류 : [2123] 특수교육 교사 • 표준직업분류 : [2523] 특수교육 교사 • 표준산업분류 : [P854] 특수학교, 외국인학교 및 대안학교 • 조사연도 : 2012

필.수.이.론

① 숙련기간

숙련기간이란 정규교육과정을 이수한 후 해당 직업의 직무를 평균적인 수준으로 스스로 수행하기 위하여 필요한 각종 교육·훈련·숙련기간을 의미한다. 이러한 숙련기간은 9단계로 구분하며, 이 중 '1년 초과 ~ 2년 이하'는 '수준6'에 해당한다.

② 작업강도

작업강도는 해당 직업의 직무를 수행하는 데 필요한 육체적 힘의 강도를 나타낸 것으로 '아주 가벼운 작업', '가벼운 작업', '보통작업', '힘든 작업', '아주 힘든 작업'의 5단계로 분류하였다. 이 중 '보통작업'은 최고 20kg의 물건을 들어올리고, 10kg 정도의 물건을 빈번히 들어올리거나 운반하는 정도의 육체적 힘의 강도를 필요로 함을 의미한다.

027 기출 ★

한국직업사전(2020) 부가직업정보 중 '육체활동'의 의미와 그 종류를 5가지 이상 쓰시오.

필.수.이.론

(1) '육체활동'의 의미

부가직업정보 중 "육체활동"은 해당 직업의 직무를 수행하기 위해 필요한 신체적 능력을 나타내는 것으로 균형감각, 웅크림, 손, 언어력, 청각, 시각 등이 요구되는 직업인지를 보여준다.

(2) '육체활동'의 종류

① 균형감각
② 웅크림
③ 손사용
④ 언어력
⑤ 청각
⑥ 시각

한국직업사전(2020)의 부가직업정보 중 육체활동

(1) '육체활동'의 의미
① "육체활동"은 해당 직업의 직무를 수행하기 위해 필요한 신체적 능력을 나타내는 것으로 균형감각, 웅크림, 손, 언어력, 청각, 시각 등이 요구되는 직업인지를 보여준다.
② 단, "육체활동"은 조사대상 사업체 및 종사자에 따라 다소 상이할 수 있으므로 전체 직업 종사자의 "육체활동"으로 일반화하는 데는 무리가 있다.

(2) '육체활동'의 구분

구분	정의
균형감각	손, 발, 다리 등을 사용하여 사다리, 계단, 발판, 경사로, 기둥, 밧줄 등을 올라가거나 몸 전체의 균형을 유지하고 좁거나 경사지거나 또는 움직이는 물체 위를 걷거나 뛸 때 신체의 균형을 유지하는 것이 필요한 직업이다.

웅크림	허리를 굽히거나 몸을 앞으로 굽히고 뒤로 젖히는 동작, 다리를 구부려 무릎을 꿇는 동작, 다리와 허리를 구부려 몸을 아래나 위로 굽히는 동작, 손과 무릎 또는 손과 발로 이동하는 동작 등이 필요한 직업이다. • 예시 직업 : 단조원, 연마원, 오토바이수리원, 항공기엔진정비원, 전기도금원 등
손사용	일정기간의 손사용 숙련기간을 거쳐 직무의 전체 또는 일부분에 지속적으로 손을 사용하는 직업으로 통상적인 손사용이 아닌 정밀함과 숙련을 필요로 하는 직업에 한정한다. • 예시 직업 : 해부학자 등 의학관련직업, 의료기술종사자, 기악연주자, 조각가, 디자이너, 미용사, 조리사, 운전관련 직업, 설계관련 직업 등
언어력	말로 생각이나 의사를 교환하거나 표현하는 직업으로 개인이 다수에게 정보 및 오락제공을 목적으로 말을 하는 직업이다. • 예시 직업 : 교육관련 직업, 변호사, 판사, 통역가, 성우, 아나운서 등
청각	단순히 일상적인 대화내용 청취여부가 아니라 작동하는 기계의 소리를 듣고 이상 유무를 판단하거나 논리적인 결정을 내리는 청취활동이 필요한 직업이다. • 예시 직업 : 피아노조율사, 음향관련 직업, 녹음관련 직업, 전자오르간검사원, 자동차엔진정비원, 광산기계수리원 등
시각	일상적인 눈사용이 아닌 시각적 인식을 통해 반복적인 판단을 하거나 물체의 길이, 넓이, 두께를 알아내고 물체의 재질과 형태를 알아내기 위한 거리와 공간 관계를 판단하는 직업이다. 또한 색의 차이를 판단할 수 있어야 하는 직업이다. • 예시 직업 : 측량기술자, 제도사, 항공기조종사, 사진작가, 의사, 심판, 보석감정인, 위폐감정사 등 감정관련 직업, 현미경, 망원경 등 정밀광학기계를 이용하는 직업, 촬영 및 편집관련 직업 등

1 2 3 完

028 기출 ★

한국직업사전(2020) 부가직업정보 중 '작업장소'의 구분 3가지를 쓰고 설명하시오.

필.수.이.론

한국직업사전(2020)의 부가직업정보 중 "작업장소"는 해당직업의 직무가 주로 수행되는 장소를 나타내는 것으로 실내·실외 종사 비율에 따라 실내, 실외, 실내·외로 구분한다.

① 실내 : 눈, 비, 바람과 온도변화로부터 보호를 받으며, 작업의 75% 이상이 실내에서 이루어지는 경우
② 실외 : 눈, 비, 바람과 온도변화로부터 보호를 받지 못하며, 작업의 75% 이상이 실외에서 이루어지는 경우
③ 실내·외 : 작업이 실내 및 실외에서 비슷한 비율로 이루어지는 경우

1 2 3 完

029 기출 ★★

한국직업사전(2020) 부가직업정보 중 작업환경을 나타내는 "위험내재"는 작업자가 제반위험에 노출되어 있는지 결정한다. 제반 위험의 종류 5가지를 쓰시오.

필.수.이.론

① 기계적 위험
② 전기적 위험
③ 화상의 위험
④ 폭발의 위험
⑤ 방사선 위험

> 한국직업사전(2020)의 부가직업정보 중 「작업환경」

(1) "작업환경"은 해당 직업의 직무를 수행하는 작업자에게 직접적으로 물리적, 신체적 영향을 미치는 작업장의 환경요인을 나타낸 것이다.

(2) 작업자의 작업환경을 조사하는 담당자는 일시적으로 방문하고 또한 정확한 측정기구를 가지고 있지 못한 경우가 일반적이기 때문에 조사 당시에 조사자가 느끼는 신체적 반응 및 작업자의 반응을 듣고 판단한다. 온도, 소음·진동, 위험내재 및 대기환경이 미흡한 직업은 근로기준법, 산업안전보건법 등의 법률에서 제시한 금지직업이나 유해요소가 있는 직업 등을 근거로 판단할 수 있다. 그러나 이러한 기준도 산업체 및 작업장에 따라 달라질 수 있으므로 절대적인 기준이 될 수 없다.

(3) "작업환경"은 저온·고온, 다습, 소음·진동, 위험내재, 대기환경 등으로 구분한다.

구분	정의
저온	신체적으로 불쾌감을 느낄 정도로 저온이거나 두드러지게 신체적 반응을 야기시킬 정도로 저온으로 급변하는 경우
고온	신체적으로 불쾌감을 느낄 정도로 고온이거나 두드러지게 신체적 반응을 야기시킬 정도로 고온으로 급변하는 경우
다습	신체의 일부분이 수분이나 액체에 직접 접촉되거나 신체에 불쾌감을 느낄 정도로 대기 중에 습기가 충만하는 경우
소음·진동	심신에 피로를 주는 청각장애 및 생리적 영향을 끼칠 정도의 소음, 전신을 떨게 하고 팔과 다리의 근육을 긴장시키는 연속적인 진동이 있는 경우
위험내재	신체적인 손상의 위험에 노출되어 있는 상황으로 기계적·전기적 위험, 화상, 폭발, 방사선 등의 위험이 있는 경우
위험내재 / 기계적 위험	신체에 위해를 일으킬 수 있는 기계설비, 부품, 장치와 관련되는지의 여부로 판단한다.
위험내재 / 전기적 위험	고압선, 변압기, 기타 절연되어 있지 않은 장소, 피복되어 있지 않아 신체에 위험의 우려가 있는지를 판단한다.
위험내재 / 화상의 위험	고열재료나 기타의 화학약품에 의해서 화상을 입을 우려가 있는지를 판단한다.
위험내재 / 폭발의 위험	가스, 압축공기 등 폭발성 물질에 의한 위험을 받을 수 있는지를 판단한다.
위험내재 / 방사선 위험	라듐, 우라늄, 토륨 등과 X선, 자외선 등이 작업장 주위에 널려있는지, 그리고 그것이 시각장애, 육체장애를 끼칠 우려가 있는지를 파악하여 판단한다.
대기환경미흡	직무를 수행하는 데 방해가 되거나 건강을 해칠 수 있는 냄새, 분진, 연무, 가스 등의 물질이 작업장의 대기 중에 다량 포함된 경우

030

한국직업사전(2020) 부가직업정보 중 '유사명칭'과 '관련직업'에 대하여 설명하시오.

필.수.이.론

(1) 유사명칭
   ① "유사명칭"은 현장에서 본직업명을 명칭만 다르게 부르는 것으로 본직업명과 사실상 동일하다. 예를 들어, "보험모집원"이라는 직업의 경우 "생활설계사", "보험영업사원"이라는 유사명칭을 가지는데 이는 동일한 직무를 다르게 부르는 유사명칭들이다.
   ② "유사명칭"은 별개의 '직업'이 아니라 '직업명칭'이므로 직업 수 집계에서 제외된다.

(2) 관련직업
   ① "관련직업"은 본직업명과 기본적인 직무 간 공통점이 있으나 직무의 범위·대상 등에 따라 나누어지는 직업이다.
   ② 하나의 본직업명에는 2개 이상의 관련직업이 있을 수 있으며 직업 수 집계에 포함된다.

031

한국직업사전(2020)에서 '직업상담사(직업코드 2314)'의 부가직업정보 중 정규교육과 숙련기간, 작업강도의 내용을 쓰시오.

필.수.이.론

① 정규교육 : 14년 초과 ~ 16년 이하(대졸 정도)
② 숙련기간 : 2년 초과 ~ 4년 이하
③ 작업강도 : 아주 가벼운 작업

> 한국직업사전(2020)의 부가직업정보 예시 - 직업상담사

[직업코드] 2314

[본직업명칭] 직업상담사

[직무개요]
구직자나 미취업자에게 직업정보 및 자료를 제공하고, 직업선택, 경력설계, 구직활동 등에 대해 조언한다.

[수행직무]
직업의 종류, 전망, 취업기회 등에 관한 자료를 수집하고 관리한다. 구직자와 면담하거나 검사를 통하여 취미, 적성, 흥미, 능력, 성격 등의 요인을 조사한다. 적성검사, 흥미검사 등 직업심리검사를 실시하여 구직자의 적성과 흥미에 알맞은 직업정보를 제공하고, 구직자에게 적합한 취업정보를 제공하며, 직업선택에 관해 조언한다. 비디오, 슬라이드 등의 시청각 장비를 사용하여 직업정보 및 직업윤리 등을 교육하기도 한다. 청소년, 여성, 중고령자, 실업자 등을 위한 직업지도 프로그램 개발과 운영을 담당하기도 한다.

[부가직업정보]
- 정규교육 : 14년 초과 ~ 16년 이하(대졸 정도)
- 숙련기간 : 2년 초과 ~ 4년 이하
- 직무기능 : 자료 (조정) / 사람 (자문) / 사물 (관련없음)
- 작업강도 : 아주 가벼운 작업
- 육체활동 : -
- 작업장소 : 실내
- 작업환경 : -
- 유사명칭 : 직업상담원
- 관련직업 : -
- 자격/면허 : 직업상담사(1급, 2급)
- 고용직업분류 : [2314] 직업상담사
- 표준직업분류 : [2473] 직업상담사
- 표준산업분류 : [N751] 고용알선 및 인력공급업
- 조사연도 : 2017
- 비고 : -

CHAPTER 02 직업 및 산업분류의 활용

제1절 직업분류의 이해

032
한국표준직업분류가 기초자료로 활용되는 경우 5가지를 기술하시오.

필.수.이.론

① 각종 사회·경제통계조사의 직업단위 기준
② 취업알선을 위한 구인·구직안내 기준
③ 직종별 급여 및 수당지급 결정 기준
④ 직종별 특정질병의 이환율(罹患率, morbidity, 발병률), 사망률과 생명표 작성 기준
⑤ 산재보험률, 생명보험률 또는 산재보상액, 교통사고 보상액 등의 결정 기준

033
직무분석 자료 활용의 용도 4가지를 쓰시오.

필.수.이.론

① 모집 및 선발 : 종업원 모집의 자격조건을 명시하거나 종업원 선발을 위한 기준을 결정하는 데 활용된다.
② 배치 및 경력개발 : 선발된 사람을 적합한 직무에 배치하며, 경력개발에 대한 기초자료를 제공한다.
③ 직무평가 및 인사고과 : 직무평가 및 인사고과의 기초자료로 활용된다.

④ 인력관리 및 작업환경의 개선 : 해당 직무에 필요한 적정인원의 산정 등 향후 인력계획의 수립 및 작업환경의 개선방향을 결정하는 기초자료로 활용된다.

> **한국표준직업분류의 목적과 활용**
>
> **(1) 직업분류의 개념**
> 수입(경제활동)을 위해 개인이 하고 있는 일을 그 수행되는 일의 형태에 따라 체계적으로 유형화한 것이 직업분류이며, 국내 직업구조 및 실태에 맞도록 표준화한 것이 한국표준직업분류이다.
>
> **(2) 한국표준직업분류의 목적**
> ① 통계자료의 일관성과 비교성 확보 : 직업분류는 행정자료 및 인구총조사 등 고용관련 통계조사를 통하여 얻어진 직업정보를 분류하고 집계하기 위한 것으로, 직업관련 통계를 작성하는 모든 기관이 통일적으로 사용하도록 하여 통계자료의 일관성과 비교성을 확보하기 위한 것이다.
> ② 국제표준직업분류(ISCO)와의 연계 : 각종 직업정보에 관한 국내통계를 국제적으로 비교·이용할 수 있도록 하기 위하여 ILO의 국제표준직업분류(ISCO)를 근거로 설정되고 있다.
> ③ 정책수립과 직업연구를 위한 기초자료로 활용 : 직업관련 통계는 각종 장·단기 인력수급 정책수립과 직업연구를 위한 기초자료로 활용된다.
>
> **(3) 한국표준직업분류의 활용**
> ① 각종 사회·경제통계조사의 직업단위 기준
> ② 취업알선을 위한 구인·구직안내 기준
> ③ 직종별 급여 및 수당지급 결정 기준
> ④ 직종별 특정질병의 이환율(罹患率, morbidity, 발병률), 사망률과 생명표 작성 기준
> ⑤ 산재보험률, 생명보험률 또는 산재보상액, 교통사고 보상액 등의 결정 기준

034

한국표준직업분류의 제7차 개정의 특징 4가지를 기술하시오.

필.수.이.론

① 전문 기술직의 직무영역 확장 등 지식 정보화 사회 변화상 반영
② 사회 서비스 일자리 직종 세분 및 신설
③ 고용규모 대비 분류항목이 적은 사무 및 판매·서비스직 세분
④ 자동화·기계화 진전에 따른 기능직 및 기계 조작직 직종 통합

한국표준직업분류(2017년 7월 개정, 2018년 시행)의 제7차 개정의 특징

(1) 전문 기술직의 직무영역 확장 등 지식 정보화 사회 변화상 반영

4차 산업 혁명 등 ICTs(Information & Communication Technologies : 정보통신기술) 기반의 기술 융·복합 및 신성장 직종을 분류체계에 반영하여 데이터 분석가, 모바일 애플리케이션 프로그래머, 산업 특화 소프트웨어 프로그래머 등을 신설하였다. 문화·미디어 콘텐츠와 채널의 생산 및 유통구조가 다변화됨에 따라 신성장 직종인 미디어 콘텐츠 창작자, 사용자 경험 및 인터페이스 디자이너, 공연·영화 및 음반 기획자 등을 신설하거나 세분하였다. 과학기술 고도화에 따라 로봇공학 기술자 및 연구원을 상향 조정하고, 대형재난 대응 및 예방의 사회적 중요성을 고려하여 방재 기술자 및 연구원을 신설하였다.

(2) 사회 서비스 일자리 직종 세분 및 신설

저출산·고령화에 따른 돌봄·복지 일자리 수요 증가를 반영하여 노인 및 장애인 돌봄 서비스 종사원, 놀이 및 행동치료사를 신설하고, 임상심리사, 상담 전문가 등 관련 직종을 상향 조정하였다. 여가 및 생활 서비스 일자리 수요 증가를 반영하여 문화 관광 및 숲·자연환경 해설사, 반려동물 훈련사, 개인 생활 서비스 종사원 등을 신설하였다.

(3) 고용규모 대비 분류항목이 적은 사무 및 판매·서비스직 세분

이제까지 포괄적 직무로 분류되어 온 사무직의 대학 행정 조교, 증권 사무원, 기타 금융 사무원, 행정사, 중개 사무원을 신설하고, 판매·서비스직의 소규모 상점 경영 및 일선 관리 종사원, 대여 제품 방문 점검원 등의 직업을 신설 또는 세분하였다.

(4) 자동화·기계화 진전에 따른 기능직 및 기계 조작직 직종 통합

제조 관련 기능 종사원, 과실 및 채소 가공 관련 기계 조작원, 섬유 제조 기계 조작원 등 복합·다기능 기계의 발전에 따라 세분화된 직종을 통합하였다.

> ※ 2017년도 한국표준직업분류(제7차 개정)의 개정 방향
> (참조 : 통계청 통계분류포털 https://kssc.kostat.go.kr)
> (1) 지난 개정 이후 시간 경과를 고려하여 전면 개정 방식으로 추진하되, 중분류 이하 단위 분류 체계를 중심으로 개정을 추진하였다.
> (2) 국제표준직업분류(ISCO)의 분류 기준, 적용 원칙, 구조 및 부호 체계 등 직업분류 기본 틀은 기존 체계를 유지하였으며, 특히 2007년 7월 개정작업에 이어 국제표준직업분류(ISCO-08) 개정 내용을 추가로 반영하였다.
> (3) 국내 노동시장 직업구조의 변화 특성을 반영하여 전문 기술직의 직무영역 확장 등 지식 정보화 사회 변화상을 반영하고 사회 서비스 일자리 직종을 세분 및 신설하였다. 고용규모 대비 분류항목 수가 적은 사무 및 판매·서비스직 분류는 세분하고 자동화·기계화 진전에 따른 기능직 및 기계 조작직 분류는 통합하였다.
> (4) 관련 분류 간 연계성, 통합성을 제고하고, 직업분류체계의 일관성을 유지하기 위해 2016년 9월 제정·고시된 한국표준교육분류(영역)와 2017년 1월 개정·고시된 한국표준산업분류의 내용을 명칭변경, 분류신설 등에 반영하였다. 또한 한국표준직업분류와 특수 분류인 고용직업분류가 세분류 수준에서 일대일로 연계될 수 있도록 복수연계 항목을 세분하였다.

035

제7차 개정된 한국표준직업분류에서 신설된 직업을 5가지 이상 쓰시오.

필.수.이.론

① 데이터 분석가
② 모바일 애플리케이션 프로그래머
③ 산업 특화 소프트웨어 프로그래머
④ 방재 기술자 및 연구원
⑤ 노인 및 장애인 돌봄 서비스 종사원
⑥ 놀이 및 행동치료사
⑦ 문화 관광 및 숲·자연환경 해설사
⑧ 반려동물 훈련사
⑨ 개인 생활 서비스 종사원
⑩ 대학 행정 조교
⑪ 증권 사무원, 기타 금융 사무원
⑫ 행정사, 중개 사무원

① ② ③ 完

/ 036　　　　　　　　　　　　　　　　　　　　　　　　　　　　　기출 ★

'직업'과 '직무'의 정의를 간략히 쓰시오.

◆ 필.수.이.론

① 직업(Occupation)
국제표준직업분류(ISCO-08)에서는 직업을 "유사한 직무(주어진 업무와 과업이 매우 높은 유사성을 갖는 것)의 집합"이라고 정의한다.
② 직무(Job)
국제표준직업분류(ISCO-08)에서는 직무를 "자영업을 포함하여 특정한 고용주를 위하여 개별 종사자들이 수행하거나 또는 수행하여야 할 일련의 업무(일, 작업 : Tasks)와 과업(임무, 책무 : Duties)"이라고 정의하고 있으며, 직업분류의 가장 기본적인 개념이다.

① ② ③ 完

/ 037　　　　　　　　　　　　　　　　　　　　　　　　　　　　　기출 ★

직업의 기능 5가지를 쓰시오.

◆ 필.수.이.론

① 경제적 기능 : 직업 활동을 통해 돈을 벌어 자신과 가족들의 경제적인 요구를 충족
② 사회적 기능 : 다른 사람들과 만나고 소통
③ 학습의 기능 : 지식과 기술, 사회관계를 학습
④ 봉사적 기능 : 다른 사람과 사회를 위하여 봉사
⑤ 자아실현적 기능 : 자신이 갖고 있는 내재적인 가능성을 실현

038 ★★★
한국표준직업분류(KSCO)에서 유사직무를 구분하는 기준 4가지를 쓰시오.

038-1 ★
한국표준직업분류(KSCO)상 직무 유사성의 판단기준 4가지를 쓰시오.

필.수.이.론

① 해당 직무를 수행하는 사람에게 필요한 지식(knowledge), 경험(experience), 기능(skill)
② 직무수행자가 입직을 하기 위해서 필요한 요건(skill requirements)
③ 직업 종사자가 주로 일하는 기업의 특성
④ 직업 종사자가 주로 일하는 기업의 생산 과정이나 최종 산출물의 특성

직무별 유사성과 배타성의 판별

하나의 직업(occupation)은 직무상 유사성을 갖고 있는 여러 직무(job)의 묶음이다. 어떤 직무의 집합을 여타 직업과 구별하고 동일한 직업으로 분류하는 것은 유사성의 정도에 대한 판단을 전제로 하는데, 이는 직무상 서로 다른 것을 규정하는 직업별 직무 배타성(exclusivity)을 제시하는 것과 같다. 그런데 현장에서 일어나는 직무수행 조건의 복잡성과 기업규모의 차이 등에 따른 직무범위의 격차 때문에 직무별 유사성과 배타성을 판별하는 것은 매우 어려운 작업이다.

(1) 직무 유사성의 기준
직무 유사성의 기준에는 해당 직무를 수행하는 사람에게 필요한 지식(knowledge), 경험(experience), 기능(skill)과 함께 직무수행자가 입직을 하기 위해서 필요한 요건(skill requirements) 등이 있다. 때로는 직업 종사자가 주로 일하는 기업의 특성, 생산 과정이나 최종 산출물 등이 중요할 때도 있다. 유사하지 않은 직업은 배타성의 요건이 충족되어 상호 다른 직업이라고 할 수 있으며, 직무별로 노동시장의 형성이 다른 경우에는 가장 분명한 배타성을 갖는다고 할 수 있다.

(2) 직무 범주화 기준
직무 범주화 기준에는 직무별 고용의 크기 또한 현실적인 기준이 된다. 한국표준직업분류에서는 세분류 단위에서 최소 1,000명의 고용을 기준으로 설정하였으며, 고용자 수가 많은 세분류에는 5,000~10,000명이 분포되어 있을 것으로 판단된다.

039

직업의 성립요건 4가지를 쓰시오.

필.수.이.론

① 계속성
② 경제성
③ 윤리성·사회성
④ 비속박성

040

한국표준직업분류(KSCO)에서 직업(활동)으로 규명되기 위한 요건 4가지를 쓰고 각각에 대해 간략히 설명하시오.

040-1

일반적으로 직업으로 규명하기 위한 요건 3가지를 쓰고 설명하시오.

필.수.이.론

① 계속성
  직업활동으로 인정되기 위해서는 유사성을 갖는 직무를 계속하여 수행하는 계속성을 가져야 한다.
② 경제성
  직업활동으로 인정되기 위해서는 경제적인 거래관계가 성립하는 활동을 수행해야 한다.
③ 윤리성·사회성
  직업활동으로 인정되기 위해서는 윤리성과 사회성을 충족해야 하는 것으로 보고 있다.
④ 비속박성
  직업활동으로 인정되기 위해서는 속박된 상태에서의 활동이 아니어야 한다. 따라서 사회복지시설 수용자의 시설 내 경제활동이나 수형자의 강제노역활동 등 속박된 상태에서의 제반 활동들은 경제성이나 계속성의 여부와 상관없이 직업활동으로 인정되지 않는다.

1 2 3 完

040-2　　　　　　　　　　　　　　　　　　　　　　기출 ★★★
한국표준직업분류(KSCO)에서 '일의 계속성'에 해당하는 경우를 4가지 쓰시오.

 필.수.이.론

① 매일, 매주, 매월 등 주기적으로 행하는 것
② 계절적으로 행해지는 것
③ 명확한 주기는 없으나 계속적으로 행해지는 것
④ 현재 하고 있는 일을 계속적으로 행할 의지와 가능성이 있는 것

> **한국표준직업분류(KSCO)에서 직업(활동)으로 규명되기 위한 요건**
>
> **(1) 계속성**
> 직업은 유사성을 갖는 직무를 계속하여 수행하는 계속성을 가져야 한다. 일의 계속성이란 일시적인 것을 제외한 다음에 해당하는 것을 말한다.
>
> > ① 매일, 매주, 매월 등 주기적으로 행하는 것
> > ② 계절적으로 행해지는 것
> > ③ 명확한 주기는 없으나 계속적으로 행해지는 것
> > ④ 현재 하고 있는 일을 계속적으로 행할 의지와 가능성이 있는 것
>
> **(2) 경제성**
> 직업은 경제적인 거래관계가 성립하는 활동을 수행해야 한다. 따라서 무급 자원봉사와 같은 활동이나 노력이 전제되지 않는 자연발생적인 이득의 수취 또는 우연하게 발생하는 경제적인 과실에 전적으로 의존하는 활동은 직업으로 보지 않는다.
>
> **(3) 윤리성·사회성**
> 직업 활동은 윤리성과 사회성을 충족해야 하는 것으로 보고 있다.
> ① 윤리성이란 비윤리적인 영리행위나 반사회적인 활동을 통한 경제적인 이윤추구는 직업 활동으로 인정되지 못한다는 것을 말한다.
> ② 사회성은 보다 적극적인 것으로서 모든 직업 활동은 사회 공동체적인 맥락에서 의미 있는 활동, 즉 사회적인 기여를 전제조건으로 하고 있다는 점을 강조한다.
>
> **(4) 비속박성**
> 사회복지시설 수용자의 시설 내 경제활동이나 수형자의 강제노역활동 등 속박된 상태에서의 제반활동들은 경제성이나 계속성의 여부와 상관없이 직업활동으로 인정되지 않는다.

041

한국표준직업분류(KSCO)에서 직업으로 보지 않는 활동을 6가지 (이상) 쓰시오.

필.수.이.론

① 이자, 주식배당, 임대료(전세금, 월세금) 등과 같은 자산 수입이 있는 경우
② 연금법, 국민기초생활보장법, 국민연금법 및 고용보험법 등의 사회보장이나 민간보험에 의한 수입이 있는 경우
③ 경마, 경륜, 복권 등에 의한 배당금이나 주식투자에 의한 시세차익이 있는 경우
④ 예·적금 인출, 보험금 수취, 차용 또는 토지나 금융자산 매각을 통한 수입이 있는 경우
⑤ 자기 집의 가사활동에 전념하는 경우
⑥ 교육기관에 재학하며 학습에만 전념하는 경우
⑦ 시민봉사활동 등에 의한 무급의 자원봉사활동에 종사하는 경우
⑧ 사회복지시설 수용자의 시설 내 경제활동
⑨ 수형자의 법률에 의한 강제노동활동
⑩ 도박, 강도, 절도, 사기, 매춘, 밀수와 같은 불법적인 활동

※ '의무로 복무 중인 사병, 단기부사관, 장교와 같은 군인의 제반활동'은 제7차 개정된 한국표준직업분류(2018)에서 직업으로 보지 않는 활동에서 삭제되었다.

042

한국표준직업분류(KSCO)에서는 속박된 상태에서의 제반활동은 경제성이나 계속성의 여부와 상관없이 직업으로 보지 않는다. 이에 해당하는 활동 2가지만 쓰시오.

필.수.이.론

① 사회복지시설 수용자의 시설 내 경제활동
② 수형자의 법률에 의한 강제노동활동

043 기출 ★★★

한국표준직업분류(KSCO)상 경제성이 충족되지 않아 직업으로 인정되지 않는 활동을 3가지 이상 쓰시오.

필.수.이.론

① 이자, 주식배당, 임대료(전세금, 월세금) 등과 같은 자산 수입이 있는 경우
② 연금법, 국민기초생활보장법, 국민연금법 및 고용보험법 등의 사회보장이나 민간보험에 의한 수입이 있는 경우
③ 경마, 경륜, 복권 등에 의한 배당금이나 주식투자에 의한 시세차익이 있는 경우
④ 예·적금 인출, 보험금 수취, 차용 또는 토지나 금융자산 매각을 통한 수입이 있는 경우
⑤ 자기 집의 가사활동에 전념하는 경우
⑥ 교육기관에 재학하며 학습에만 전념하는 경우
⑦ 시민봉사활동 등에 의한 무급의 자원봉사활동에 종사하는 경우

044 기출 ★★★

한국표준직업분류(KSCO)에서 제시한 직업분류 개념인 직능, 직능수준, 직능유형에 대하여 설명하시오.

필.수.이.론

① 직능(skill) : '주어진 직무의 업무와 과업을 수행하는 능력(the ability to carry out the tasks and duties of a given job)'을 말한다.
② 직능수준(skill level) : 직무수행능력의 높낮이를 말하는 것으로 정규교육, 직업훈련, 직업경험 그리고 선천적 능력과 사회 문화적 환경 등에 의해 결정된다. 즉, 직능수준은 정규교육을 통해서만 얻을 수 있는 것은 아니며, 비정규적인 직업훈련과 직업경험을 통하여서도 얻게 된다.
③ 직능유형(skill specialization) : 그 일을 하기 위해 필요한 지식(knowledge), 기술(skill), 능력(ability), 기질·자질·속성(attribute)을 말한다. 직능유형은 직무수행에 요구되는 지식의 분야, 사용하는 도구 및 장비, 투입되는 원재료, 생산된 재화나 서비스의 종류와 관련된다.

045

직업분류의 직능수준을 정규교육과정에 따라 정의하시오.

필.수.이.론

(1) 제1직능수준
무학 또는 초등교육과정인 초등학교 졸업 정도(6년 이하)의 정규교육수준을 요구한다. 국제표준교육분류(ISCED)상으로는 수준1 정도의 기초적인 교육을 필요로 한다.

(2) 제2직능수준
① 보통 중등교육과정 이상의 정규교육이수(ISCED 수준2, 수준3) 또는 이에 상응하는 직업훈련이나 직업경험을 필요로 한다.
② 일부의 직업은 중등학교 졸업 후 교육(ISCED 수준4)이나 직업교육기관에서의 추가적인 교육이나 훈련을 요구할 수도 있다.

(3) 제3직능수준
일반적으로 중등교육을 마치고 1~3년 정도의 추가적인 교육과정(ISCED 수준5) 정도의 정규교육 또는 직업훈련을 필요로 한다.

(4) 제4직능수준
일반적으로 4년 또는 그 이상 계속하여 학사, 석사나 그와 동등한 학위가 수여되는 교육수준(ISCED 수준6 혹은 그 이상)의 정규교육 또는 훈련을 필요로 한다.

➕ 한국표준직업분류(KSCO)상 직업분류의 기준인 「직능수준」

한국표준직업분류상의 직능수준은 국제표준교육분류(ISCED)에 준하여 교육 및 훈련의 정도에 따라 4가지로 구분한다.

(1) 제1직능수준
① 일반적으로 단순하고 반복적이며 때로는 육체적인 힘을 요하는 과업을 수행한다. 간단한 수작업 공구나 진공청소기, 전기장비들을 이용한다. 과일을 따거나 채소를 뽑고 단순 조립을 수행하며, 손을 이용하여 물건을 나르기도 하고 땅을 파기도 한다.
② 이러한 수준의 직업은 최소한의 문자이해와 수리적 사고능력이 요구되는 간단한 직무교육으로 누구나 수행할 수 있다.

③ 정규교육과정 : 제1직능수준의 일부 직업에서는 초등교육이나 기초적인 교육(ISCED 수준1)을 필요로 한다.

(2) 제2직능수준
① 일반적으로 완벽하게 읽고 쓸 수 있는 능력과 정확한 계산능력, 그리고 상당한 정도의 의사소통 능력을 필요로 한다.
② 이러한 수준의 직업에 종사하는 자는 일부 전문적인 직무훈련과 실습과정이 요구되며, 훈련실습기간은 정규훈련을 보완하거나 정규훈련의 일부 또는 전부를 대체할 수 있다. 운송수단의 운전이나 경찰 업무를 수행하기도 한다.
③ 정규교육과정 : 보통 중등 이상의 교육과정의 정규교육이수(ISCED 수준2, 수준3) 또는 이에 상응하는 직업훈련이나 직업경험을 필요로 한다. 일부의 직업은 중등학교 졸업 후 교육(ISCED 수준4)이나 직업교육기관에서의 추가적인 교육이나 훈련을 요구할 수도 있다.

(3) 제3직능수준
① 복잡한 과업과 실제적인 업무를 수행할 정도의 전문적인 지식을 보유하고 수리계산이나 의사소통 능력이 상당히 높아야 한다.
② 이러한 수준의 직업에 종사하는 자는 일정한 보충적 직무훈련 및 실습과정이 요구될 수 있으며, 정규훈련 과정의 일부를 대체할 수도 있다. 또한 유사한 직무를 수행함으로써 경험을 습득하여 이에 해당하는 수준에 이를 수도 있다. 시험원과 진단과 치료를 지원하는 의료관련 분류나 스포츠 관련 직업이 대표적이다.
③ 정규교육과정 : 일반적으로 중등교육을 마치고 1~3년 정도의 추가적인 교육과정(ISCED 수준5) 정도의 정규교육 또는 직업훈련을 필요로 한다.

(4) 제4직능수준
① 매우 높은 수준의 이해력과 창의력 및 의사소통 능력이 필요하다.
② 이러한 수준의 직업에 종사하는 자는 일정한 보충적 직무훈련 및 실습이 요구된다. 또한 유사한 직무를 수행함으로써 경험을 습득하여 이에 해당하는 수준에 이를 수도 있다. 분석과 문제 해결, 연구와 교육 그리고 진료가 대표적인 직무분야이다.
③ 정규교육과정 : 일반적으로 4년 또는 그 이상 계속하여 학사, 석사나 그와 동등한 학위가 수여되는 교육수준(ISCED 수준6 혹은 그 이상)의 정규교육 또는 훈련을 필요로 한다.

046

한국표준직업분류(KSCO)에서 정의하고 있는 제2직능수준을 국제표준교육분류(ISCED)를 포함하여 설명하시오.

필.수.이.론

① 제2직능수준은 일반적으로 완벽하게 읽고 쓸 수 있는 능력과 정확한 계산 능력, 그리고 상당한 정도의 의사소통 능력을 필요로 한다. 이러한 수준의 직업에 종사하는 자는 일부 전문적인 직무훈련과 실습과정이 요구되며, 훈련실습기간은 정규훈련을 보완하거나 정규훈련의 일부 또는 전부를 대체할 수 있다. 운송수단의 운전이나 경찰 업무를 수행하기도 한다.

② 보통 중등 이상의 교육과정의 정규교육이수(ISCED 수준2, 수준3) 또는 이에 상응하는 직업훈련이나 직업경험을 필요로 한다. 일부의 직업은 중등학교 졸업 후 교육(ISCED 수준4)이나 직업교육기관에서의 추가적인 교육 또는 훈련을 요구할 수도 있다.

국제표준교육분류(ISCED)와 한국표준직업분류(KSCO)상의 직능수준

한국표준직업분류(KSCO)	교육과정	정규교육 대비 수준	국제표준교육분류(ISCED)
제1직능수준	초등교육과정	무학 또는 초등졸 정도 (6년 이하)	수준 1
제2직능수준	중등교육과정	중졸 정도(6~9년)	수준 2
		고졸 정도(9~12년)	수준 3
	-	고졸 이후 경력 보유	수준 4
제3직능수준	기술전문교육 과정	전문대졸 정도(12~14년)	수준 5
제4직능수준	대학 및 대학원교육과정	대졸 정도(14~16년)	수준 6
		대학원 이상(16년)	수준 6 이상

1 2 3 完

047　기출 ★

한국표준직업분류(KSCO)의 대분류 항목과 직능수준의 관계를 묻는 표 안의 빈 답란을 채우시오.

대분류 항목	직능수준
관리자	제(①)직능수준 혹은 제(②)직능수준 필요
판매 종사자	제(③)직능수준 필요
단순노무 종사자	제(④)직능수준 필요
군인	제(⑤)직능수준 이상 필요

필.수.이.론

① 제4직능수준 필요
② 제3직능수준 필요
③ 제2직능수준 필요
④ 제1직능수준 필요
⑤ 제2직능수준 이상 필요

　한국표준직업분류(KSCO)의 대분류와 직능수준

대분류 항목	직능수준
1 관리자	제4직능수준 혹은 제3직능수준 필요
2 전문가 및 관련 종사자	제4직능수준 혹은 제3직능수준 필요
3 사무 종사자	제2직능수준 필요
4 서비스 종사자	제2직능수준 필요
5 판매 종사자	제2직능수준 필요
6 농림어업 숙련 종사자	제2직능수준 필요
7 기능원 및 관련 종사자	제2직능수준 필요
8 장치·기계조작 및 조립 종사자	제2직능수준 필요
9 단순노무 종사자	제1직능수준 필요
A 군인	제2직능수준 이상 필요

1 2 3 完

/048　　　　　　　　　　　　　　　　　　　　　　　　　　　　기출 ★★

한국표준직업분류(KSCO)의 대분류 중 '관리자 / 전문가 및 관련 종사자 / 서비스 종사자 / 기능원 및 관련 기능 종사자'를 적합한 직능수준과 연결하여 기술하시오.

필.수.이.론

① 관리자 : 제4직능수준 혹은 제3직능수준 필요
② 전문가 및 관련 종사자 : 제4직능수준 혹은 제3직능수준 필요
③ 서비스 종사자 : 제2직능수준 필요
④ 기능원 및 관련 기능 종사자 : 제2직능수준 필요

1 2 3 完

/049　　　　　　　　　　　　　　　　　　　　　　　　　　　　기출 ★

제2직능수준을 필요로 하는 대분류 6가지를 쓰시오.

필.수.이.론

① 대분류 3 - 사무 종사자
② 대분류 4 - 서비스 종사자
③ 대분류 5 - 판매 종사자
④ 대분류 6 - 농림어업 숙련 종사자
⑤ 대분류 7 - 기능원 및 관련 기능 종사자
⑥ 대분류 8 - 장치·기계 조작 및 조립 종사자

050
한국표준직업분류(KSCO)에서 직업분류의 일반원칙 2가지를 설명하시오.

필.수.이.론

① 포괄성의 원칙
  우리나라에 존재하는 모든 직무는 어떤 수준에서든지 분류에 포함되어야 한다. 특정한 직무가 누락되어 분류가 불가능할 경우에는 포괄성의 원칙을 위반한 것이다.
② 배타성의 원칙
  동일하거나 유사한 직무는 어느 경우에든 같은 단위직업으로 분류되어야 한다. 하나의 직무가 동일한 직업단위 수준에서 2개 혹은 그 이상의 직업으로 분류될 수 있다면 배타성의 원칙을 위반한 것이다.

1 2 3 完

051 기출 ★★

포괄적인 업무의 개념을 적고 직업분류의 원칙을 3가지 쓰시오.

051-1 기출 ★★★★★★★

한국표준직업분류에서 포괄적인 업무에 대한 직업분류 원칙을 쓰고 각각 설명하시오.

필.수.이.론

(1) 포괄적인 업무의 개념
포괄적인 업무란 한 사람이 서로 상관성이 있는 2가지 이상의 직무에 종사하는 경우를 말한다.

(2) 포괄적인 업무에 대한 직업분류의 원칙
① 주된 직무 우선원칙
- 2개 이상의 직무를 수행하는 경우는 수행되는 직무내용과 관련 분류 항목에 명시된 직무내용을 비교·평가하여 관련 직무 내용상의 상관성이 가장 많은 항목에 분류한다.
- 예를 들면 교육과 진료를 겸하는 의과대학 교수는 강의, 평가, 연구 등과 진료, 처치, 환자상담 등의 직무내용을 파악하여 관련 항목이 많은 분야로 분류한다.

② 최상급 직능수준 우선원칙
- 수행된 직무가 상이한 수준의 훈련과 경험을 통해서 얻어지는 직무능력을 필요로 한다면, 가장 높은 수준의 직무능력을 필요로 하는 일에 분류하여야 한다.
- 예를 들면 조리와 배달의 직무비중이 같을 경우에는, 조리의 직능수준이 높으므로 조리사로 분류한다.

③ 생산업무 우선원칙
- 재화의 생산과 공급이 같이 이루어지는 경우는 생산단계에 관련된 업무를 우선적으로 분류한다.
- 예를 들면 한 사람이 빵을 생산하여 판매까지 하는 경우에는, 판매원으로 분류하지 않고 제빵원으로 분류하여야 한다.

052

포괄적 업무에서 주된 직무 우선의 원칙의 의미와 사례를 쓰시오.

필.수.이.론

① 주된 직무 우선 원칙의 의미
  2개 이상의 직무를 수행하는 경우는 수행되는 직무내용과 관련 분류 항목에 명시된 직무내용을 비교·평가하여 관련 직무 내용상의 상관성이 가장 많은 항목에 분류한다.
② 주된 직무 우선 원칙의 사례
  교육과 진료를 겸하는 의과대학 교수는 강의, 평가, 연구 등과 진료, 처치, 환자상담 등의 직무내용을 파악하여 관련 항목이 많은 분야로 분류한다.

1 2 3 完

/ 053　　　　　　　　　　　　　　　　　　　　　　　　기출 ★★★★★

한국표준직업분류(KSCO)에서 말하는 '다수직업 종사자'란 무엇인지 설명하고, 이의 직업을 결정하는 일반적인 원칙을 순서대로 나열하시오.

/ 053-1　　　　　　　　　　　　　　　　　　　　　　　기출 ★★★★

한국표준직업분류(KSCO)에서 한 사람이 전혀 상관성이 없는 2가지 이상의 직업에 종사할 경우 그 직업을 결정하는 일반원칙을 설명하시오.

필.수.이.론

(1) 한국표준직업분류에서 말하는 '다수직업 종사자'의 개념

'다수직업 종사자'란 한 사람이 전혀 상관성이 없는 2가지 이상의 직업에 종사하는 경우를 말한다.

(2) 다수직업 종사자의 직업분류 원칙

① 취업시간 우선의 원칙

취업시간이 보다 더 긴(많은) 직업으로 분류한다.

② 수입 우선의 원칙

취업시간 우선의 원칙으로 분류가 어려운 경우에는 수입(소득이나 임금)이 많은 직업으로 분류한다.

③ 조사 시 최근 직업 우선의 원칙

위의 2가지 원칙으로 판단할 수 없는 경우에는 조사시점을 기준으로 가장 최근에 종사한 직업으로 분류한다.

054

한국표준직업분류(KSCO)에서 '포괄적인 업무'에 대한 직업분류 원칙과 '다수직업 종사자'에 대한 직업분류 원칙을 각각 3가지씩 쓰시오(단, 각각의 원칙을 적용순서대로 작성할 것).

필.수.이.론

(1) '포괄적인 업무'에 대한 직업분류의 원칙
  ① 주된 직무 우선 원칙
  ② 최상급 직능수준 우선 원칙
  ③ 생산업무 우선 원칙

(2) '다수직업 종사자'의 직업분류 원칙
  ① 취업시간 우선의 원칙
  ② 수입 우선의 원칙
  ③ 조사 시 최근 직업 우선의 원칙

055

한국표준직업분류(KSCO)의 동일한 분류수준에서 직무단위를 분류하는 순서배열 원칙 3가지를 설명하시오.

필.수.이.론

① 동일한 직업단위에서 산업의 여러 분야에 걸쳐 직업이 있는 경우에는 한국표준산업분류의 순서대로 배열한다.
② 직업의 구분이 특수와 그 특수 분야를 포함하는 일반이 있을 경우에 특수를 먼저 배열하고 일반을 나중에 배열한다.
③ 고용자 수가 많거나 직능수준이 비교적 높은 직무를 우선하여 배치한다.

보충설명

동일한 분류수준에서 직무단위의 분류는 가능한 다음의 원칙을 준수하여 배열한다.

(1) 한국표준산업분류
동일한 직업단위에서 산업의 여러 분야에 걸쳐 직업이 있는 경우에는 한국표준산업분류의 순서대로 배열한다.

(2) 특수 - 일반분류
직업의 구분이 특수와 그 특수 분야를 포함하는 일반이 있을 경우에 특수를 먼저 배열하고 일반을 나중에 배열한다.

(3) 고용자 수와 직능수준, 직능유형 고려
고용자 수가 많거나 직능수준이 비교적 높은 직무를 우선하여 배치한다. 또한 직업분류의 용이성과 활용성을 높이기 위해 직능유형이 유사한 것끼리 묶어 분류한다.

제2절 산업분류의 이해

1 2 3 完

056 기출 ★

한국표준산업분류의 개념과 목적을 간략히 설명하시오.

◀ 필.수.이.론

(1) 한국표준산업분류의 개념
생산단위가 주로 수행하고 있는 산업활동을 그 유사성에 따라 유형화한 것을 말한다.

(2) 한국표준산업분류의 목적
① 산업활동에 관련된 각종 통계자료를 산업활동의 유사성에 따라 분류할 때 이용할 수 있도록 유형을 제공한다.
② 경제 및 산업구조, 산업 간의 유기적 구성 및 상관성을 파악·분석함과 동시에 국내외 통계자료 간의 비교가능성을 제공한다.

1 2 3 完

057 기출 ★

한국표준산업분류(KSIC)에서 산업분류의 정의를 기술하시오.

◀ 필.수.이.론

한국표준산업분류는 생산단위가 주로 수행하고 있는 산업활동을 그 유사성에 따라 유형화한 것이다.

058

한국표준산업분류(KSIC) 제10차 개정에서 신설·변경된 대분류를 4가지 이상 쓰시오.

필.수.이.론

① D. 전기, 가스, 증기 및 공기조절공급업
② E. 수도·하수 및 폐기물처리, 원료재생업
③ H. 운수 및 창고업
④ J. 정보통신업
⑤ L. 부동산업
⑥ N. 사업시설 관리, 사업지원 및 임대서비스업

한국표준산업분류(2017)의 개정 특징

(1) 국제표준산업분류 4차 개정안(ISIC Rev.4) 추가 반영

2007년 9차 개정작업에 이어, 국제표준산업분류 4차 개정안을 추가로 반영하여 부동산 이외 임대업 중분류를 부동산업 및 임대업 대분류에서 사업시설 관리 및 사업지원 서비스업 대분류 하위로 이동하였고, 수도업 중분류를 전기, 가스, 증기 및 수도업 대분류에서 수도, 하수 및 폐기물 처리, 원료재생업 대분류 하위로 이동하였다. 자본재 성격의 기계 및 장비 수리업 소분류는 수리 및 기타 개인 서비스업 대분류에서 제조업 대분류로 이동하고 중분류를 신설하였다. 출판, 영상, 방송통신 및 정보서비스업 대분류는 정보통신업으로 명칭을 변경하였다.

(2) 국내 산업구조 변화 특성을 반영한 분류 신설 및 통합

㉠ 국내 산업활동의 변화상과 특수성을 고려하여 미래 성장 산업, 기간산업 및 동력산업 등은 신설 또는 세분하였고 저성장 산업 및 사양산업은 통합하는 등 전체 분류체계를 새롭게 설정하였다.

㉡ 이런 영향으로 바이오연료, 탄소섬유, 에너지 저장장치, 디지털 적층 성형기계, 무인항공기 제조업과 태양력 발전업, 전자상거래 소매 중개업 등을 신설하였고 반도체, 센서류, 유기발광 다이오드 표시장치, 자동차 부품류, 인쇄회로 기판 제조업, 대형마트, 면세점, 요양병원 등은 기존 분류체계에서 세분하였으며 일부 광업과 청주, 코르크 및 조물제품, 시계 및 관련 부품, 나전칠기, 악기 제조업 등은 통합하였다.

(3) 관련 분류 간 연계성, 통합성 및 일관성 유지

산업분류는 경제활동 관련 모든 분류와 연관되어 있으므로 한국재화 및 서비스분류(KCPC), 국민계정 경제활동별 분류(SNA 분류체계), 산업별 생산품목(광업 및 제조업 통계조사), 한국표준무역분류(SKTC), 관세및통계통합품목분류(HS), 한국상품용도분류(BEC) 등을 동시에 고려하여 분류의 포괄범위, 명칭 및 개념 등을 조정하였고, 결과적으로 통합경제분류 연계표 작성 및 활용을 위한 기본 틀을 구축하고 경제분석을 종합적으로 수행할 수 있는 기초를 마련하였다.

059

한국표준산업분류(2017) 제10차 개정에서 신설·변경된 대분류를 4가지 (이상) 쓰시오.

필.수.이.론

① D. 전기, 가스, 증기 및 공기조절공급업
② E. 수도·하수 및 폐기물처리, 원료재생업
③ H. 운수 및 창고업
④ J. 정보통신업
⑤ L. 부동산업
⑥ N. 사업시설 관리, 사업지원 및 임대서비스업

한국표준산업분류(2017)의 대분류 개정내용

제9차 개정 한국표준산업분류(2008)	제10차 개정 한국표준산업분류(2017)
A. 농업, 임업 및 어업	A. 농업, 임업 및 어업
B. 광업	B. 광업
C. 제조업	C. 제조업
D. 전기, 가스, 증기 및 <u>수도 사업</u>	D. 전기, 가스, 증기 및 <u>공기조절공급업</u>
E. 하수·폐기물처리 원료재생 및 <u>환경복원업</u>	E. <u>수도·하수 및 폐기물처리, 원료재생업</u>
F. 건설업	F. 건설업
G. 도매 및 소매업	G. 도매 및 소매업
H. <u>운수업</u>	H. <u>운수 및 창고업</u>
I. 숙박 및 음식점업	I. 숙박 및 음식점업
J. <u>출판, 영상, 방송통신 및 정보서비스업</u>	J. <u>정보통신업</u>
K. 금융 및 보험업	K. 금융 및 보험업
L. <u>부동산업 및 임대업</u>	L. <u>부동산업</u>
M. 전문 과학 및 기술서비스업	M. 전문 과학 및 기술서비스업
N. <u>사업시설관리 및 사업지원서비스업</u>	N. <u>사업시설 관리, 사업지원 및 임대서비스업</u>
O. 공공행정, 국방 및 사회보싱 행정	O. 공공행정, 국방 및 사회보장 행정
P. 교육 서비스업	P. 교육 서비스업
Q. 보건업 및 사회복지서비스업	Q. 보건업 및 사회복지 서비스업
R. 예술, 스포츠 및 여가관련 서비스업	R. 예술, 스포츠 및 여가관련 서비스업
S. 협회 및 단체, 수리 및 기타 개인서비스업	S. 협회 및 단체, 수리 및 기타 개인서비스업
T. 가구 내 고용활동 및 달리 분류되지 않은 <u>자가소비를 위한 재화 및 서비스 생산 활동</u>	T. 가구 내 고용활동 및 달리 분류되지 않은 <u>자가소비 생산활동</u>
U. 국제 및 외국기관	U. 국제 및 외국기관

제11차 개정 한국표준산업분류(2024)

2017년 통계청 고시 제2017-13호로 10차 개정한 바 있는 한국표준산업분류를 통계법 제22조에 근거하여 전면 개정하고 통계청 고시 제2024-2호(2024.1.1.)로 개정·고시하며, 이 고시는 2024년 7월 1일부터 시행한다. 분류수와 중분류수는 변화 없으며, 소분류 2개, 세분류 6개, 세세분류 9개가 늘어났다. 주요 개정내용은 다음과 같다.

(1) 주요 (미래)성장 산업 관련 분류는 신설/세분
 ① 제조업, 건설업 등 : 수소, 생물의약품, 체외진단시약, 이차전지, 공기 조화장치, 전기차, 풍력발전, 승강설비공사, 반려동물 등
 ② 서비스업 : 수소 충전, 야영장업, 오디오물·영상물 제공, 가상자산 매매 및 중개, 온라인 플랫폼 활용 서비스 등

(2) 상대적 비중 감소 산업 관련 분류는 통합
 ① 농업·제조업 : 콩나물재배, 타이어재생, 동주물, 전자카드, 사진 및 영사기, 일반저울, 펄프 및 종이 가공용 기계, 전자악기 제조 통합
 ② 서비스업 : 내륙 수상 여객 및 화물 운송, 광고매체 판매, 지도 제작, 복사업 등 통합

1 2 3 完

/060   기출 ★★★★★

한국표준산업분류(KSIC) 개요 중 산업과 산업활동의 정의, 산업활동의 범위 및 산업분류의 정의를 각각 설명하시오.

/060-1   기출 ★★★★

한국표준산업분류(KSIC) 개요 중 산업과 산업활동의 정의를 기술하시오.

필.수.이.론

① '산업'의 정의
  산업이란 "유사한 성질을 갖는 산업활동에 주로 종사하는 생산단위의 집합"을 말한다.
② '산업활동'의 정의
  산업활동이란 "각 생산단위가 노동, 자본, 원료 등 자원을 투입하여, 재화 또는 서비스를 생산 또는 제공하는 일련의 활동과정"을 말한다.
③ 산업활동의 범위
  산업활동의 범위에는 영리적·비영리적 활동이 모두 포함되나, 가정 내의 가사활동은 제외된다.
④ 산업분류의 정의
  한국표준산업분류는 생산단위가 주로 수행하고 있는 산업활동을 그 유사성에 따라 유형화한 것이다.

1 2 3 完

061 기출 ★★★★★★★

한국표준산업분류(KSIC)는 생산단위가 주로 수행하고 있는 산업활동을 그 유사성에 따라 유형화한 것으로 3가지 분류기준에 의해 분류된다. 이 3가지 분류기준을 쓰시오.

061-1 기출 ★★

한국표준산업분류(KSIC)의 분류기준을 나열하시오.

필.수.이.론

① 산출물(생산된 재화 또는 제공된 서비스)의 특성
② 투입물의 특성
③ 생산활동의 일반적인 결합형태

> **한국표준산업분류의 분류기준**
>
> 한국표준산업분류(2017)의 산업분류는 주로 수행하고 있는 산업활동을 그 유사성에 따라 유형화한 것으로서 다음의 3가지 분류기준에 의해 분류된다.
>
> **(1) 산출물(생산된 재화 또는 제공된 서비스)의 특성**
>   ① 산출물의 물리적 구성 및 가공단계
>   ② 산출물의 수요처
>   ③ 산출물의 기능 및 용도
>
> **(2) 투입물의 특성** : 원재료, 생산공정, 생산기술 및 시설 등
>
> **(3) 생산활동의 일반적인 결합형태**

1 2 3 完

062 기출 ★

생산활동과 장소의 동질성의 차이에 따른 한국표준산업분류(KSIC)의 통계단위 4가지를 쓰시오.

필.수.이.론

① 사업체단위
② 기업집단 또는 기업체단위
③ 지역단위
④ 활동유형단위

1 2 3 完

063 기출★★★

한국표준산업분류(KSIC)에서 빈칸의 통계단위를 쓰시오.

구분	하나 이상의 장소	단일 장소
하나 이상의 산업활동	(A)	(B)
단일 산업활동	활동유형단위	(C)

063-1 기출 ★★

한국표준산업분류(KSIC)의 통계단위 중 기업체단위, 지역단위, 사업체단위에 대해 기술하시오.

필.수.이.론

(A) 기업체단위(또는 기업집단)
　기업체단위란 하나 이상의 산업활동이 하나 이상의 생산장소에서 이루어지는 통계단위를 말하며, 기업집단이라고도 한다. 기업체단위는 하나 이상의 사업체로 구성될 수 있다는 점에서 사업체단위와 구분되며, 재무관련 통계작성에 가장 유용한 통계단위이다.

(B) 지역단위
　지역단위란 하나 이상의 산업활동이 단일 생산장소에서 이루어지는 통계단위를 말한다.

(C) 사업체단위

사업체단위란 단일 산업활동이 단일 생산장소에서 이루어지는 통계단위를 말한다. 산업활동과 지리적 장소의 양면에서 가장 동질성이 있는 통계단위이므로 장소의 동질성과 산업활동의 동질성이 요구되는 생산통계 작성에 가장 적합한 통계단위라고 할 수 있다.

통계단위

(1) 통계단위의 개념

통계단위란 생산단위의 활동(생산, 재무활동 등)에 관한 통계작성을 위하여 필요한 정보를 수집 또는 분석할 대상이 되는 관찰단위 또는 분석단위를 말한다. 관찰단위는 산업활동과 지리적 장소의 동질성, 의사결정의 자율성, 자료수집 가능성이 있는 생산단위가 설정되어야 한다.

(2) 통계단위의 구분

통계단위는 생산활동과 장소의 동질성의 차이에 따라 다음과 같이 구분된다.

구분	하나 이상의 장소	단일 장소
하나 이상의 산업활동	기업집단 또는 기업체단위	지역단위
단일 산업활동	활동유형단위	사업체단위

① 사업체단위의 정의
  ㉠ 사업체단위는 공장, 광산, 상점, 사무소 등으로 산업활동과 지리적 장소의 양면에서 가장 동질성이 있는 통계단위이다. 이 사업체단위는 일정한 물리적 장소에서 단일 산업활동을 독립적으로 수행하며, 영업잉여에 관한 통계를 작성할 수 있고 생산에 관한 의사결정에서 자율성을 갖고 있는 단위이므로 장소의 동질성과 산업활동의 동질성이 요구되는 생산통계 작성에 가장 적합한 통계단위라고 할 수 있다.
  ㉡ 그러나 실제 운영면에서 사업체단위에 대한 정의가 엄격하게 적용될 수 있는 것은 아니다. 실제 운영상 사업체단위는 "일정한 물리적 장소에서 단일 또는 주된 경제활동을 독립적으로 수행하는 기업체 또는 기업체를 구성하는 부분단위"라고 정의할 수 있다.
② 기업체단위의 정의
  ㉠ 기업체단위란 하나 이상의 산업활동이 하나 이상의 생산장소에서 이루어지는 통계단위로, 재화 및 서비스를 생산하는 법적 또는 제도적 단위의 최소결합체로서 자원배분에 관한 의사결정에서 자율성을 갖고 있다.
  ㉡ 기업체단위는 하나 이상의 사업체로 구성될 수 있다는 점에서 사업체단위와 구분되며, 재무관련 통계작성에 가장 유용한 단위이다.

064 기출 ★

복합적으로 이루어지는 통계단위(생산단위)의 활동형태를 3가지로 구분하여 간략히 설명하시오.

064-1 기출 ★★

한국표준산업분류(KSIC)의 산업분류 결정방법 중 생산단위의 활동형태 3가지를 쓰고, 각각에 대해 설명하시오.

064-2 기출 ★★

한국표준산업분류(KSIC)의 산업분류 결정방법 중 생산단위의 활동형태는 '주된 산업활동', '부차적 산업활동', '보조활동'으로 구분된다. 이 3가지 활동형태를 각각 설명하시오.

필.수.이.론

생산단위의 산업활동은 일반적으로 주된 산업활동, 부차적 산업활동 및 보조적 활동이 결합되어 복합적으로 이루어진다.

① 주된 산업활동
 주된 산업활동이란 산업활동이 복합 형태로 이루어질 경우 생산된 재화 또는 제공된 서비스 중에서 부가가치(액)가 가장 큰 활동을 말한다.
② 부차적 산업활동
 부차적 산업활동은 주된 산업활동 이외의 산업활동(재화생산 및 서비스제공 활동)을 말한다.
③ 보조활동
 보조활동은 모 생산단위에서 사용되는 비내구재 또는 서비스를 제공하는 활동으로서 생산활동을 지원해 주기 위하여 존재한다. 보조활동에는 회계, 창고, 운송, 구매, 판매촉진, 수리 업무 등이 포함된다.

065

한국표준산업분류(KSIC)의 활동단위 중 보조단위로 보아서는 안 되고, 별개의 사업체로 간주하여 그 자체활동에 따라 분류하여야 하는 유형을 4가지만 쓰시오.

필.수.이.론

다음과 같은 활동단위는 보조단위로 보아서는 안 되며, 별개의 사업체로 간주하여 그 자체활동에 따라 분류하여야 한다.

① 고정자산 형성의 일부인 재화의 생산, 예를 들면 자기계정을 위한 건설활동을 하는 경우(이에 관한 별도의 자료를 이용할 수 있으며 건설활동으로 분류)
② 모 생산단위에서 사용되는 재화나 서비스를 보조적으로 생산하더라도 그 생산되는 재화나 서비스의 대부분을 다른 사업체에 판매하는 경우
③ 모 생산단위가 생산하는 생산품의 구성부품이 되는 재화를 생산하는 경우(예 모 생산단위의 생산품을 포장하기 위한 캔, 상자 및 유사제품을 생산하는 경우)
④ 연구 및 개발활동은 통상적인 생산과정에서 소비되는 서비스를 제공하는 것이 아니므로 그 자체의 본질적인 성질에 따라 '전문, 과학 및 기술서비스업'으로 분류

066 기출 ★★★★

한국표준산업분류(KSIC)상의 통계단위의 산업결정방법을 2가지 이상 쓰시오.

필.수.이.론

① 생산단위의 산업활동은 그 생산단위가 수행하는 주된 산업활동의 종류에 따라 결정된다.
② 계절에 따라 정기적으로 산업을 달리하는 사업체의 경우에는 조사시점에서 경영하는 사업과는 관계없이 조사대상 기간 중 산출액이 많았던 활동에 의하여 결정한다.
③ 휴업 중인 사업체의 경우 영업 중의 산업활동에 의하여 산업을 결정한다.

한국표준산업분류상의 통계단위의 산업결정방법

(1) 일반적인 산업결정방법
① 생산단위의 산업활동은 그 생산단위가 수행하는 주된 산업활동(판매 또는 제공되는 재화 및 서비스)의 종류에 따라 결정된다.
　㉠ 이러한 주된 산업활동은 산출물(재화 또는 서비스)에 대한 부가가치(액)의 크기에 따라 결정되어야 하나,
　㉡ 부가가치(액)의 측정이 어려운 경우에는 산출액에 의하여 결정한다.
　㉢ 상기의 원칙에 따라 결정하는 것이 적합하지 않을 경우에는 그 해당 활동의 종업원 수, 임금 및 급여액 또는 설비의 정도에 의하여 결정한다.
② 단일사업체가 산업영역을 달리 할 수 있는 2가지 이상의 활동을 복합적으로 결합하여 수행할 경우, 종업원 수 및 시설 면에서 그 주된 활동을 구분할 수 없을 때에는 그 활동의 결합형태에 따라 산업결정 방법을 달리한다.
　㉠ 벌목과 제재, 점토채취와 벽돌제조 등과 같이 수직적으로 결합되는 경우에는 일반적으로 최종단계의 활동에 따라 분류한다.
　㉡ 제조한 신발과 구입한 신발의 판매, 빵 과자 제조와 설탕과자 제조 등과 같이 수평적으로 결합되어 이들 활동을 별도로 분리하여 파악할 수 없을 경우에는 주된 산출물에 따라 분류된다. 예를 들면 벌목한 대부분의 원목을 원목대로 판매하고 일부만 제재하는 경우에는 벌목업으로 분류되어야 하나, 벌목한 원목을 판매하지 않고 이를 직접 제재하는 경우에는 제재업으로 분류한다.

(2) 개별적인 산업결정방법
① 계절에 따라 정기적으로 산업을 달리하는 사업체의 경우에는 조사시점에서 경영하는 사업과는 관계없이 조사대상 기간 중 산출액이 많았던 활동에 의하여 결정한다.

② ㉠ 휴업 중인 사업체의 경우 영업 중의 산업활동에 의하여 결정한다.
　㉡ 자산을 청산중인 사업체의 경우는 청산을 시작하기 전의 산업활동에 의하여 결정한다.
　㉢ 설립중인 사업체의 경우는 개시하는 산업활동에 따라 결정한다.
③ 단일사업체의 보조단위는 그 사업체의 일부 부서로 포함하며, 여러 사업체를 관리하는 중앙보조단위(본사)는 별도의 사업체로 처리한다.

067

한국표준산업분류(KSIC)에서 산업분류의 적용원칙을 4가지 쓰시오.

필.수.이.론

① 생산단위는 산출물뿐만 아니라 투입물과 생산공정 등을 함께 고려하여 그들의 활동을 가장 정확하게 설명된 항목에 분류해야 한다.
② 복합적인 활동단위는 우선적으로 최상급 분류단계(대분류)를 정확히 결정하고, 순차적으로 중, 소, 세, 세세분류 단계 항목을 결정하여야 한다.
③ 산업활동이 결합되어 있는 경우에는 그 활동단위의 주된 활동에 따라서 분류하여야 한다.
④ 수수료 또는 계약에 의하여 활동을 수행하는 단위는 자기계정과 자기책임하에서 생산하는 단위와 동일항목에 분류되어야 한다.

한국표준산업분류의 적용원칙
(1) 일반적인 산업분류의 적용원칙
① 생산단위는 산출물뿐만 아니라 투입물과 생산공정 등을 함께 고려하여 그들의 활동을 가장 정확하게 설명된 항목에 분류해야 한다.
② 복합적인 활동단위는 우선적으로 최상급 분류단계(대분류)를 정확히 결정하고, 순차적으로 중, 소, 세, 세세분류 단계 항목을 결정하여야 한다.
③ 산업활동이 결합되어 있는 경우에는 그 활동단위의 주된 활동에 따라서 분류하여야 한다.

(2) 개별적인 산업분류의 적용원칙
① 수수료 또는 계약에 의하여 활동을 수행하는 단위는 자기계정과 자기책임하에서 생산하는 단위와 동일항목에 분류되어야 한다.
② 자기가 직접 실질적인 생산활동은 하지 않고, 다른 계약업자에 의뢰하여 재화 또는 서비스를 자기계정으로 생산하게 하고, 이를 자기명의로 자기책임하에서 판매하는 단위는 이들 재화나 서비스 자체를 직접 생산하는 단위와 동일한 산업으로 분류한다. 제조업의 경우에는 그 제품의 고안에 중요한 역할을 하고 자기계정으로 재료를 제공하여야 한다.
③ 각종 기계장비 및 용품의 개량, 개조 및 재제조 등 재생활동은 일반적으로 그 기계장비 및 용품 제조업과 동일 산업으로 분류하지만, 산업 규모 및 중요성 등을 고려하여 별도의 독립된 분류에서 구성하고 있는 경우에는 그에 따른다.
④ 자본재로 주로 사용되는 산업용 기계 및 장비의 전문적인 수리활동은 경상적인 유지·수리를 포함하여 "34 : 산업용 기계 및 장비 수리업"으로 분류한다. 자본재와 소비재로 함께 사용되는 컴퓨터, 자동차, 가구류 등과 생활용품으로 사용되는 소비재 물품을 전문적으로 수리하는 산업활동은 "95 : 개인 및 소비용품 수리업"으로 분류한다. 다만, 철도 차량 및 항공기 제조 공장, 조선소에서 수행하는 전문적인 수리활동은 해당 장비를 제조하는 산업활동과 동일하게 분류하며, 고객의 특정 사업장 내에서 건물 및 산업시설의 경상적인 유지관리를 대행하는 경우는 "741 : 사업시설 유지관리 서비스업"에 분류한다.
⑤ 동일단위에서 제조한 재화의 소매활동은 별개 활동으로 파악하지 않고 제조활동으로 분류되어야 한다. 그러나 자기가 생산한 재화와 구입한 재화를 함께 판매한다면 그 주된 활동에 따라 분류한다.
⑥ "공공행정 및 국방, 사회보장 사무" 이외의 교육, 보건, 제조, 유통 및 금융 등 다른 산업활동을 수행하는 정부기관은 그 활동의 성질에 따라 분류하여야 한다. 반대로, 법령 등에 근거하여 전형적인 공공행정 부문에 속하는 산업활동을 정부기관이 아닌 민간에서 수행하는 경우에는 공공행정 부문으로 포함한다.
⑦ 생산단위의 소유 형태, 법적 조직 유형 또는 운영 방식은 산업분류에 영향을 미치지 않는다. 이런 기준은 경제활동 자체의 특징과 관련이 없기 때문이다. 즉, 동일 산업활동에 종사하는 경우, 법인, 개인사업자 또는 정부기업, 외국계 기업 등인지에 관계없이 동일한 산업으로 분류한다.
⑧ 공식적 생산물과 비공식적 생산물, 합법적 생산물과 불법적인 생산물을 달리 분류하기 않는다.

068

한국표준산업분류(KSIC)의 적용원칙에서 아래 (　)를 채우시오.

- 생산단위 : 산출물뿐만 아니라 (가)과 (나) 등을 함께 고려하여 그들의 활동을 가장 정확하게 설명된 항목에 분류해야 한다.

◀ 필.수.이.론

가. 투입물
나. 생산공정

069

한국표준산업분류(KSIC)의 다음 사례별 산업결정방법과 산업분류의 적용원칙을 쓰시오.

(1) 산업결정방법
- 계절에 따라 정기적으로 산업을 달리하는 업체
- 휴업 중 또는 자산을 청산 중인 사업체

(2) 산업분류의 적용원칙
- 자기가 직접 실질적인 생산활동은 하지 않고, 다른 계약업자에 의뢰하여 재화 또는 서비스를 자기계정으로 생산하게 하고, 이를 자기명의로, 자기책임하에서 판매하는 행위

필.수.이.론

(1) 산업결정방법
① 계절에 따라 정기적으로 산업을 달리하는 업체 : 조사대상 기간 중 산출액이 많았던 활동에 의하여 결정한다.
② 휴업 중 또는 자산을 청산 중인 사업체 : 영업 중 또는 청산을 시작하기 전의 산업활동에 의하여 결정한다.

(2) 산업분류의 적용원칙
자기가 직접 실질적인 생산활동은 하지 않고, 다른 계약업자에 의뢰하여 재화 또는 서비스를 자기계정으로 생산하게 하고, 이를 자기명의로, 자기책임하에서 판매하는 행위 : 이들 재화나 서비스 자체를 직접 생산하는 단위와 동일한 산업으로 분류한다.

CHAPTER 03
직업관련 정보의 이해

1 2 3 完

/070　　　　　　　　　　　　　　　　　　　　　　　　　　　　기출 ★

직업알선의 일반적 원칙을 6가지 이상 쓰시오.

필.수.이.론

① 적격자 알선의 원칙
② 자유의 원칙
③ 공익의 원칙
④ 공평의 원칙
⑤ 근로조건 명시의 원칙
⑥ 통근권 내의 거주자 알선의 원칙
⑦ 비밀보장의 원칙

➕ 직업알선의 일반 원칙

(1) 적격자 알선의 원칙
구직자에게는 그 능력에 적합한 직업을 알선하고, 구인자에 대해서는 그 채용조건에 적합한 구직자를 알선하도록 노력하여야 한다.

(2) 자유의 원칙
구직자에게는 직업선택의 자유가 있고 구인자에게는 채용의 자유가 있다. 따라서 구직자에게는 알선한 업체에 취업하도록 강요해서는 안 되며, 또한 구인자에게도 취업을 알선한 근로자만을 채용하도록 강요해서는 안 된다.

(3) 공익의 원칙
국가가 행하는 직업알선은 공공성을 가져야 한다. 직업알선은 구인자 또는 구직자 어느 일방의 이익에 편중되어서는 안 되며, 공중도덕 또는 사회윤리에 반하여서도 안 된다.

(4) 공평의 원칙
인간과 직업의 결합은 노동능력 이외에도 성별, 종교, 사회적 신분, 혼인여부 등을 이유로 직업알선·직업지도·고용관계의 결정에서 차별대우를 받지 아니한다.

(5) 근로조건 명시의 원칙
직업소개에서 근로조건을 명시하는 것은 근로자를 보호하기 위한 것이며, 동시에 취직 후의 분쟁을 피하고 근로자가 직장에 적응하여 그 능력을 유효하게 발휘하기 위해서 필요하다. 또한 구인자가 가장 적격한 근로자를 채용하기 위해서도 필요하다. 그러므로 구인자는 직업안정기관에서 구직자를 취업알선 시 종사해야 할 업무의 내용 및 임금, 근로시간, 기타의 근로조건을 명시하여야 한다.

(6) 통근권 내의 거주자 알선의 원칙
직업안정기관은 구직자에 대하여 통근권 내에서 취업을 알선하도록 노력하여야 한다.

(7) 비밀보장의 원칙
직업알선에 관계하였거나 관계하는 자는 그 업무상 취득한 근로자 또는 사용자에 관한 비밀을 누설하여서는 안 된다.

1 2 3 完

071 기출 ★

직업능력개발훈련을 훈련의 목적과 방법에 따라 각각 3가지씩 구분하여 쓰시오.

071-1 기출 ★★

직업능력개발훈련을 훈련목적에 따라 3가지로 구분하여 설명하시오.

필.수.이.론

① 양성훈련 : 근로자에게 작업에 필요한 기초적 직무수행능력을 습득시키기 위하여 실시하는 직업능력개발훈련
② 향상훈련 : 양성훈련을 받은 사람이나 직업에 필요한 기초적 직무수행능력을 가지고 있는 사람에게 더 높은 직무수행능력을 습득시키거나 기술발전에 맞추어 지식·기능을 보충하게 하기 위하여 실시하는 직업능력개발훈련
③ 전직훈련 : 근로자에게 종전의 직업과 유사하거나 새로운 직업에 필요한 직무수행능력을 습득시키기 위하여 실시하는 직업능력개발훈련

직업능력개발훈련의 구분

(1) 훈련목적에 따른 직업능력개발훈련의 구분
① 양성훈련 : 근로자에게 작업에 필요한 기초적 직무수행능력을 습득시키기 위하여 실시하는 직업능력개발훈련
② 향상훈련 : 양성훈련을 받은 사람이나 직업에 필요한 기초적 직무수행능력을 가지고 있는 사람에게 더 높은 직무수행능력을 습득시키거나 기술발전에 맞추어 지식·기능을 보충하게 하기 위하여 실시하는 직업능력개발훈련
③ 전직훈련 : 근로자에게 종전의 직업과 유사하거나 새로운 직업에 필요한 직무수행능력을 습득시키기 위하여 실시하는 직업능력개발훈련

(2) 훈련방법에 따른 직업능력개발훈련의 구분
① 집체훈련 : 직업능력개발훈련을 실시하기 위하여 설치한 훈련전용시설이나 그 밖에 훈련을 실시하기에 적합한 시설(산업체의 생산시설 및 근무장소는 제외한다)에서 실시하는 방법
② 현장훈련 : 산업체의 생산시설 또는 근무장소에서 실시하는 방법
③ 원격훈련 : 먼 곳에 있는 사람에게 정보통신매체 등을 이용하여 실시하는 방법
④ 혼합훈련 : 집체훈련, 현장훈련, 원격훈련 등의 훈련방법을 2개 이상 병행하여 실시하는 방법

CHAPTER 04
직업정보의 수집, 분석

072　기출 ★
통계상 취업자로 분류되는 사람을 3가지로 나누어 기술하시오.

필.수.이.론

① 취업자
　조사대상 주간에 임금 기타 수입을 목적으로 1시간 이상 일한 자
② 무급 가족 종사자
　동일가구 내 가구원이 운영하는 농장이나 사업체의 수입을 위하여 주당 18시간 이상 일하는 무급의 가족 종사자
③ 일시휴직자
　직업 또는 사업체를 가지고 있으나 일시적인 병이나 사고, 일기불순, 연가, 교육, 노사분규 등의 이유로 일하지 못하는 일시적인 휴직자

073　기출 ★
통계상 실업자의 개념을 간략히 설명하시오.

필.수.이.론

통계상 실업자란 '조사대상 주간을 포함한 지난 4주 동안에 수입이 있는 일이 없었고, 적극적으로 구직활동을 하였으며 일이 주어지면 즉시 일할 수 있는 자'를 말한다.

1 2 3 完

/074　　　　　　　　　　　　　　　　　　　　　　　　　　　　　　기출 ★

20x3년 3월 A사의 구인인원 수가 20명, 구직자 수가 65명, 취업자 수가 15명일 때 충족률의 개념을 쓰고, A사의 충족률을 구하시오(소수 둘째 자리에서 반올림하시오).

필.수.이.론

① 충족률의 개념

충족률이란 업체에서 구하는 사람 수(구인인원 수)에 대한 실제 채용한 사람 수(채용인원 수)의 비율로서, 각 사업체가 처음에 채용하려고 하였던 사람을 얼마나 충족(채용)했는지를 나타내는 비율이다.

② 충족률 = $\dfrac{\text{취업자 수(채용인원 수)}}{\text{구인 수(구인인원 수)}} \times 100 = \dfrac{15}{20} \times 100 = 75.0\%$

1 2 3 完

/075　　　　　　　　　　　　　　　　　　　　　　　　　　　　　　기출 ★

20x3년 8월 워크넷 구인·구직 및 취업동향에서 신규구인인원 수가 40명, 신규구직자 수는 80명, 알선 건수는 160건, 취업자 수가 30명일 때 알선율을 구하시오.

필.수.이.론

알선율 = $\dfrac{\text{알선 건수}}{\text{신규구직자 수}} \times 100 = \dfrac{160}{80} \times 100 = 200\%$

알선률

① 알선율 = $\frac{\text{알선 건수}}{\text{신규구직자 수}} \times 100$

② 알선율이란 노동시장의 전체 구직자들이 얼마나 알선을 받았는지를 나타내는 비율이다.
③ 알선율이 높으면 알선할 구인업체가 많거나 또는 알선의 적중률(한 번 알선으로 취업이 되면 적중률이 100%이다)이 낮음을 나타내고, 반대로 알선율이 낮으면 알선할 구인업체가 별로 없거나 또는 알선의 적중률이 높음을 나타낸다.
④ 1명의 구직자에게 하나의 구인업체를 알선하였다면 알선율이 100%이므로 대개 알선율은 100% 이상이 되나 직종별로 차이가 있다.

---

1 2 3 完

076 기출 ★

20x3년 6월 워크넷 구인·구직 및 취업동향에서 신규구인인원 수가 32명, 신규구직자 수는 100명, 알선 건수는 120건, 취업자 수가 25명일 때 구인배수를 구하시오(소수 둘째 자리까지 표시하시오).

필.수.이.론

구인배수(구인배율) = $\frac{\text{신규구인 수}}{\text{신규구직자 수}} = \frac{32}{100} = 0.32$

구인배수(구인배율)

① 구인배수(구인배율) = $\frac{\text{신규구인 수(신규구인 인원)}}{\text{신규구직자 수}}$

② 구인배수란 신규구직자 수에 대한 신규구인 인원의 비율, 즉 구직자 1인당 구인 수를 나타낸다. 구인배수가 1이라면 구직자 수와 기업에서 요구하는 인력의 수가 같다는 의미이다.
③ 구인배수가 1 이하로 떨어질수록 취업난이 가중되는 것을 나타낸다. 예를 들어 구인배수가 0.32인 경우는 구인배수가 0.24인 경우보다 상대적으로 인력수급이 양호한 것을 나타낸다.

| 1 | 2 | 3 | 完 |

077 기출 ★

20x3년 7월 워크넷 구인·구직 및 취업동향에서 신규구인인원은 100명, 신규구직자 수는 300명이고, 취업 건수가 25명일 때 취업률을 계산하시오(소수 둘째 자리에서 반올림하시오).

필.수.이.론

$$\text{취업률} = \frac{\text{취업 건수}}{\text{신규구직자 수}} \times 100 = \frac{25}{300} \times 100 = 8.333\ldots = 8.3\%$$

| 1 | 2 | 3 | 完 |

078 기출 ★

20x3년 경제성장률(GDP)이 2.5%이고, 알선율이 250%, 구인배율이 0.28, 취업자증가율이 3.7%일 때 취업탄력성을 계산하시오(소수 셋째 자리에서 반올림하시오).

필.수.이.론

$$\text{취업탄력성} = \frac{\text{취업자 증가율}}{\text{경제성장률}} = \frac{3.7\%}{2.5\%} = 1.48$$

> **취업탄력성(고용흡수력)**
>
> $$\text{취업탄력성(고용흡수력)} = \frac{\text{취업자 증가율}}{\text{경제성장률}}$$
>
> 취업탄력성(고용흡수력)은 경제성장률(GDP)가 1% 성장할 때 취업자 수가 몇 % 증가하는가를 나타내주는 통계지표이다. 경제성장률이 동일하여도 취업탄력성이 높을수록 더 많은 고용이 창출됐음을 의미한다.

079

A회사의 9월 말 사원수는 1,000명이었다. 신규채용인원수는 80명, 전입인원수는 20명일 때 입직률의 의미를 쓰고, A회사의 10월 입직률을 구하시오.

필.수.이.론

(1) 입직률의 의미

입직률이란 조사기간 중 당해 사업체의 전체 근로자 중에서 신규채용이나 전입으로 입직한 사람의 비율을 말한다. 따라서 입직률은 당월입직자 수(신규채용자 수 + 전입자 수)를 전월 말의 근로자 수로 나누어 산출한다.

(2) A회사의 10월 입직률

① 입직률 = $\dfrac{\text{당월 입직자 수(신규채용자 수 + 전입자 수)}}{\text{전월말 근로자 수}} \times 100$

② 따라서, A회사의 10월 입직률 = $\dfrac{80 + 20}{1000} \times 100 = 10.0\%$ 이다.

➕ 입직률

① 입직률이란 기업과 산업에서 고용노동자 중 입직자가 차지하는 비중을 표시하는 통계지표이다. 입직자는 신규채용자(근로자가 처음 기업이나 산업에 신규채용되는 자)와 전입자(동일기업 내의 다른 사업체로부터 배치전환되어 온 자)로 구성된다.
② 노동부의 매월 노동통계조사에서는 신규채용, 전입 등에 의한 월간 증가노동자 수를 전월 말의 고용자 수로 나누어 산출하고 있다. 입직률과 이직률을 합친 것이 노동이동률이다.
③ 입직률은 노동시장의 고용상황과 노동이동의 활성화 정도를 알려주는 통계지표이다. 예컨대 전년도(또는 전월)에 비해 입직률이 상승하였다면 이는 노동시장에서의 신규채용이나 전입 등의 노동이동이 전년도(또는 전월)에 비해 더 활성화되었음을 나타낸다. 만일 극단적으로 입직률이 0이라면 이는 신규채용이나 전입노동자가 전혀 없다는 의미이며, 이는 극단적 경기침체를 의미한다.

080

다음의 표를 보고 질문에 답변하시오.

구분	신규구인	신규구직	알선 건수	취업 수
A기간	103,062	426,746	513,973	36,710
B기간	299,990	938,855	1,148,534	119,020

(1) A기간의 구인배율은?
(2) B기간의 구인배율은?
(3) A기간의 취업률은?
(4) B기간의 취업률은?
(5) A기간과 B기간의 경제활동 동향은?

필.수.이.론

(1) A기간의 구인배율은?

$$A기간의\ 구인배율 = \frac{신규구인\ 수(신규구인인원)}{신규구직자\ 수} = \frac{103,062}{426,746} = \underline{0.24}$$

(2) B기간의 구인배율은?

$$B기간의\ 구인배율 = \frac{신규구인\ 수(신규구인인원)}{신규구직자\ 수} = \frac{299,990}{938,855} = \underline{0.32}$$

(3) A기간의 취업률은?

$$취업률 = \frac{취업자\ 수}{신규구직자\ 수} \times 100 = \frac{36,710}{426,746} \times 100 = 8.602.. = \underline{8.60\%}$$

(4) B기간의 취업률은?

$$취업률 = \frac{취업자\ 수}{신규구직자\ 수} \times 100 = \frac{119,020}{938,855} \times 100 = 12.677.. = \underline{12.68\%}$$

(5) A기간과 B기간의 경제활동 동향은?

A기간과 B기간의 구인배율과 취업률을 비교해 보면, B기간이 A기간에 비해 구인배율과 취업률이 각각 모두 높은 것으로 나타나고 있다. 이는 상대적으로 B기간이 A기간에 비해 취업(인력수급)이 용이하고 실제 취업도 잘되는 등 경제활동이 더 활발하다는 것을 나타낸다.

직업상담사 2급 실기

발 행 일	2024년 8월 1일 개정 4판 1쇄
편 저 자	고인숙, 윤병일
발 행 인	임재환
발 행 처	와우패스
등 록	제12 - 563호(2008.1.28.)
주 소	서울시 구로구 디지털로34길 27 대륭포스트타워 3차 601호
전 화	1600 - 0072 (학습 및 교재 문의)
	02 - 2023 - 8788 (현매거래 문의)
팩 스	02 - 6020 - 8590 (위탁 및 현매거래)
I S B N	978 - 89 - 6613 - 839 - 5 (13320)

※ 정가는 뒤표지에 있습니다.
※ 낙장이나 파본은 교환해 드립니다.
※ 문의 : www.wowpass.com